書名：新命理探原
系列：心一堂術數古籍珍本叢刊　星命類
作者：〔民國〕袁樹珊撰

主編、責任編輯：陳劍聰
心一堂術數古籍珍本叢刊編校小組：陳劍聰　素聞　梁松盛　鄒偉才　虛白盧主

出版：心一堂有限公司
地址／門市：香港九龍尖沙咀東麼地道六十三號好時中心LG 六十一室
電話號碼：+852-6715-0840　+852-3466-1112
網址：publish.sunyata.cc
電郵：sunyatabook@gmail.com
網上書店：http://book.sunyata.cc
網上論壇：http://bbs.sunyata.cc/

版次：二零一四年五月初版
平裝

定價：港幣　一百五十八元正
人民幣　一百五十八元正
新台幣　五百八十元正

國際書號：ISBN 978-988-8266-69-2

香港及海外發行：香港聯合書刊物流有限公司
地址：香港新界大埔汀麗路三十六號中華商務印刷大廈三樓
電話號碼：+852-2150-2100
傳真號碼：+852-2407-3062
電郵：info@suplogistics.com.hk

台灣發行：秀威資訊科技股份有限公司
地址：台灣台北市內湖區瑞光路七十六巷六十五號一樓
電話號碼：+886-2-2796-3638
傳真號碼：+886-2-2796-1377
網路書店：www.govbooks.com.tw
www.bodbooks.com.tw
經銷：易可數位行銷股份有限公司
地址：台灣新北市新店區寶橋路二三五巷六弄三號五樓
電話號碼：+886-2-8911-0825
傳真號碼：+886-2-8911-0801
email：book-info@ecorebooks.com
易可部落格：http://ecorebooks.pixnet.net/blog

中國大陸發行・零售：心一堂書店
深圳地址：中國深圳羅湖立新路六號東門博雅負一層零零八號
電話號碼：+86-755-8222-4934
北京地址：中國北京東城區雍和宮大街四十號
心一店淘寶網：http://sunyatacc.taobao.com

心一堂術數古籍 珍本 整理 叢刊 總序

術數定義

術數，大概可謂以「推算（推演）、預測人（個人、群體、國家等）、事、物、自然現象、時間、空間方位等規律及氣數，並或通過種種『方術』，從而達致趨吉避凶或某種特定目的」之知識體系和方法。

術數類別

我國術數的內容類別，歷代不盡相同，例如《漢書・藝文志》中載，漢代術數有六類：天文、曆譜、五行、蓍龜、雜占、形法。至清代《四庫全書》，術數類則有：數學、占候、相宅相墓、占卜、命書、相書、陰陽五行、雜技術等，其他如《後漢書・方術部》、《藝文類聚・方術部》、《太平御覽・方術部》等，對於術數的分類，皆有差異。古代多把天文、曆譜、及部份數學均歸入術數類，而民間流行亦視傳統醫學作為術數的一環；此外，有些術數與宗教中的方術亦往往難以分開。現代學界則常將各種術數歸納為五大類別：命、卜、相、醫、山，通稱「五術」。

本叢刊在《四庫全書》的分類基礎上，將術數分為九大類別：占筮、星命、相術、堪輿、選擇、三式、讖諱、理數（陰陽五行）、雜術（其他）。而未收天文、曆譜、算術、宗教方術、醫學。

術數思想與發展——從術到學，乃至合道

我國術數是由上古的占星、卜筮、形法等術發展下來的。其中卜筮之術，是歷經夏商周三代而通過

「龜卜、蓍筮」得出卜（筮）辭的一種預測（吉凶成敗）術，之後歸納並結集成書，此即現傳之《易經》。經過春秋戰國至秦漢之際，受到當時諸子百家的影響、儒家的推崇，遂有《易傳》等的出現，原本是卜筮術書的《易經》，被提升及解讀成有包涵「天地之道（理）」之學。因此，《易・繫辭傳》曰：「易與天地準，故能彌綸天地之道。」

漢代以後，易學中的陰陽學說，與五行、九宮、干支、氣運、災變、律曆、卦氣、讖緯、天人感應說等相結合，形成易學中象數系統。而其他原與《易經》本來沒有關係的術數，如占星、形法、選擇，亦漸漸以易理（象數學說）為依歸。《四庫全書・易類小序》云：「術數之興，多在秦漢以後。要其旨，不出乎陰陽五行，生尅制化。實皆《易》之支派，傅以雜說耳。」至此，術數可謂已由「術」發展成「學」。

及至宋代，術數理論與理學中的河圖洛書、太極圖、邵雍先天之學及皇極經世等學說給合，通過術數以演繹理學中「天地中有一太極，萬物中各有一太極」（《朱子語類》）的思想。術數理論不單已發展至十分成熟，而且也從其學理中衍生一些新的方法或理論，如《梅花易數》、《河洛理數》等。

在傳統上，術數功能往往不止於僅僅作為趨吉避凶的方術，及「能彌綸天地之道」的學問，亦有其「修心養性」的功能，「與道合一」（修道）的內涵。《素問・上古天真論》：「上古之人，其知道者，法於陰陽，和於術數。」數之意義，不單是外在的算數、歷數、氣數，而是與理學中同等的「道」、「理」--心性的功能，北宋理氣家邵雍對此多有發揮：「聖人之心，是亦數也」、「萬化萬事生乎心」、「心為太極」。《觀物外篇》：「先天之學，心法也。……蓋天地萬物之理，盡在其中矣，心一而不分，則能應萬物。」反過來說，宋代的術數理論，受到當時理學、佛道及宋易影響，認為心性本質上是等同天地之太極。天地萬物氣數規律，能通過內觀自心而有所感知，即是內心也已具備有術數的推演及預測、感知能力；相傳是邵雍所創之《梅花易數》，便是在這樣的背景下誕生。

《易・文言傳》已有「積善之家，必有餘慶；積不善之家，必有餘殃」之說，至漢代流行的災變說及讖緯說，我國數千年來都認為天災，異常天象（自然現象），皆與一國或一地的施政者失德有關；下至家族、個人之盛衰，也都與一族一人之德行修養有關。因此，我國術數中除了吉凶盛衰理數之外，人心的德行修養，也是趨吉避凶的一個關鍵因素。

術數與宗教、修道

在這種思想之下，我國術數不單只是附屬於巫術或宗教行為的方術，又往往是一種宗教的修煉手段——通過術數，以知陰陽，乃至合陰陽（道）。「其知道者，法於陰陽，和於術數。」例如，「奇門遁甲」術中，即分為「術奇門」與「法奇門」兩大類。「法奇門」中有大量道教中符籙、手印、存想、內煉的內容，是道教內丹外法的一種重要外法修煉體系。甚至在雷法一系的修煉上，亦大量應用了術數內容。此外，相術、堪輿術中也有修煉望氣（氣的形狀、顏色）的方法；堪輿家除了選擇陰陽宅之吉凶外，也有道教中選擇適合修道環境（法、財、侶、地中的地）的方法，以至通過堪輿術觀察天地山川陰陽之氣，亦成為領悟陰陽金丹大道的一途。

易學體系以外的術數與的少數民族的術數

我國術數中，也有不用或不全用易理作為其理論依據的，如揚雄的《太玄》、司馬光的《潛虛》。也有一些占卜法、雜術不屬於《易經》系統，不過對後世影響較少而已。

外來宗教及少數民族中也有不少雖受漢文化影響（如陰陽、五行、二十八宿等學說）但仍自成系統的術數，如古代的西夏、突厥、吐魯番等占卜及星占術，藏族中有多種藏傳佛教占卜術、苯教占卜術、擇吉術、推命術、相術等；北方少數民族有薩滿教占卜術；不少少數民族如水族、白族、布朗族、佤

族、彝族、苗族等，皆有占雞（卦）草卜、雞蛋卜等術，納西族的占星術、占卜術，彝族畢摩的推命術、占卜術……等等，都是屬於《易經》體系以外的術數。相對上，外國傳入的術數以及其理論，對我國術數影響更大。

曆法、推步術與外來術數的影響

我國的術數與曆法的關係非常緊密。早期的術數中，很多是利用星宿或星宿組合的位置（如某星在某州或某宮某度）付予某種吉凶意義，并據之以推演，例如歲星（木星）、月將（某月太陽所躔之宮次）等。不過，由於不同的古代曆法推步的誤差及歲差的問題，若干年後，其術數所用之星辰的位置，已與真實星辰的位置不一樣了；此如歲星（木星），早期的曆法及術數以十二年為一周期（以應地支），與木星真實周期十一點八六年，每幾十年便錯一宮。後來術家又設一「太歲」的假想星體來解決，是歲星運行的相反，週期亦剛好是十二年。而術數中的神煞，很多即是根據太歲的位置而定。又如六壬術中的「月將」，原是立春節氣後太陽躔娵訾之次而稱作「登明亥將」，至宋代，因歲差的關係，要到雨水節氣後太陽才躔娵訾之次，當時沈括提出了修正，但明清時六壬術中「月將」仍然沿用宋代沈括修正的起法沒有再修正。

由於以真實星象周期的推步術是非常繁複，而且古代星象推步術本身亦有不少誤差，大多數術數除依曆書保留了太陽（節氣）、太陰（月相）的簡單宮次計算外，漸漸形成根據干支、日月等的各自起例，以起出其他具有不同含義的眾多假想星象及神煞系統。唐宋以後，我國絕大部份術數都主要沿用這一系統，也出現了不少完全脫離真實星象的術數，如《子平術》，《紫微斗數》、《鐵版神數》等。後來就連一些利用真實星辰位置的術數，如《七政四餘術》及選擇法中的《天星選擇》，也已與假想星象及神煞混合而使用了。

隨着古代外國曆（推步）、術數的傳入，如唐代傳入的印度曆法及術數，元代傳入的回回曆等，其中我國占星術便吸收了印度占星術中羅睺星、計都星等而形成四餘星，又通過阿拉伯占星術而吸收了其中來自希臘、巴比倫占星術的黃道十二宮、四元素學說（地、水、火、風），並與我國傳統的二十八宿、五行說、神煞系統並存而形成《七政四餘術》。此外，一些術數中的北斗星名，不用我國傳統的星名：天樞、天璇、天璣、天權、玉衡、開陽、搖光，而是使用來自印度梵文所譯的：貪狼、巨門、祿存、文曲，廉貞、武曲、破軍等，此明顯是受到唐代從印度傳入的曆法及占星術所影響。如星命術的《紫微斗數》及堪輿術的《撼龍經》等文獻中，其星皆用印度譯名。及至清初《時憲曆》，置閏之法則改用西法「定氣」。清代以後的術數，又作過不少的調整。

陰陽學——術數在古代、官方管理及外國的影響

術數在古代社會中一直扮演着一個非常重要的角色，影響層面不單只是某一階層、某一職業、某一年齡的人，而是上自帝王，下至普通百姓，從出生到死亡，不論是生活上的小事如洗髮、出行等，大事如建房、入伙、出兵等，從個人、家族以至國家，從天文、氣象、地理到人事、軍事，從民俗、學術到宗教，都離不開術數的應用。我國最晚在唐代開始，已把以上術數之學，稱作陰陽（學），行術數者稱陰陽人。（敦煌文書、斯四三二七唐《師師漫語話》：「以下說陰陽人謾語話」，此說法後來傳入日本，今日本人稱行術數者為「陰陽師」）。一直到了清末，欽天監中負責陰陽術數的官員中，以及民間術數之士，仍名陰陽生。

古代政府的中欽天監（司天監），除了負責天文、曆法、輿地之外，亦精通其他如星占、選擇、堪輿等術數，除在皇室人員及朝庭中應用外，也定期頒行日書、修定術數，使民間對於天文、日曆用事吉

凶及使用其他術數時，有所依從。

中國古代政府對官方及民間陰陽學及陰陽官員，從其內容、人員的選拔、培訓、認證、考核、律法監管等，都有制度。至明清兩代，其制度更為完善、嚴格。

宋代官學之中，課程中已有陰陽學及其考試的內容。（宋徽宗崇寧三年〔一一零四年〕崇寧算學令：「諸學生習……並曆算、三式、天文書。」，「諸試……三式即射覆及預占三日陰陽風雨。天文即預定一月或一季分野災祥，並以依經備草合問為通。」

金代司天臺，從民間「草澤人」（即民間習術數之士）考試選拔：「其試之制，以《宣明曆》試推步，及《婚書》、《地理新書》試合婚、安葬，並《易》筮法，六壬課、三命、五星之術。」（《金史》卷五十一・志第三十二・選舉一）

元代為進一步加強官方陰陽學對民間的影響、管理、控制及培育，除沿襲宋代、金代在司天監掌管陰陽學及中央的官學陰陽學課程之外，更在地方上增設陰陽學之課程（《元史・選舉志一》：「世祖至元二十八年夏六月始置諸路陰陽學。」）地方上也設陰陽學教授員，培育及管轄地方陰陽人。（《元史・選舉志一》：「（元仁宗）延祐初，令陰陽人依儒醫例，於路、府、州設教授員，凡陰陽人皆管轄之，而上屬於太史焉。」）自此，民間的陰陽術士（陰陽人），被納入官方的管轄之下。

至明清兩代，陰陽學制度更為完善。中央欽天監掌管陰陽學，明代地方縣設陰陽學正術，各州設

陰陽學典術，各縣設陰陽學訓術。陰陽人從地方陰陽學肄業或被選拔出來後，再送到欽天監考試。（《大明會典》卷二二三：「凡天下府州縣舉到陰陽人堪任正術等官者，俱從吏部送（欽天監），考中，送回選用；不中者發回原籍為民，原保官吏治罪。」）清代大致沿用明制，凡陰陽術數之流，悉歸中央欽天監及地方陰陽官員管理、培訓、認證。至今尚有「紹興府陰陽印」、「東光縣陰陽學記」等明代銅印，及某某縣某某之清代陰陽執照等傳世。

清代欽天監漏刻科對官員要求甚為嚴格。《大清會典》「國子監」規定：「凡算學之教，設肄業生。滿洲十有二人，蒙古、漢軍各六人，於各旗官學內考取。漢十有二人，於舉人、貢監生童內考取。附學生二十四人，由欽天監選送。教以天文演算法諸書，五年學業有成，舉人引見以欽天監博士用，貢監生童以天文生補用。」學生在官學肄業、貢監生肄業或考得舉人後，經過了五年對天文、算法、陰陽學的學習，其中精通陰陽術數者，會送往漏刻科。而在欽天監供職的官員，《大清會典則例》「欽天監」規定：「本監官生三年考核一次，術業精通者，保題升用。不及者，停其升轉，再加學習。如能黽勉供職，即予開複。仍不及者，降職一等，再令學習三年，能習熟者，准予開複，仍不能者，黜退。」除定期考核以定其升用降職外，《大清律例》中對陰陽術士不準確的推斷（妄言禍福）是要治罪的。《大清律例・一七八・術七・妄言禍福》：「凡陰陽術士不許於大小文武官員之家妄言禍福，違者杖一百。其依經推算星命卜課，不在禁限。」大小文武官員延請的陰陽術士，自然是以欽天監漏刻科官員或地方陰陽官員為主。

官方陰陽學制度也影響鄰國如朝鮮、日本、越南等地，一直到了民國時期，鄰國仍然沿用着我國的多種術數。而我國的漢族術數，在古代甚至影響遍及西夏、突厥、吐蕃、阿拉伯、印度、東南亞諸國。

術數研究

術數在我國古代社會雖然影響深遠，「是傳統中國理念中的一門科學，從傳統的陰陽、五行、九宮、八卦、河圖、洛書等觀念作大自然的研究。……傳統中國的天文學、數學、煉丹術等，要到上世紀中葉始受世界學者肯定。可是，術數還未受到應得的注意。術數在傳統中國科技史、思想史，文化史、社會史，甚至軍事史都有一定的影響。……更進一步了解術數，我們將更能了解中國歷史的全貌。」（何丙郁《術數、天文與醫學中國科技史的新視野》，香港城市大學中國文化中心。）

可是術數至今一直不受正統學界所重視，加上術家藏秘自珍，又揚言天機不可洩漏，「（術數）乃吾國科學與哲學融貫而成一種學說，數千年來傳衍嬗變，或隱或現，全賴一二有心人為之繼續維繫，賴以不絕，其中確有學術上研究之價值，非徒癡人說夢，荒誕不經之謂也。其所以至今不能在科學中成立一種地位者，實有數困。蓋古代士大夫階級目醫卜星相為九流之學，多恥道之；而發明諸大師又故為惝恍迷離之辭，以待後人探索；間有一二賢者有所發明，亦秘莫如深，既恐洩天地之秘，復恐譏為旁門左道，始終不肯公開研究，成立一有系統說明之書籍，貽之後世。故居今日而欲研究此種學術，實一極困難之事。」（民國徐樂吾《子平真詮評註》，方重審序）

現存的術數古籍，除極少數是唐、宋、元的版本外，絕大多數是明、清兩代的版本。其內容也主要是明、清兩代流行的術數，唐宋以前的術數及其書籍，大部份均已失傳，只能從史料記載、出土文獻、敦煌遺書中稍窺一鱗半爪。

術數版本

坊間術數古籍版本，大多是晚清書坊之翻刻本及民國書賈之重排本，其中豕亥魚魯，或而任意增刪，往往文意全非，以至不能卒讀。現今不論是術數愛好者，還是民俗、史學、社會、文化、版本等學術研究者，要想得一常見術數書籍的善本、原版，已經非常困難，更遑論稿本、鈔本、孤本。在文獻不足及缺乏善本的情況下，要想對術數的源流、理法、及其影響，作全面深入的研究，幾不可能。

有見及此，本叢刊編校小組經多年努力及多方協助，在中國、韓國、日本等地區搜羅了一九四九年以前漢文為主的術數類善本、珍本、鈔本、孤本、稿本、批校本等數百種，精選出其中最佳版本，分別輯入兩個系列：

一、心一堂術數古籍珍本叢刊

二、心一堂術數古籍整理叢刊

前者以最新數碼技術清理、修復珍本原本的版面，更正明顯的錯訛，部份善本更以原色精印，務求更勝原本，以饗讀者。後者延請、稿約有關專家、學者，以善本、珍本等作底本，參以其他版本，進行審定、校勘、注釋，務求打造一最善版本，供現代人閱讀、理解、研究等之用。不過，限於編校小組的水平，版本選擇及考證、文字修正、提要內容等方面，恐有疏漏及舛誤之處，懇請方家不吝指正。

心一堂術數古籍 珍本 整理 叢刊編校小組

二零一三年九月修訂

袁樹珊編著

新命理探原

香港潤德書局發行

新命理探原勘誤表

	頁數	行數	正	誤
自序	二	十一	六	八
起例	三七	十	丙辛從戊起是丙	乙庚丙作初是庚
起例	三七	十一	遁戊子	遁丙子
起例	四一	五	九天	九十天
起例	六六	九	戊辰 官財	戊戌 傷印
起例	六七	九	己巳 傷印刦	己亥 財官
起例	六九	五	戊辰 官財	戊戌 傷印
起例	七二	七	戊辰	戊戌
六親	一八四	十	天財	妻財
六親	一八六	五	必衰	不衰
格局	二〇二	四	六	八
存稿	三六七	十二	丙辰	丙寅
存稿	三八五	五	德慶	得慶

新命理探原自序

方今之世、命學存廢、爲一大問題。學之精粗純駁、猶其次焉者也。歲乙卯、余不揣弇陋、率爾操觚、曾著命理探原八卷、木刊線裝。自唐而淸、諸先賢之學說、莫不擇要採入、蓋欲與海內外宏達之士、商量存廢問題、其精粗純駁、實未計及。詎料丙辰夏甫經出版、上而當代鉅公、下而薄海士商、以及國內外各學校、各圖書館、函索價購者、紛至沓來。越三年戊午、海上大書局、命理易知出版。又二年庚申、而命理菁英出版。似皆以拙著爲藍本、而加以割裂者。又一年辛酉、上海有四家書局、竟將拙著原書、整個翻印、而名稱仍舊。不數年、上海命學苑之新命、房陵鄧毓林之命學發微、古閩陳傑生之命理商搉、衡陽鄒文耀之子平術要訣、水繞花堤館主之滴天髓新註、亦皆風起雲湧、後先出版。於此可以覘國人心理、對於命學、具有保存不廢之觀念也。夫拙

著出版、自丙辰至辛卯、忽忽三十有六年、銷數之多、奚止萬千。而珊亦馬齒徒增、年逾七秩。證以湯盤日新之義、能不稍加變易。爲此謹將舊本重行改纂、凡先賢名論素所服膺者、如論貴賤、論貧富、論壽夭、論性情、論疾病等篇、固皆增入。復將珊頻年經驗所得、論命不可泥年月日時、四柱之八字。當以命宮、小限、流年、大運、四部之幹枝、合成十六字。始可辨其孰盛孰衰、孰宜孰忌。然後裒多益寡、酌盈劑虛、判其窮通、評其得失。雖不若燭照數計、亦不難十得七八。若再參以山川風土、門第世德、及生時之風雨晦明、則更絲絲入扣、洞若觀火矣。至於論命說理、古籍側重六神之名詞、形態不明、初學無從捉摸。本書則專談五行之物理、氣質剛柔、形態變易、均可一目了然。其實六神乃五行之代表。五行乃六神之實質。一而二、二而一者也。若夫格局名稱、古籍甚繁。其間有偏枯虛渺、想象怪誕者、概置不論。本書首論八格、簡則易從。次論從局、化局。次論一行得氣、兩神成象。而化局之中、千變萬化、眞假不

一、有眞中之假、假中之眞者、亦有似假實眞、似眞實假者、昧者不察、僅以化之眞者名公鉅卿、化之假者孤兒異姓、判之、安得不差之毫釐、謬以千里乎。其他友朋新著、具有特殊發明、而說理新穎者、莫不擇尤採入、藉供同好研討。曩著命譜八卷、曾蒙王清穆先生賜序、有曰、科學名詞、吾國古所未有、轉展迻譯而來、解之者曰、凡爲有系統之研究者、是之謂科學、然則吾國專門技術、何一而非科學耶。聶雲臺先生、耕心齋隨筆云、予有親友數人、精研命理、言多奇中、皆自閱書而通其法、未嘗從師、能循定法以得其數、非科學乎。二公學富望隆、年高德劭、所言如此。似非捨本逐末、數典忘祖者所可比擬。茲因改編告成、略述始末、顏曰新命理探原、蓋欲別於舊本、實則新從舊生、無舊不能生新。語云、溫故知新。又云、苟日新、日日新、新新無止境。學亦無止境、倘荷　海內外高明、不吝珠玉、多方敎誨、俾他日再版、推陳出新、爲命學開一新元紀、又豈獨珊之欣幸也夫。辛卯仲冬鎭江袁樹珊識於香江寄廬。

命理探原自序

客有問於余曰、聞子有命理探原之作、信乎。余曰然。客曰、當今之世、優勝劣敗、弱肉强食、其號爲優與强者、大都攘臂爭先、攫取名利、捷足則得、緩步則失、若安貧守拙、委諸命運、非所以處今之世也。子之所作、得毋違反世道、阻礙進行乎。余應之曰唯唯否否、夫恆言所稱、優勝劣敗者理也。弱肉强食者、勢也。然有優者未必勝、劣者未必敗、强者未必盡食弱肉、弱者未必盡爲强食、觀於士人有長於學問、而科第維艱、商人有絀於經營、而贏獲至厚、甚至强者反供弱者之驅策、弱者竟制强者之生命、此其間理勢皆退處於無權、非命之爲而誰爲乎。若不知命而妄與之爭、必致寡廉鮮恥、敗德喪身、而天下無良善之人矣。如是而欲家齊國治、豈可得哉。孔子曰、君子居易以俟命、小人行險以僥倖、君能三復斯言、卽知命學之當重、而余之作是書、有不容

緩者也。客曰、如子所言、命學誠綦重矣。然古書具在、亦何用子嘵嘵爲哉。余又應之曰、不然、夫唐以前之命書吾不得而見之矣。唐以後之命書、如徐子平、徐大升、劉青田、萬騏、王銓、張神峯、萬育吾、陳素庵、沈孝瞻、沈塗山諸先賢之著述、吾得而見之讀之矣。然其中有有起例而無議論者、有有議論而無起例者、有失之繁蕪而不精確者、有失之簡略而不賅博者、非惟初學難以入門、卽久於此道者、亦多不明其奧窔。余之所作、由淺入深、分門別類、採擷衆長、屛除諸短、間有古人義理未明、起例未備者、則妄參管見以補足之、非敢謂羽翼先賢、要不過爲知命之君子、盡忠告焉耳矣。客旣退、爰略次諸言於簡端以爲之敍。

民國四年歲次乙卯十一月壬申朔越十有一日壬午鎭江袁樹珊識於鐵甕城西之潤德堂

潤德堂叢書書序

祿命之學。其起後於六壬、選吉、要皆不出乎生尅制化。以通神明之變。而大易、洪範、實爲陰陽五行之學之權輿。周官太史之職、實司總之。隋書、經籍志曰、世之治也、列在衆職。下至衰亂、官失其守。或以其業遊說諸侯。各崇所習、分標並騖。若使總而不遺、折之中道、亦可以興化致治。顏師古、漢書藝文志、注曰、王者之治、於百家之道、無不貫綜、又曰、治國之體、亦當有此雜家之說。今之術士、設一廛於肆。指天畫地、侈言禍福、以博一日之升斗、此其人旣自居於賤、人亦賤之、又豈知陰陽五行、固六經之支與流裔也。鎭江袁君樹珊、以醫卜世其家、嘗讀書應有司試、棄而隱於肆、吾在京口時識之。聽其言若網之在綱、有條而不紊也、若燭照數計之靡遺也、吾固知其異於今之術士矣。間與樹珊言陰陽五行之學之衰、未有甚於今之時者也。吾嘗深思其故、

蓋有四端。一曰附益、言祿命者、莫古於李虛中、然其命書、乃言四柱、與昌黎誌文所稱、僅以人之始生年月日相斟酌不合。又其職官稱謂、多涉宋代。言祿命之書者、莫備於育吾山人之三命通會、然其所載仕官八字、乃下及明季之人。二曰僞託、珞琭子賦、論金木剛柔之得失、青赤父子之相應、頗爲後世所宗。然作者王子晉周人、不應引有秦河上公及漢末壺公費長房之事。此與易衍、題東方朔撰、而其歌括、皆作七言律詩、同一謬妄。三曰繁密、李虛中推人壽夭貧賤、不過以干支相生勝衰死旺而止耳。後之來者、乃多出奇思。曲意揣度、以冀無所不合。轉至窒礙而不可通。如遼耶律純星命總括、剖晰義理、往往造微。而所稱官有正偏、則過於求新、流入瑣碎。此外範圍數、以圖書之學、竄入祿命九宮八卦、遁法祕書、以神煞之說、竄入祿命。支離誕衍、窮累莫殫、其說愈精、其學愈絕。四曰錯舛、永樂大典所存古籍、承學之士、既難寓目。通行坊本、如星平會海等書、脫文誤字、幾於不能句讀。展轉翻刻、謬

種流傳。由前二說、搢紳先生、或鄙夷而不屑言。由後二說、雖欲言之、不待終卷而已有望洋之歎。此江湖術士之日益多、而能舉其學而返諸古、以求適於今世之用、以興化而致治、豈獨其人未見、亦且其語未聞矣。如樹珊者、庶幾能舉其學而返諸古、以求適於今世之用者哉。樹珊嘗出命理探原八卷、屬余爲序、未有以應。別後二年、復成大六探壬原、選吉探原各二卷、益以尊人昌齡先生所撰養生三要一卷、將以嗣所得者、彙成潤德堂叢書。書再至、乞余弁其簡端、余既歎樹珊之精進、異時相宅、相墓、或當尙有專書。而又嘉其能不忘其親、有仁人孝子之用心、蓋技也而進於道焉、故序之。丙寅七月如皋冒廣生

命理探原嚴序

余少壯時、從事帖括。術數學、涉獵鮮暇。而於孔子不知命無以爲君子兩言、

終身誦之。並常舉張文端公父子聰訓齋、澄懷園語、以詔人。又嘗讀太史公日者傳、司馬季主謂卜筮者、言忠臣以事其上。孝子以養其親。慈父以畜其子。又曰、以便國家利衆爲務。竊欽其能導惑教愚、有功於世道人心匪淺。季主而後、知此誼者、其惟吾宗　遠祖之君平乎。班史王吉傳序云、君平以爲卜筮賤業、而可以惠衆人。有邪惡非正之問、則依蓍龜爲言利害。與人子言依於孝。與人弟言依於順。與人臣言依於忠。各因勢導之以善。從吾言者、已過半矣。竊歎西漢去古未遠、故能受忠告者多、第人求卜筮、亦祇一時一事而已。猶未若言星命者、可警人以終身、懲其惡而勸其善、功德爲尤大。顧泛覽二千餘年來之史傳、求卜筮如季主、君平、其人且不可得、更安得有以星命而則傚之者。今何幸　袁君樹珊之實獲我心、而與季主、君平、鼎足而三乎、可謂曠百世猶相感矣。袁君生同省、居同里、既以卜筮奇驗顯、尤以星命噪大江南北、其理明、其藝精、實由讀書之多、方造此。余耳其名已久、然尚未

知其服膺亭林、明道以救世、如季主君平其人者。近因兒子家修、惠贈余以所著命理探原一書、兼索序於余。余受而讀之、其自序辨客弱肉強食之說、更申言之曰、若不知命而妄爲、必至寡廉鮮恥、敗德喪身、天下無良善人矣。又撰星家十要、及摭錄事實叢譚、要不外勉世人以知命俟命、所謂探原者、其卽在是。餘如本原起例等十餘篇、非不提要鉤玄、發前人所未發、而以彼較此、毋乃猶之禹貢言導河自積石、究未若探原於星宿海乎。非見是書、不幾如孔子所謂不知言無以知人也歟。抑余更有慨矣、舉世滔滔、競爭權利、如滄海橫流、止不可遏。君雖因勢利導、諄諄於迪吉逆凶、竊恐聽者藐藐、褎如充耳焉。卽大集中論學問、常變、及叢譚第二十八條、屢引趙展如中丞云云、此公似非不知命者、乃其後阿附端剛、長亂召侮、卒至自刑、而況智識之遠不逮趙者耶。然而君固我行我素、不以是而少餒其志也。袁君勉乎哉。堅此婆心、瘏茲苦口、縱不若西漢時能受忠告者多、或庶幾收效果於什一。儒

家之木鐸、何殊釋氏之慈航、則以言教人之功德、天之報施善人者、方興未艾。君言命中今年防有禍害、余可決其必有化解。君信命理、余信天理也。太歲在上章涒灘陽月七十有七拙叟丹徒嚴良翰伯屏甫序於繭窠之南窗

丹徒談堉堉人氏書

命理探原吳序

昔李虛中、參五行之精。僧一行、著天元之賦。並皆名垂宇宙。譽溢古今。然言泉之富、末闢夫元機。腹笥之華、莫徵夫妙蘊。精深孰闡。剽竊徒勞、竊意如珠官者、海若貢靈。珍滋薦美。當必有瑰奇特出之彥。沈博絕豔之能。以無中而取有。以渾處而求分。而惜余未之見也。既而見之、袁君樹珊。樹珊讀萬卷之書。肄三才之道。神龜宿火。變幻因心。陰鼠棲冰。眞詮獨得。所至如春風扇物。明鏡照心。聖人罕言以絕其弊。達者順受以保其眞。王元誠清談亦理。江文

通妙筆生花。故能含笑奏理。敷吻成瀾。誠星家之宏裁。藝林之通矩也。今夫丹以九還而見寶。劍因萬灌而稱神。歷數奇謨、醉醒並駕。聿斯絕技、珞琭復生。清角鳴、而羣工輟其音。響長離耀、而百鳥歛其羽毛。先生之才高矣。先生之識遠矣。方余息影蘧廬之日。正君昌明星學之期。文戰獨豪。綺才自豔。貴極南陽。六合難期。如響術精弘景。三命未易通神。如樹珊出所刊命理探原八卷示余。取徑於道。茂折衷於孝恭。都利之經、不讓弼乾。獨造定眞之論、不令子平爭先也。殆能習古人之傳。而啓後賢之秀者乎。賈生年少。陸子才多。探黃河之源於崐崙。探禹穴之源於會稽。洩天地之包藏。樂風雲之激烈。朗如秋月。明若春星。此其所以屢變益上。而觀止末由也歟。論者謂先生、握蛇珠之采。銜龍燭之華。健弩方張。强臺直上。亦何難分榮槐。采被蔭鑾坡。展鳳虎良將之才。肇雲龍大人之運。而乃不爲日者傳。甘作河上公。得毋有乾騏之鬱憂。江洲之感慨焉。不知一場富貴。已醒春夢之婆。幾日蕭閒。欲借秋聲

之館。非天之厚以林泉。實天之振其骨鯁也。引孫意深魚鳥。跡託烟霞。一分明月。照向誰家。一個拙翁。依然故我。尋琴思海上之音。飲水辨江心之味。得是編而振發之。不啻迷津而逢寶筏。失路而獲導師。其助予爲不少也。是爲序。

民國八年己未夏五月庚午鄉愚弟儀徵吳引孫拜序於滬濱旅次、

命理探原周序

余少時、不信命數。以爲豪傑之士。不難游鯤鱗於萬里之程。展鳳翮於九天之表。徐而驗之。不獨富貴功名。非可倖獲。卽經術文章之深造。亦難以强求。遐稽近覽。勛集謀成者、反遭覆折。韜光養晦者。卒獲殊榮。莫之爲而爲。莫之致而至。要皆有命存焉。此古先哲、如鬼谷子、董江都、東方曼倩、管公明、陳希夷、劉青田輩、皆以命數定人終身。決其休咎者。良有以也。光緒丁酉間。余以

同鄉公益事。留鎮數載。當風日清美。游覽金山名勝。登峯造極。與　袁君樹珊、晤於第一樓亭。一見傾心。相與談論學問。指歸中外時事。莫不共證心源。君時年甫弱冠。品貌端莊。言語謙謹。讀書之暇。從其　尊嚴、研究醫學。並以餘力博覽星命諸書。輒能得其突要。是以大江南北。皆慕其名。相過訪者。絡繹不絕。藩、後赴差浙東。凡自鐵甕城來者。亦多道君術數之靈異。由其藝精。是以名盛。孟子所云、有本者如是。此之謂也。今歲復因公至鎮。君出其所著命理探原、問序於余。余反覆瀏覽。見其引證賅博。無美不備。且有發前人所未發者。論其淺、則初學可以循序入門。論其深、則高明可以升堂入室。不失之偏。亦不失之雜。不失之簡。亦不失之繁。洵命學中、不可少之書也。因亟慫恿付梓。以嘉惠後學。是編出、吾知不脛而走。必皆先覩以爲快矣。爰樂而爲之序。

民國四年乙卯冬十一月中澣長沙周道藩撰

命理探原龔序

時至今日、歐風東漸、科學昌明。凡事重實驗、不尙空談。憑眞理不務虛幻。舉五行生尅時會氣數之說、概置勿論。蓋命之一字、虛無縹渺、玄之又玄。在昔孔子、所以罕言命也。雖然孔子罕言命、孔子又何嘗不言命、如對子服景伯曰、道之將行也與命也。道之將廢也與命也。又曰、不知命無以爲君子也。是孔子罕言命、實孔子重視命、而不輕言也。孔子蓋實見夫命之理、微、休咎悔吝、寓於玄機。參互錯綜、推求不易。故平日曾以假年學易、冀深究吉凶消長之理、進退存亡之道。味者不察、以爲孔子且不言命、不亦誣乎。鎭江袁君樹珊夙承　庭訓、家學淵源、少時克岐克嶷、舉凡星命各書、無不殫精竭慮、因流溯源、宜乎名重一時。觀其所著命理探原一書、極深研幾、探賾索隱、凡昔人所著命書、無不搜輯。兼能參互考訂、致遠鉤深、於命理之奧窔者、均能闡

發而彰明之。發行以來、無不爭先快覩、以爲討論命理之模範。刻因復加考訂、重付剞劂、措詞命意、精益求精、余於瀏覽之餘、深知袁君學有本原、斷非率爾操觚者、所可同日而語也。且細繹全書之旨、弁不尙空談、而仍重實驗。不務虛幻、而仍憑眞理。固迥異於虛無玄杳也。爰不揣譾陋、而爲之序、以誌景仰之忱云。

丙寅年三月古閩貢謨龔蔭杉序於金陵客次

命理探原題辭 謹以奉到先後爲序

丹徒李丙瑩素人

天人有三策。推重董江都。小隱在城市。垂簾讀道書。倉山纉家學。邘水結精廬。載酒侯芭至。門停問字車。

大集觥觥在。居然著作家。文章有知己。筆墨即生涯。結契聯蘭友。編書共棣

華。桂生令弟近刊叢桂草堂醫草詩人一言蔽思念總無邪。君憑理數推算命理還寓勸懲之意頗得風人之旨

前詩意有未盡再題奉贈　　李丙瑩

世儒尚新學。鄒衍哆談天。不知有理數。但知有强權。袁君隱於市。終日手一編。下簾讀周易。命理尤精研。君平有閫奥。歷歷得眞詮。一言不妄發。休咎預知先。秉筆寓勸懲。憂時且勉旃。存心實仁厚。善果種大千。孳孳惠後學。巨製付雕鐫。搜羅甚宏富。菁華多萃焉。我獨癖嗜書。家學守青氈。詩人例多窮。命運何迍邅。倚聲旣梨棗。名心亦流涎。近在粤垣梓繡春館詞鈔方君此學術。相去如天淵。我年已知命。一笑聽自然。

泗州傅　鎭靜吾

閒揲靈著證淨因。中原未復太平春。問天何故逢今日。閱世方知有達人。萬刼難逃惟俟命。一塵願受且藏身。推袁竟賴題詩筆。我亦同扶大雅輪。

丹徒蘇潤寬碩人

勸人休與命爭衡。（君設硯處有額曰英雄難與命爭衡）更著新書示後生。端策拂龜楚太卜。下簾讀易蜀君平。鼎名豈止騰吳會。紙價應須貴洛城。從此孤寒有所事。一編在手業能精。（君嘗言此道專書少善本因有是刻意在嘉惠寒士）

手捫月窟抉天根。性命由來有本原。廿載辛勤尋至理。萬年甲曆會羣言。枕中宏祕才人筆。門外芳轍長者轅。不佞如予慙碌碌。管窺蠡測亦知尊。

丹徒李允傳眉吾

滄海橫流日。惟君感慨深。春秋褒貶筆。儒釋勸懲心。製擬天人策。書成著作林。一篇嘉後學。文字有知音。

康節傳心法。千秋安樂窩。側身觀劫後。巨眼閱人多。臥雪甘肥遯。家風自嘯歌。予生徒暴棄。壯志悔蹉跎。

江都楊炎昌晴江

賣卜垂簾隱市廛。君平學術得眞詮。誰云雜藝廣陵散。探得源流有巨編。

理數無憑自有憑。良言苦口凜兢兢。滄桑刼後人心幻。秉筆如君寓勸懲。
我尙傭書未療饑。名場牢落壯心違。不堪囘首關天定。今是方能覺昨非。
君是江南舊逸民。現身說法獨傷神。倉山全集新編續。家學於今有替人。

江都茅念祖又芳

世事滄桑倏變遷。雲車風馬任紛然。人難勝處天敎定。理到窮時數有權。幾
輩市廛甘小隱。多君著述紹先賢。斯篇抉出玄黃祕。百讀人宜手一編。
我亦邯鄲覺後身。自甘鳩拙且芸人。論交翻恨相知晚。說法爭傳片語珍。道
在逢原優入聖。言皆有物信通神。季方濟美尤堪羨。一卷青囊壽世新。

丹徒李正學宦父

星宿羅胸手可捫。常從天性悟根源。人生知命爲君子。宣聖何曾盡罕言。
滄桑浩刼幾摧殘。理數何嘗一例看。可惜繁華都是夢。黃粱奇遇問邯鄲。
湖海知名盡品題。一篇討論古人稽。零璣碎璧搜多少。大集觥觥付棗梨。

憶昔論交已十年。三生石上證前緣。舌耕我亦嗟行役。大半生涯仗硯田。

丹徒楊鴻發子槃

開天一畫始苞符。性命精言啓宋儒。鑿破胚胎窺奧窔。前推羲聖後堯夫。

元晦曾云命理微。時流敢笑古人非。休言末技同醫卜。天地陰陽入範圍。

汝南名士寓江南。造化精微一一探。手訂成書貽後學。五行萬理儘包涵。

權利紛紛逐鹿忙。河山半作戰爭場。早知命數由天定。兵氣銷爲日月光。

上虞羅振鏞頌西

宣尼與利罕言之。何苦先生演妙詞。多少奸回不受命。天將木鐸任君持。

南昌故郡想宗風。著作居然相士同。閒向柳莊一凭弔。淘盡古英雄。

名韁利鎖卅年多。壯志風雲倏已磨。李廣無功劉下第。不知天意更如何。

佛教崇閎道教微。可憐儒理竟忘歸。南蠻鴃舌非吾願。何日西風掃葉飛。

江都倪寶琛筠瑞

山環靈草仙人藥。（居近雲臺山側弟桂生精岐黃術）樓築松風處士家。（陶宏景有三命鈔略）酷愛江城如畫裏
荻簾新捲日初斜。
時行時止非人力。（朱子句）得失還須叩歷翁。落筆千言逢醉後。人間又見李虛中。
磨蝎宮臨歲幾更。每懷行露憚宵征。濁流滾滾能容否。只合悠悠了此生。

永寧劉漢光緝熙

青燈灔灔照四壁。重幃靜鎖萬緣寂。手把鴻篇索修綆。頓使繁蕪盡銷滌。觥觥巨筆大如椽。祕旨微言資剖析。少年意氣撼雲霄。七尺珊瑚唾壺擊。騰驤磊落絕塵埃。未必驊騮終伏櫪。何期陽九丁我躬。土崩魚爛交憂訌。搔首問天天夢夢。霹靂白晝驚西東。萍蹤浪跡更無定。隨風飄瞥如飛蓬。達人知命敢自負。得不嗟嘆時運窮。羨君行藏能自得。著書立說矜奇特。落筆能操造化權。機緘未露君先識。我生之初歲在巳。百歲光陰已半蝕。依稀磨蝎坐星宮。入世常悲世途仄。憑君片語度迷津。寶鏡塵祛勤拂拭。他日過君爲君式。

凡例

1本書大旨、以徐居易淵海子平爲主。間採各家、而以劉青田所註之滴天髓、及陳素菴之命理約言、沈孝瞻之子平眞詮、爲最精當、與諸書不同、故所採獨多。

2是編纂述前人者爲多、間有重者删之、冗者節之、略者詳之、疑者闕之。然俱標明著者姓字、或載明出自某書、不敢掠美。間有妄參末議、及略有發明者、概加按字以別之。

3自來著命學書者、皆不詳言本原所以然之理、恐人費解厭讀。故學者每於幹枝生尅合衝刑害之義、亦多茫然。甚至無識者反謂幹枝二十二字、乃人物事之代名詞、並無五行生尅、寓乎其間、可慨也。夫因是不避繁瑣、特引易經、尙書、禮記、獨斷、陰符經、白虎通、淮南子、春秋繁露、史記律曆、說

文、尸子、五行大義、空同子、蠡海集、輟耕錄、瑞桂堂暇錄、羣書考異、淵海子平、三命通會、協紀辨方等書、以證明之。間有不甚明瞭、及未備者、則據己意以闡發之、非敢辭費、蓋欲使學者知古人定名、具有精義在也。

4 起例、散見諸書、從未有一家完備者。此編推年法、推時法、推大運法、與夫胎息變通等法、俱本於淵海子平。推宮法、則本於俞曲園太史游藝錄。推限法、則本於閩汀廖瀛海星平集腋。至於推年法、推日法、推流年法、及推大運交脫法、他書均略而不詳、茲特謹據管見所及、以補足之、俾初學者一覽了然。

5 五行生尅、及枝藏五行、不列於本原、而列於起例者、蓋便初學推演比食財官印而設、讀者幸勿疑之。

6 比食財官印、因十幹生尅定名、其義甚微、其理至精、先賢固未明言、後學尤難領會。珊天資魯鈍、學殖荒蕪、安能妄解。然觀於人情、物理、治亂、興衰

之道、與此若合符節、故特著淺說申明之。古人有云、觀鬬蛇而字法進、觀舞劍而畫事工、由此類推、益信斯言不謬。

7 子平、神峯所載神煞、詳略不同、且未言吉凶所以然之理、而用法亦不完備、人每疑之。茲選近理切用者二十種、參考各家、折衷諸說。既詳其本原、復述其用法。不獨便於後賢、且可存古人星命之眞諦也。

8 比食傷財官殺印之宜忌、其所以然之理、前人多有未道及者。茲選子平撮要、玄機賦、古歌所載之成法、分爲七篇、皆據檮味之見、一一釋之。高明之士、倘能加以鍼砭、匡其不逮、則幸甚幸甚。

9 取用神法、諸書散見、且議論各別、從未有綱舉目張者、故初學讀之、每多不解。茲編詳加選擇、參以愚見、另列一門、俾易升堂入室。

10 化合刑衝之作用、他書所載、繁簡不同。茲編以三命通會、滴天髓、命理約言、子平眞詮爲主、間附管見以說明之。

11評斷運氣之議論、悉本先賢、若宮限之吉凶、前人俱未道及、有及之者亦不過泥於星盤而已。珊留心實驗、深知宮限之向背、與命運有絕大關係、當以生尅制化、合衝刑害之理衡之、故特另題說明。

12論六親婦幼、只採滴天髓、命理約言、子平眞詮三家、蓋其文簡理足、皆由子平變化而出。至命學新義、所論亦頗新穎、今亦採入兩則。

13格局、首論八格、卽官財印綬食傷等。次論從局、化局。次論一行得氣、兩神成象、及暗衝暗合。最後論外格雜格。其他偏枯虛渺、想象怪誕、無甚義理者、一概不取。蓋簡則易從、繁則迷惑也。

14先賢名論、美不勝收、茲特選其理明詞達、最合實用者、十八篇、學者若能潛心玩索、卽可游刃有餘。至於首列子平源流考者、蓋欲示人以命學源流、及命學變遷之梗概。次及指迷賦、明通賦、而結以論十幹有得時不旺、失時不弱、及論納音五行者、蓋由唐至清、循序而來也。

15 雜說、採集諸家足補命學書之不逮、閱者幸毋忽視。至金君雯琦、幹枝五行之數學、純粹用算學方法、證明幹枝五行生尅合衝、公式自然、不假造作、此誠有功命學之大著。朱君季華論相同之命補救法、擬將生時改爲二十四小時計算。又擬按地球經緯度數、各劃六十甲子云云。非具有卓識大膽者、不能道出隻字。又堅復先生定命論與孿生子之說、謂爲歐西人士、也深信定命論的、看來、猶不及中國命學家、以陰陽干支、來得極細微的分析。備言孿生子、生活狀況、形形色色、莫不相同。尤足證明賢愚貴賤、修短吉凶、無非命定、非人力聖智所能改易。茲特一一備錄、藉供同好研討。

16 末附潤德堂存稿、及星家十要者、一可爲初學之藉鏡。一可爲星家之格言。究心斯道者、尤宜加意。

17 星命叢談、乃節錄古今名公鉅卿、鴻儒碩學之著述而成。其間有發議論

者、有紀事實者、既可爲星命學之考據、又可爲星命學之成績。三復此書、即不致怨天尤人、而爲守分安命之君子、其有裨於身心、豈淺鮮哉。

18 通天地人謂之儒、百家藝術、皆士大夫所宜究心。況榮枯係乎一生、豈可胸無成竹。此編簡括明備、人人易曉、但能讀書明理者、略一披覽、就自身八字、對書考證、則榮枯立辨、得失可知、未始非立身修己之一助云。

新命理探原目錄

（1）本原

（2）起例

(5) 宜忌

(6) 用神

(7)化合衝刑

(8)評斷

（11）**格局**

（12）**先賢名論**

（13）雜說

(14) 潤德堂存稿

新命理探原

潤德堂叢書之二

鎮江 袁樹珊 編著

(1) 本原

天幹地枝

甲乙丙丁戊己庚辛壬癸。此爲十天幹。

子丑寅卯辰巳午未申酉戌亥。此爲十二地枝。

五行大義云。枝幹者因五行而立之。昔軒轅之時。大撓之所制也。蔡邕月令章句云。大撓探五行之情。占斗機所建。始作甲乙以名日。謂之幹。作子丑以名月。謂之枝。有事於天則用日。有事於地則用辰。陰陽之別。故有枝幹名也。枝幹者。幹字有三種不同。一作榦。二作幹。三作干。今解榦字者。此枝榦既相配成用。如樹木之有枝條莖幹。共爲樹體。所以云榦。有作幹者。幹濟爲義。枝者支任爲義。以此日辰任濟萬事。故云枝幹。又作干字者。亦

是榦義。如物之在竿上。能豎立顯然。故亦云竿也。世書從易。故多作干支也。

羣書考異云。甲者、拆也。言萬物剖符甲而出也。易曰。百果草木皆甲拆。是也。乙者、軋也。言萬物初生。自抽軋而出也。丙者、炳也。言萬物炳然著見也。丁者、强也。言萬物之丁壯也。故邦國圖籍曰成丁。是也。戊者、茂也。言萬物之茂盛。故漢志曰。孳茂於戊。是也。己者、紀也。言萬物有形可紀識也。庚者、堅也。言萬物收歛而有實也。辛者、新也。言萬物初新。皆收成也。壬者、任也。言陽氣任養萬物於下也。癸者、揆也。言萬物可揆度也。

又云。子者、孳也。陽氣既動。萬物孳萌於下也。丑者、紐也。紐者、繫也。續萌而繫長也。寅者、移也。亦云引也。物芽稍吐。引而伸之。移出於地也。卯者、冒也。萬物冒地而出也。辰者、震也。物盡震動而長也。巳者、已也。已起也。萬物至此。已畢盡而起也。午者、仵也。亦云咢也。萬物盛大。枝柯咢布也。未者、味也。

陰氣已長。萬物稍衰。體曖昧也。申者、身也。萬物之身體。皆成就也。酉者、老也。萬物老極而成熟也。戌者滅也。萬物皆衰滅也。亥者、核也。萬物收藏。皆堅核也。

幹枝陰陽

甲丙戊庚壬爲陽。乙丁己辛癸爲陰。

子寅辰午申戌爲陽。丑卯巳未酉亥爲陰。

協紀辨方云。陽從陽。陰從陰。子寅辰午申戌六陽辰。卽先天乾兌離震。四陽卦納之。丑卯巳未酉亥六陰辰。卽先天巽坎艮坤四陰卦納之。

按易云。太極生兩儀。朱子謂萬物各具一太極。五行之木火土金水。乃萬物之最大最著者。其始也具太極。故甲乙同一屬木。其繼也生兩儀。故甲爲陽、乙爲陰也。丙丁同一屬火。而丙爲陽。丁爲陰。戊己同一屬土。而戊爲陽。己爲陰。庚辛同一屬金。而庚爲陽。辛爲陰。壬癸同一屬水。而壬爲陽。癸

爲陰。寅卯同一屬木。而寅爲陽。卯爲陰。巳午同一屬火。而午爲陽。巳爲陰。申酉同一屬金。而申爲陽。酉爲陰。亥子同一屬水。而子爲陽。亥爲陰。土居四維。王在四季之末。故辰戌丑未同一屬土。而辰戌爲陽。丑未爲陰。卽證以數理一三五七九、莫不屬陽。二四六八十、莫不屬陰。亦若合符契也。

地枝生肖

子鼠。丑牛。寅虎。卯兔。辰龍。巳蛇。午馬。未羊。申猴。酉鷄。戌犬。亥猪。

王逵蠡海集云。子爲陰極。幽潛隱晦。以鼠配之。鼠藏跡。午爲陽極。顯明剛健。以馬配之。馬快行。丑爲陰。俯而慈愛。以牛配之。牛舐犢。未爲陽。仰而秉禮。以羊配之。羊跪乳。寅爲三陽。陽勝則暴。以虎配之。虎性暴。申爲三陰。陰勝則黠。以猴配之。猴性黠。卯酉爲日月之門。二肖皆一竅。兔舐雄毛則孕。感而不交也。雞合踏而無形。交而不感也。辰巳陽起而變化。龍爲盛。蛇次之。故龍蛇配辰巳。龍蛇者、變化之物也。戌亥陰斂而持守。狗爲盛、猪次之。

故狗猪配戌亥。狗猪者、鎭靜之物也。

考原云。十二辰禽象。其說相沿已久。莫知其所自來。雖於經典無見。然以傳記子史攷之。則不獨宋以後也。如韓愈毛穎傳。謂食於卯地。祭張員外文。謂虎取而去。來寅其徵。則唐時有之矣。管輅傳推東方朔龍蛇之占。以爲變化相推。會於辰巳。又譙周謂司馬爲典午。則漢晉時有之矣。遡而上之。陳敬仲筮者。言當昌於姜姓之國。而釋春秋、謂觀之六四。納得辛未。辛爲巽長女。未爲羊。羊加女爲姜。則是周時又已有之也。

空同子曰。十二支子鼠丑牛等。初皆取象耳。然木人見漆則瘍。猫見寅人則銜其兒走。徙其窠。昨問劉南宮。劉曰。是眞有之也。不但取象。朱子論乾馬、坤牛、巽雞、坎豕、離雉、艮狗、兌羊、曰、此取象亦自有來歷。非假譬之由。是觀之、十二支象。眞有之矣。

按己酉秋。晤宋午庭先生。詢以貴處東臺。濱海之地。物產必饒。渠云。東海

出產以動物占多數。而尤以閏魚爲最奇異。蓋尋常之魚。無論巨細。形狀不更。每年應時而出。閏魚則非閏年不可見也。且形狀不一。按其所閏之年枝生肖而變更焉。如子年則鼠首魚尾。丑年則牛首魚尾。推而至於寅年虎首。卯年兔首。無不酷肖。光緒甲申閏五月。余曾親見閏魚之形狀。猴首魚尾。身長十餘丈。肋骨幾及丈餘者。但此魚非人力所能捕獲。必待海潮驟落。自斃沙灘。乙卯秋。又與葉子實先生縱談及此。所見亦同。據二君之言。則海隅動物。有若是之靈異。地枝生肖。有若是之明證。誰謂幹枝假設。生肖無憑耶。

幹枝五行及四時方位

甲乙屬木爲東方。丙丁屬火爲南方。戊已屬土爲中央。庚辛屬金爲西方。壬癸屬水爲北方。

寅卯辰屬木、司春、爲東方。巳午未屬火、司夏、爲南方。申酉戌屬金、司秋、爲西

方。亥子丑屬水、司冬、爲北方。辰未戌丑四枝、單位言之屬土、爲四季、爲四維。
五行大義云。夫萬物自有體質。聖人象類而制其名。故曰名以定體。無名乃天地之始。有名則萬物之母。以其因功涉用。故云稱謂。禮云。子生三月。咳而名之。及其未生。本無名字。五行爲萬物之先。形用資於造化。豈可不先立其名。後明其體用耶。白虎通云。少陽見於寅。盛於卯。衰於辰。其日甲乙。屬木。春秋元命苞曰。木者、觸也。觸地而生。許愼云。木者、冒也。言冒地而出。字從屮下。象其根也。其時春。禮記曰。春之爲言蠢也。產萬物者也。其位在東方。尸子云。東者、動也。震氣故動。白虎通云。太陽見於巳。壯盛於午。衰於未。其日丙丁。屬火。火之爲言化也。陽氣用事。萬物變化也。許愼曰。火者、炎上也。其字炎而上。象形者也。其時夏。尚書大傳云。何以謂之夏。夏、假也。假者、呼萬物而養之。釋名曰。夏假者。寬假萬物。使生長也。其位南方。尚書大傳云。南、任也。物之方任也。白虎通云。土爲中宮。其日戊己。元命苞曰。土

之爲言吐也。含吐氣精以生於物。許愼云。土者、吐生者也。王肅云。土者、地之別號以爲五行也。許愼云。其字二、以象地之下、與地之中、以一直畫象物初出地也。其時季夏。季、老也。萬物於此成就方老。王於四時之季。故曰老也。其位主內。內、通也。禮斗威儀云。得皇極之正氣。含黃中之德。能苞萬物。白虎通云。少陰見於申。壯於酉。衰於戌。其日庚辛屬金。許愼云。金者禁也。陰氣始起。萬物禁止也。金生於土。字從土。左右注。象金在土中之形也。其時秋。禮記云。秋之爲言愁也。愁之以時。察守義者也。尸子云。秋、肅也。萬物莫不肅敬恭莊。禮之主也。說文曰。天地反物爲秋。其位西方。尚書大傳云、西、鮮也。鮮、訊也。訊者、始入之貌也。白虎通云。太陰見於亥。壯於子。衰於丑。其日壬癸屬水。水之爲言準也。養物平均。有準則也。元命苞曰。水之爲言演也。陰化淖濡。流施潛行也。故水字兩人交一。以中出者爲水。一者數之始。兩人譬男女。陰陽交以起一也。水者、五行始焉。元氣之湊液也。管子

云。水者地之血氣筋脈之流通者。故曰水。許愼云。其字象泉並流。中有微陽之氣。其時冬。尸子云。冬、終也。萬物至此終藏也。禮記云。冬之爲言中也。中者藏也。其位北方。尸子云。北、伏也。萬物至冬皆伏。貴賤若一也。

六十花甲子納音五行

甲子乙丑海中金。丙寅丁卯爐中火。戊辰己巳大林木。庚午辛未路傍土。壬申癸酉劍鋒金。甲戌乙亥山頭火。丙子丁丑澗下水。戊寅己卯城頭土。庚辰辛巳白蠟金。壬午癸未楊柳木。甲申乙酉泉中水。丙戌丁亥屋上土。戊子己丑霹靂火。庚寅辛卯松柏木。壬辰癸巳長流水。甲午乙未沙中金。丙申丁酉山下火。戊戌己亥平地木。庚子辛丑壁上土。壬寅癸卯金箔金。甲辰乙巳覆燈火。丙午丁未天河水。戊申己酉大驛土。庚戌辛亥釵釧金。壬子癸丑桑柘木。甲寅乙卯大溪水。丙辰丁巳沙中土。戊午己未天上火。庚申辛酉石榴木。壬戌癸亥大海水。釧音串。臂環也。俗謂之鐲。

陶宗儀輟耕錄云。甲子、乙丑海中金者。子屬水。又爲湖。又爲水旺之地。兼金死於子。墓於丑。水旺而金死墓。故曰海中金也。丙寅、丁卯爐中火者。寅爲三陽。卯爲四陽。火既得地。又得寅卯之木以生之。此時天地開爐。萬物始生。故曰爐中火也。戊辰、己巳大林木者。辰爲原野。巳爲六陽。木至六陽。則枝榮葉茂。以茂盛之木而在原野之間。故曰大林木也。庚午、辛未路傍土者。未中之木而生午位之旺火。火旺則土於斯而受刑。土之始生。未能育物。猶路傍土若也。故曰路傍土也。壬申、癸酉劍鋒金者。申酉金之正位。兼臨官申帝旺酉。金既生旺。則成剛矣。剛則無踰於劍鋒。故曰劍鋒金也。甲戌、乙亥山頭火者。戌亥爲天門。火照天門。其光至高。故曰山頭火也。丙子、丁丑澗下水者。水旺於子。衰於丑。旺而反衰。則不能爲江河。故曰澗下水也。戊寅、己卯城頭土者。天干戊己屬土。寅爲艮山。土積而爲山。故曰城頭土也。庚辰、辛巳白蠟金者。金養於辰。生於巳。形質初成。未能堅利。故曰

白蠟金也。壬午、癸未、楊柳木者。木死於午。墓於未。木既死墓。雖得天干壬癸之水以生之。終是柔弱。故曰楊柳木也。甲申、乙酉、井泉水者。金臨官申。帝旺酉。金既生旺。則水由以生。然方生之際。力量未洪。故曰井泉水也。丙戌、丁亥、屋上土者。丙丁屬火。戌亥爲天門。火既炎上。則土非在下而生。故曰屋上土也。戊子、己丑、霹靂火者。丑屬土。子屬水。水居正位。而納音乃火。水中之火。非龍神則無。故曰霹靂火也。庚寅、辛卯、松柏木者。木臨官寅。帝旺卯。木既生旺。則非柔弱之比。故曰松柏木也。壬辰、癸巳、長流水者。辰爲水庫。巳爲金長生之地。金生則水性已存。以庫水而逢生金。則泉源終不竭。故曰長流水也。甲午、乙未、沙中金者。午爲火旺之地。火旺則金敗。未爲火衰之地。火衰則金冠帶。敗而方冠帶。未能斫伐。故曰沙中金也。丙申、丁酉、山下火者。申爲地戶。酉爲日入之門。日至此時而藏光。故曰山下火也。戊戌、己亥、平地木者。戌爲原野。亥爲木生之地。夫木生於原野。則非一根

一株之比。故曰平地木也。庚子、辛丑、壁上土者。丑雖土家正位。而子則水旺之地。土見水多則爲泥也。故曰壁上土也。壬寅、癸卯、金箔金者。寅卯爲木旺之地。木旺則金羸。又金絕於寅。胎於卯。金既無力。故曰金箔金也。甲辰、乙巳、覆燈火者。辰爲食時。巳爲禺中。日之將中。艷陽之勢。光於天下。故曰覆燈火也。丙午、丁未、天河水者。丙丁屬火。午爲火旺之地。而納音乃水。水自火出。非銀漢不能有也。故曰天河水也。戊申、己酉、大驛土者。申爲坤。坤爲地。酉爲兌。兌爲澤。戊己之土。加於地澤之上。非其他浮薄之土也。故曰大驛土也。庚戌、辛亥、釵釧金者。金至戌而衰。至亥而病。金既衰病。則誠柔矣。故曰釵釧金也。壬子、癸丑、桑柘木者。子屬水。丑屬金。水方生木。金則伐之。猶桑柘方生。人便以饑蠶。故曰桑柘木也。甲寅、乙卯、大溪水者。寅爲東北維。卯爲正東。水流正東。則其性順。而川澗池沼。俱合而歸。故曰大溪水也。丙辰、丁巳、沙中土者。土庫辰。絕巳。而天干丙丁之火。至辰冠帶。巳臨

官。土既庫絕。旺火復與生之。故曰沙中土也。戊午、己未、天上火者。午爲火旺之地。未中之木。又復生之。火性炎上。又逢生地。故曰天上火也。庚申、辛酉、石榴木者。申爲七月。酉爲八月。此時木則絕矣。惟石榴之木反結實。故曰石榴木也。壬戌、癸亥、大海水者。水冠帶戌。臨官亥。水臨臨官冠帶。則力厚矣。兼亥爲江。非他水之比。故曰大海水也。

瑞桂堂暇錄云。六十甲子之納音。以金木水火土之音而明之也。一六爲水。二七爲火。三八爲木。四九爲金。五十爲土。然五行之中。惟金木有自然之音。水火土必相假而後成音。蓋水假土。火假水。土假火。故金音四九。木音三八。水音五十。火音一六。土音二七。此不易之論也。何以言之。甲己子午九也。乙庚丑未八也。丙辛寅申七也。丁壬卯酉六也。戊癸辰戌五也。巳亥四也。甲子乙丑、其數三十有四。四者金之音也。故曰金。戊辰己巳、其數二十有三。三者木之音也。故曰木。庚午辛未、其數三十有二。二者火也。土

以火爲音。故曰土。甲申乙酉、其數三十。十者土也。水以土爲音。故曰水。戊子己丑、其數三十有一。一者水也。火以水爲音。故曰火。凡六十甲子。莫不皆然。此納音之所由起也。

五合五行

甲與己合化土。乙與庚合化金。丙與辛合化水。丁與壬合化木。戊與癸合化火。

考原曰。五合者、卽五位相得。而各有合也。河圖一與六。二與七。三與八。四與九。五與十。皆各有合。以十干之次言之。一爲甲。六爲己。故甲與己合。二爲乙。七爲庚。故乙與庚合。三爲丙。八爲辛。故丙與辛合。四爲丁。九爲壬。故丁與壬合。五爲戊。十爲癸。故戊與癸合。

陶宗儀輟耕錄云。甲己土、乙庚金、丁壬木、丙辛水、戊癸火、此十干化五行眞氣也。其法取歲首月建之幹。如甲己丙作首。丙爲火。火生土。故化土。餘

做此。又一說亦通。謂遇龍則化。龍、辰也。甲己得戊辰。戊屬土。故化土。乙庚得庚辰。庚屬金。故化金。丙辛以下皆然。

六合五行

子與丑合屬土。寅與亥合屬木。卯與戌合屬火。辰與酉合屬金。巳與申合屬水。午與未合。午太陽、未太陰也。

協紀辨方云。天者日也。月也。星者、日月之餘也。午未者、離。子丑者、坎。離爲日。坎爲月。午之爲日。是己。子之不爲月者何。月者、水之精、懸乎上。而受日之光者。非北方子之位也。子丑之氣。衝乎上而與日並。其方固必在未也。地者、水也。土也。子水丑土。丑又比水之土。其爲地之體。無可疑也。地、土也。故子丑爲土也。天位乎上。地位乎下。行乎兩間者必木火金水矣。子丑爲水土。水土之際。木必生焉。所以亥寅爲木。木成而火己出矣。故卯戌爲火也。卯戌爲火。則戌爲黔天之氣。戊之所居。黔天之氣始於辰。辰亦戊也。土

旺必生金。故辰酉爲金。酉者、金之帝也。酉居金位之極。於其未至於極。而水已生於申。對宮爲巳。巳金之母也。水必以申巳者。申巳逼於午未最高之地。無水也。舉母則子歸。水不得舍土而自立。其麗於土者。卽子丑之位。土之所攝。命爲土而不命爲水。若其離土而言水。必納於母氣。故申巳爲水也。水爲生物之源。是以麗乎日月。其次則金。其次則火。其次則木。其次則土。五緯之序。水最近日。金次之。火又次之。木又次之。土又次之。此麗乎天者、自然之序也。水土所生者。木上升而爲火。土又上升而爲金。又上升而爲水。如畫卦之由下而上也。此行乎地者。自然之序也。然則五星五行。具有實理。而非人所能强爲也。黅音金、黃色也。黃帝素問、天有五氣、黅天之氣、經於心尾。

三合五行

申子辰合水局。亥卯未合木局。寅午戌合火局。巳酉丑合金局。

考原曰。三合者。取生旺墓三者以合局也。水生於申。旺於子。墓於辰。故申

子辰合水局也。木生於亥。旺於卯。墓於未。故亥卯未合木局也。火生於寅。旺於午。墓於戌。故寅午戌合火局也。金生於巳。旺於酉。墓於丑。故巳酉丑合金局也。

六衝

子午相衝。丑未相衝。寅申相衝。卯酉相衝。辰戌相衝。巳亥相衝。

萬育吾曰。地支取七位爲衝。猶天干取七位爲殺之義。如子午對衝。子至午七數。甲逢庚爲殺。甲至庚七數。數中六則合。七則過。故相衝擊爲殺也。觀易坤元用六。其數有六無七。七乃天地之窮數。陰陽之極氣也。

按、六衝者。卽地位相敵。五行相尅之義。子午相衝者。子藏癸水、尅午藏丁火。午藏己土、尅子藏癸水也。丑未相衝者。丑藏辛金、尅未藏乙木。未藏己土、丁火、尅丑藏癸水、辛金也。寅申相衝者。寅藏甲木、尅申藏戊土。申藏庚金、壬水、尅寅藏甲木、丙火也。卯酉相衝者。酉藏辛金、尅卯藏乙木也。經云。

東衝西不動。殆卽卯木不能返衝酉金之義。辰戌相衝者。辰藏癸水、尅戌藏丁火、戌藏辛金尅辰藏乙木也。巳亥相藏者、巳藏庚金尅亥藏甲木。亥藏壬水尅巳藏丙火也。

六害

子未相害。丑午相害。寅巳相害。卯辰相害。申亥相害。酉戌相害。

考原云。六害者。不和也。凡事莫不喜合而忌衝。子與丑合而未衝之。故子與未害。丑與子合而午衝之。故丑與午害。寅與亥合而巳衝之。故寅與巳害。卯與戌合而辰衝之。故卯與辰害。辰與酉合而卯衝之。故辰與卯害。巳與申合而寅衝之。故巳與寅害。午與未合而丑衝之。故午與丑害。未與午合。而子衝之。故未與子害。申與巳合。而亥衝之。故申與亥害。酉與辰合。而戌衝之。故酉與戌害。戌與卯合。而酉衝之。故戌與酉害。亥與寅合。而申衝之。故亥與申害也。

三刑

子刑卯。卯刑子。爲無禮之刑。寅刑巳。巳刑申。申刑寅。爲恃勢之刑。丑刑戌。戌刑未。未刑丑。爲無恩之刑。辰午酉亥爲自刑之刑。

陰符經云。恩生於害。害生於恩。三刑生於三合。亦如六害生於六合之義。如申子辰三合。加寅卯辰三位。則申刑寅。子刑卯。辰見辰自刑。寅午戌加巳午未。則寅刑巳。午見午自刑。戌刑未。巳酉丑加申酉戌。則巳刑申。酉見酉自刑。丑刑戌。亥卯未加亥子丑。則亥見亥自刑。卯刑子。未刑丑。合中生刑。猶人夫婦相合而反致刑傷。造化人事。其理一而已矣。

翼氏風角曰。金剛火强。自刑其方。木落歸本。水流趨東。故巳酉丑金位。其刑皆在西方。寅午戌火位。其刑皆在南方。是金剛火强。自刑其方也。亥卯未木位。其刑皆在北方。亥者木之根。言木落歸本者。草木至冬而搖落。歸根之謂也。申子辰水位。其刑皆在東方。辰者水之府。言水流趨東。逝而不

返也。子卯一刑也。寅巳申二刑也。丑未戌三刑也。三車一覽云。子卯爲無禮。子屬水。卯屬木。水能生木。則子水爲母。卯木爲子。子母相刑。故曰無禮。寅巳申爲恃勢。以三位中各有長生臨官。恃强而刑。故曰恃勢。丑戌未爲無恩。以三位皆屬土。比和爲兄弟。今乃同室操戈。故曰無恩。辰午酉亥爲自刑。謂寅申巳亥。有寅巳申互相刑。內有亥無刑。辰戌丑未。有戌丑未互相刑。內有辰無刑。子午卯酉。有子卯互相刑。內有午酉無刑。是以此四位謂之自刑。蓋無別物相加。故曰自也。

十二月建

正月建寅。二月建卯。三月建辰。四月建巳。五月建午。六月建未。七月建申。八月建酉。九月建戌。十月建亥。十一月建子。十二月建丑。

鄭康成曰。正月爲孟春者。日月會於娵訾。而斗建寅之辰也。二月爲仲春者。日月會於降婁。而斗建卯之辰也。三月爲季春者。日月會於大梁。而斗

建辰之辰也。四月爲孟夏者。日月會於實沉。而斗建巳之辰也。五月爲仲夏者。日月會於鶉首。而斗建午之辰也。六月爲季夏者。日月會於鶉火。而斗建未之辰也。七月爲孟秋者。日月會於鶉尾。而斗建申之辰也。八月爲仲秋者。日月會於壽星。而斗建酉之辰也。九月爲季秋者。日月會於大火。而斗建戌之辰也。十月爲孟冬者。日月會於析木。而斗建亥之辰也。十一月爲仲冬者。日月會於星紀。而斗建子之辰也。十二月爲季冬者。日月會於元枵。而斗建丑之辰也。娵虞韻、俗讀作鄒。觜音子與觜通。觜讀如追、支韻。娵觜星次之名。

二十四節氣

古歌云。正月立春雨水節。二月驚蟄及春分。三月清明並穀雨。四月立夏小滿方。五月芒種及夏至。六月小暑大暑當。七月立秋還處暑。八月白露秋分忙。九月寒露及霜降。十月立冬小雪張。冬月大雪與冬至。臘月小寒大寒昌。萬育吾曰。立節中氣。其春秋有分、而不言至。夏冬有至、而不言分。及夫雨

水驚蟄以降。二十四氣分屬有名。亦必有所以爲名者。何言乎。四立者。四時之節氣也。丑之終、寅之始、則爲節。月之半、則爲中。二分者。陰陽相半之謂也。二至者。至有二義。子至巳爲六陽。午至亥爲六陰。至者介乎巳午亥子之間也。冬至亥陰極。故曰子。子者止也。陽於此生。故亦曰至。夏至巳陽極。故曰午。午者仵也。陰於此生。故亦曰至。自秋分水始涸。立冬水始冰。冬至水泉動。大寒水澤腹堅。雨水者。先是爲露、爲霜、爲雪。皆水氣凝結。以至於寒之極。春則暑氣順行。而又爲暑之始。況天一生水。人物之生。皆始於水。春屬木。木生於水。立春後。繼以雨水。宜也。卦氣正月爲泰。天氣下降。當爲雨水。二月大壯。雷在天上。當爲驚蟄。先雨水而後驚蟄。亦宜也。驚蟄者。萬物出乎震。震爲雷也。清明者。萬物齊乎巽。巽爲風也。巽潔齊而曰清明。清明乃潔齊之義。穀雨三月中。自雨水後。土膏脈動。至此又雨。則土脈生物所以滋五穀之種也。小滿四月中。先儒云。小雪後、陽一日生一分。積三

十日生三十分而成一晝爲冬至、小滿後、陰生亦然。夫四月乾之終。謂之滿者。姤初六、羸豕孚蹢躅。坤初六履霜堅冰至。羸豕、喻其小。蹢躅、喻其滿。履霜、喻其小。堅冰、喻其滿。易言於旣生之後。歷言於一陰方萌之初。慮之深。防之預也。小雪後卽大雪。此但有小滿。無大滿。意可知矣。至若三月中穀雨。五月中芒種。此二氣獨指穀麥言。穀必原其生之始。穀種於春。得木之氣。殘於秋。金尅木也。麥必要其成之終。麥種於秋。得金之氣。成於夏。火尅金也。六月節小暑。六月中大暑。夏至後、暑已盛。不當又謂小。殊不知易曰。寒往則暑來。暑往則寒來。寒去相推而歲成焉。通上半年之半。皆可謂暑。通下半年之半。皆可謂寒。正月暑之始。十二月寒之終。而曰大暑小暑者。不過上半年之辭耳。六月中、暑之極。故謂之大。然則未至於大。則猶爲小也。七月中處暑。七月暑之終、寒之始。大火西流。暑氣於是乎處矣。處者、隱也、藏伏之義也。白露八月節。寒露九月節。秋本屬金。金色白。金氣寒。白

者露之色。寒者露之氣。先白而氣始寒。固有漸也。九月中霜降。露寒始結霜也。立冬後曰小雪、大雪。寒氣始於露。中於霜。終於雪。霜之前爲露。露由白而始寒。霜之後爲雪。雪由小而至大。皆有漸也。至小寒、大寒。豳風云。一之日觱發。二之日栗烈。觱發風寒。故十一月之餘爲小寒。栗烈氣寒。故十一月之終爲大寒也。大抵合而言之。上半年主長生。曰雨。曰雷。曰風。皆生之氣。下半年主生成。曰露。曰霜。曰雪。皆成之氣。下半年言天時。不言農時。農時莫急於春夏也。先儒云。變者化之漸。化者變之成。立春雨水後。寒氣漸變。至立夏則寒盡化爲水矣。然曰小暑大暑。其化固有漸也。立秋處暑後。暑氣漸變。至冬至則暑氣盡化爲寒矣。然曰小寒大寒。其化亦有漸也。又曰。日月運行而四時成。以其有常也。故聖人立法以步之。陰陽相錯而萬物生。以其無窮也。故聖人指物以候之。貫六氣終始早晏。五運大小盈虛。原之以至理。考之以至數。而垂示萬古。無有差忒也。經曰。五日謂之候。

三候謂之氣。六氣謂之時。四時謂之歲。又曰日爲陽。月爲陰。行有分紀。周有道里。日行一度。月行十三度而有奇焉。故大小月三百六十五日而成歲。積氣餘而盈閏矣。經曰日常於晝夜行天之一度。則一日也。共三百六十五日四分之一。而周天度乃成一歲。常五日一候應之。故三候成一氣。卽十五日也。三氣成一節。節謂立春春分立夏夏至。立秋秋分立冬冬至。此八節也。三八二十四氣而分主四時。一歲成矣。春秋言分者。以六氣言之。則二月半、初氣終而交二之氣。八月半、四氣盡而交五之氣。若以四時之分言之。則陰陽寒暄之氣、到此可分之時也。晝夜分五十刻。亦陰陽之中分。故經曰。分則氣異。此之謂也。冬夏曰至者。以六氣言之。則五月半、司天之氣。至其所在。十一月半、在泉之氣。至其所在。以四時之令言之。則陰陽至此。極至之時也。夏至日長。不過六十刻。陽至此而極。冬至日短。不過四十刻。陰至此而極。皆天候之未變。故經曰。至則氣同。此之謂也。蹢音擲。躅音逐。

三才發秘云、歲首者、必取乎子之半。以子半爲陽氣初生之地也。三冬皆爲北方之氣。惟仲冬爲正北之候。其中氣、乃正北之正中也。冬至爲中氣。故歲首、必定乎仲冬之中。或謂仲冬既可爲歲首也、卽可爲年首。今年首不於仲冬、而必於孟春者、何也。然春夏秋冬、卽東南西北之氣也。春令卽東方之氣、得寅卯辰之三枝、寅卯辰、乃太陽所出之地。夏至前後、日出寅入戌、兩分前後、日出卯入酉、冬至前後、日出辰入申、故云然也。陽氣之所起。萬物因之而生、故立爲一年之首、取其氣能爲之發生也。夏令卽南方之氣、得巳午未之三辰、巳午未乃日光之正位、陽氣最盛之地也、故萬物因之而茂。秋令卽西方之氣、得申酉戌之三辰、申酉戌乃太陽入沒之鄉、陽氣所收之地也、故萬物因之而歛。冬令卽北方之氣、得亥子丑之三辰、亥子丑乃不見日光之位、爲太陽所藏之地、故萬物因之而藏。雖子中有陽生之機、而不立於明地、不能有長生之功、故不立爲年季之首也。

又云、太陽所起處、爲一歲之首。太陽所出處、爲一年之首。故仲冬之月令子。孟春之月令寅。爲萬世之則法。理之不可易者也。
陳畊山曰、夏以寅月爲年首之正月、體天地之正氣也。其後周以子月爲正月、乃仲冬之月而書春、非天時之正。故孔子書之曰、春王正月。言此春正月、乃時王之正月、非天時之正月也。孔子又曰、行夏之時。亦示人當以寅月爲年首矣。
六經天文編引夏氏云、春秋所書乃孔子尊王、故以周正數之。其實周時數月、實用夏正、令七月四月之詩可見矣。兼秦本紀、亦以十月爲歲首、則歲首但以十月爲之而已。非改十月爲正月也。

(2) 起例

推年法

推年之法、視人所值生年之幹枝爲主。而以立春節爲綱、其區別有三。如在本年正月立春後生者、卽以本年之幹枝爲主。在本年正月立春前生者、卽以上一年之幹枝爲主。在本年十二月立春後生者、卽以下一年幹枝爲主。

手　掌　圖

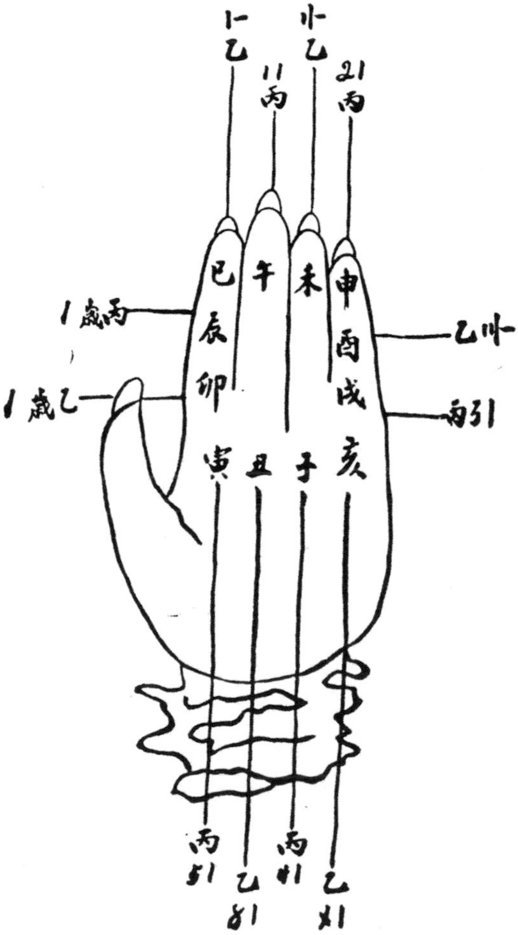

例一　假如今年民國四年乙卯、其人四十九歲、欲知所生之年、爲何幹枝、須用掌上捷法推之、便自確當。由本年一歲起乙卯、以次順推、十一歲

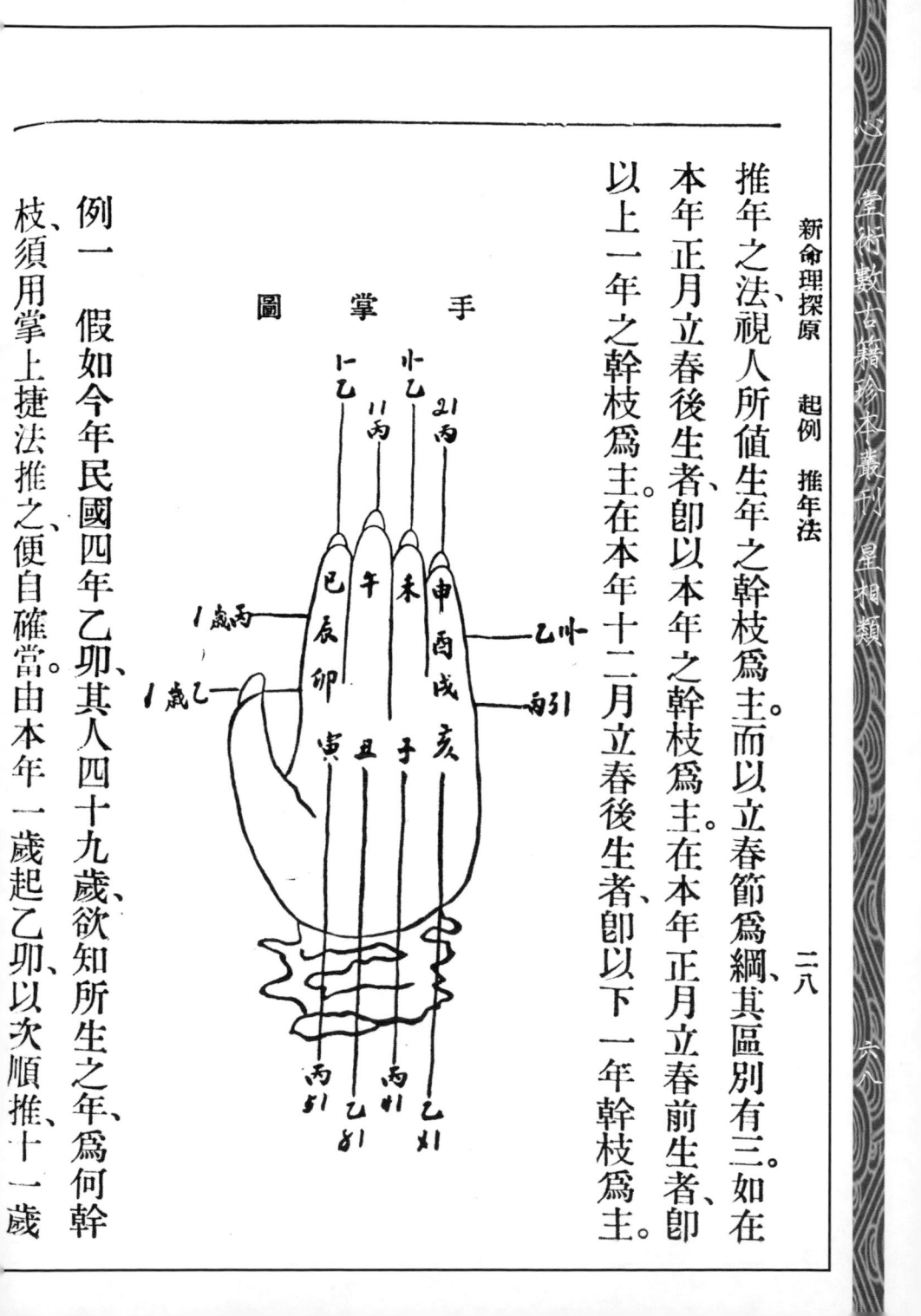

起乙巳、二十一歲起乙未、三十一歲起乙酉、四十一歲起乙亥。由乙亥、再以次逆行八位。一位甲戌、二位癸酉、三位壬申、四位辛未、五位庚午、六位己巳、七位戊辰、八位丁卯。卽知四十九歲爲丁卯也、列式於左。

例二　又如今年民國五年丙辰、其人七十一歲、欲知所生之年、爲何幹枝、亦用掌上捷法順行推之。由本年一歲起丙辰、十一歲起丙午、二十一歲起丙申、三十一歲起丙戌、四十一歲起丙子、五十一歲起丙寅、周而復始、六十一歲又起丙辰、卽知七十一歲又爲丙午年也。

例三　又如清光緒三十二年丙午、正月十二日子時生人。萬年曆載明、是日子時立春。是子時已交立春、卽作丙午年、推命。列式於左。

丙　午（年柱）

例四　又如清光緒三十二年丙午、十二月廿三日辰時生人。萬年曆載明、是年十二月廿三日卯時立春。是辰時在卯之後、已過立春、應作下一

年丁未年推命。列式於左。

丙午作丁未（年柱）

例五 又如清光緒三十四年戊申、正月初四日巳時生人。萬年曆載明、是年正月初四日午時立春。是巳時在午時之前、猶未立春、應作上一年丁未年推命。列式於左。

戊申作丁未（年柱）

例六 又如清光三十四年戊申、正月初四日未時生人。萬年曆載明、是年正月初四日午時立春。是未時在午時之後、已過立春、卽作戊申年推命。列式於左。

戊 申（年柱）

推月法

推月之法、由人生年遁月之幹枝爲主、以節令爲綱、其區別有三。如在本月

節令後生者、卽以本月所遁幹枝爲主。在本月節令前生者、卽以上月所遁幹枝爲主。在本月下一節令生者、卽以下月所遁幹枝爲主。甲年、己年、正月起丙寅。乙年、庚年、正月起戊寅。丙年、辛年、正月起庚寅。丁年、壬年、正月起壬寅。戊年、癸年、正月起甲寅。此卽古歌所云、甲己之年丙作首。乙庚之歲戊爲頭。丙辛必定尋庚起、丁壬壬位順行流。更有戊癸何方覓。甲寅之上好追求。蓋行夏之時、寅爲歲首也。

考原云、上古曆元、年月日時、皆起於甲子。是甲子年必甲子月、爲年前冬至十一月也。而正月建寅、就得丙寅。二月丁卯、以次順數、至次年正月得戊寅。故乙年正月起戊寅。從甲至己、越五年共六十月、花甲周而復始、故己年正月亦爲丙寅也。

例一　假如清光緒三十二年丙午、正月十二日子時生人。萬年曆載明、是年正月十二日子時立春。是子時已交立春、卽作丙午年年、正月推、古歌

云、丙辛必定尋庚起。是丙年正月、遁得庚寅。列式於左。

丙　午（年柱）

庚　寅（月柱）

例二　又如清光緒三十二年丙午、十二月二十三日、辰時生人。萬年曆載明、是年十二月二十三日卯時立春。是辰時在卯時之後、已過立春、不獨丙午年作下一年丁未年推、且須作丁未年正月推。古歌云、丁壬壬位順行流。是丁年正月遁得壬寅。

丙午作丁未（年柱）

壬　寅（月柱）

例三　又如清光緒三十四年戊申、正月初四日巳時生人。萬年曆載明、是年正月初四日午時立春。是巳時在午時之前、猶未立春、不獨戊申年應作上一年丁未年推、且須作丁未年十二月推。古歌云、丁壬壬位順行

流是丁年正月遁得壬寅。以次順推、至十二月乃是癸丑。列式於左、

戊申作丁未（年柱）

癸丑（月柱）

例四　又如清光緒三十四年戊申、正月初四日未時生人。萬年曆載明、是年正月初四日午時立春、是未時在午時之後、已過立春、作戊申年正月推、古歌云、更有戊癸何方覓、甲寅之上好追求、是戊年正月、遁得甲寅、列式於左、

戊　申（年柱）

甲　寅（月柱）

年上起月檢查表

（橫推直看）

生年＼月干＼月支	寅	卯	辰	巳	午	未	申	酉	戌	亥	子	丑
甲	丙	丁	戊	己	庚	辛	壬	癸	甲	乙	丙	丁
乙	戊	己	庚	辛	壬	癸	甲	乙	丙	丁	戊	己
丙	庚	辛	壬	癸	甲	乙	丙	丁	戊	己	庚	辛
丁	壬	癸	甲	乙	丙	丁	戊	己	庚	辛	壬	癸
戊	甲	乙	丙	丁	戊	己	庚	辛	壬	癸	甲	乙
己	丙	丁	戊	己	庚	辛	壬	癸	甲	乙	丙	丁
庚	戊	己	庚	辛	壬	癸	甲	乙	丙	丁	戊	己
辛	庚	辛	壬	癸	甲	乙	丙	丁	戊	己	庚	辛
壬	壬	癸	甲	乙	丙	丁	戊	己	庚	辛	壬	癸
癸	甲	乙	丙	丁	戊	己	庚	辛	壬	癸	甲	乙

推日法

推日之法、由人生日、定其幹枝、視萬年曆所載、某月初一日某幹枝。十一日某幹枝。二十一日某幹枝以次順數、則某月某日某幹枝、可屈指得矣。

例一　假如民國元年壬子、正月初九日辰時生人。萬年曆載明、是年正月初一日甲子、以次順數、初二日乙丑、初三日丙寅、初四日丁卯、初五日戊辰、初六日己巳、初七日庚午、初八日辛未。卽知初九日爲壬申。列式於左。

壬　子（年柱）

壬　寅（月柱）

壬　申（日柱）

例二　又如民國元年壬子、十二月二十九日戌時生人。萬年曆載明、是年十二月初一日戊子、十一日戊戌、二十一日戊申、以次順數、二十二日

已酉、二十三日庚戌、二十四日辛亥、二十五日壬子、二十六日癸丑、二十七日甲寅、二十八日乙卯、卽知二十九日爲丙辰。是日酉時、卽交立春。今戌時生人、在立春節後、不獨壬子年、作癸丑年推、且須作癸丑年正月推、列式於左。

壬子作癸丑（年柱）
甲　寅（月柱）
丙　辰（日柱）

推時法

推時之法、由人生日之天幹、遁得生時之天幹爲主。甲日、己日、起甲子時。乙日、庚日、起丙子時。丙日、辛日、起戊子時。丁日、壬日、起庚子時。戊日、癸日、起壬子時。此卽古歌所云、甲己還生甲。乙庚丙作初。丙辛從戊起。丁壬庚子居。戊癸何方發。壬子是眞途。是也。

考原云、甲子日起甲子時、從甲子日順數至次日子時丙子、故乙日起丙子。從甲至己、越五日、共六十時、花甲周而復始、故己日子時、亦爲甲子時。

己曆編云、星命家以人所值年月日時推算吉凶。而必歸重於日主、頗亦有說。夫十二時皆生於日、積日而後成月、積月而後成歲、故日干爲最重、蓋日纏於子宮、則謂之子時、丑寅之類皆然。無日則無時、而月與歲皆無從推矣。雖小道亦嘗窺測陰陽之際者。

例一　假如壬子年、壬寅月、壬申日、辰時生人。古歌云、丁壬庚子居是壬日子時遁庚子、以次順數至辰、遁得甲辰。列式於左、

壬　子（年柱）　　壬　寅（月柱）

壬　申（日柱）　　甲　辰（時柱）

例二　又如癸丑年、甲寅月、丙辰日、戌時生人。古歌云、乙庚丙作初。是庚日子時、遁丙子。以次順數、至戌時、遁得戊戌。列式於左。

癸　丑（年柱）壬子作　　甲　寅（月柱）

丙　辰（日柱）　　戊　戌（時柱）

日上起時檢查表

（橫推直看）

時干／日干／時支	子	丑	寅	卯	辰	巳	午	未	申	酉	戌	亥
甲	甲	乙	丙	丁	戊	己	庚	辛	壬	癸	甲	乙
乙	丙	丁	戊	己	庚	辛	壬	癸	甲	乙	丙	丁
丙	戊	己	庚	辛	壬	癸	甲	乙	丙	丁	戊	己
丁	庚	辛	壬	癸	甲	乙	丙	丁	戊	己	庚	辛
戊	壬	癸	甲	乙	丙	丁	戊	己	庚	辛	壬	癸
己	甲	乙	丙	丁	戊	己	庚	辛	壬	癸	甲	乙
庚	丙	丁	戊	己	庚	辛	壬	癸	甲	乙	丙	丁
辛	戊	己	庚	辛	壬	癸	甲	乙	丙	丁	戊	己
壬	庚	辛	壬	癸	甲	乙	丙	丁	戊	己	庚	辛
癸	壬	癸	甲	乙	丙	丁	戊	己	庚	辛	壬	癸

推大運法

凡推大運、始行之歲數、俱從所生之日時起。陽年生男、陰年生女則順行、數至未來節日時。陰年生男陽年生女則逆行、數至已往節日時。皆遇節而止。得足數三日、爲一歲。三十日爲十歲。餘一日、作多一百二十天算少一日、作欠一百二十天算。餘一時、作多十天算少一時、作欠十天算。凡夜子時、不論多欠、俱作五天算。不多不欠者、作整數論。其起大運之幹枝、當以所生之月幹枝爲主。順行者以次順佈、逆行者以次逆排。上幹下枝、共爲一運、管十年吉凶。書云、一運管十年。榮枯有準。五行配四柱。休戚相連。

萬育吾曰、古人以大運一辰應十年、折除三日爲一歲者、何也。蓋一月之終、晦朔周、而有三十日。一日之終、晝夜周、而有十二時。總十年之運氣、而有一百二十月。卽古人以人百二十歲爲周天之義。

按每日十二時、每時兩點鐘、每點鐘爲五天、實歷三日、卽七十二點鐘、恰

符三百六十日爲一歲之數。一月得三百六十時、正應三千六百日、爲一辰十歲之數。若論推算之法、必須用生者實歷日時、數其節氣、較其多寡。陽男陰女、則大運順行、數至生日後、未來節日時爲止。陰男陽女、則大運逆行、數至生日前、已往節日時爲止。如離節三日、則爲一歲行運。離節六日、則爲二歲行運。離節三十日、則爲十歲行運。必足三十六時、方算一日。必足三日、方算一歲。若餘一時、則爲多十天。餘十時、則爲多一百天。若少一時、則爲欠十天。少十時、則爲欠一百天。惟遇夜子時、只作五天計算。必須扣足某年某月某日某時交運、不得混稱幾歲。假如陽年生男、正月初一日丑時正一刻生、至初四日丑時正一刻立春節。乃足一歲、若春在寅時、則餘一時、爲多十天。若春在子時、則少一時、爲欠十天。至於交運之年、亦必扣足。如陽男甲子年十二月二十四日巳時生、是月二十九日申時立春、得五日三時、乃一歲奇九個月之運、必自十二月生日後、實歷二十

一個月、方交大運。如此推之、乃是丙寅年九月二十四日巳時、始交大運。

陽男陰女

陽男者、甲、丙、戊、庚、壬、五陽年、所生之男也。假如民國元年壬子正月初九日辰時生。陽年男命順行、由正月初九日、數至十八日卯時驚蟄節、實歷有九十天欠一時、以三日爲一歲折之、是爲三歲、欠一十天。起運從生月壬寅順佈、始行癸卯。列式於左。

壬子	初三 癸卯	十三 甲辰	
壬寅	二三 乙巳	三三 丙午	
壬申	四三 丁未	五三 戊申	
甲辰	六三 己酉	七三 庚戌	

大運三歲、扣足欠一十天。每逢甲己之年、十二月廿九日辰時、交換。

陰女者、乙、丁、己、辛、癸、五陰年、所生之女也。假如民國元年壬子、十二月二

十九日戌時生女。節過立春、作癸丑論。陰年順數、由壬子年十二月二十九日戌時、數至癸丑年正月二十九日午時驚蟄節、實歷有三十天、欠四時。以三日爲一歲折之、是爲十歲、欠四十天。起運從生月甲寅順佈、始行乙卯。列式於左。

壬子作癸丑
甲寅
丙辰
戊戌

初十　乙卯
二十　丙辰
三十　丁巳
四十　戊午
五十　己未
六十　庚申
七十　辛酉
八十　壬戌

大運十歲、扣足欠四十天。每逢壬丁之年、十一月十九日戌時、交換。

陰男陽女

陰男者、乙、丁、己、辛、癸、五陰年、所生之男也。假如民國元年壬子、十二月二

十九日戌時生男。節過立春、壬子作癸丑推。陰年生男逆數、由是日戌時、數至二十九日酉時立春節。實歷有一時、僅抵十天。以三百六十天爲一歲折之、是爲一歲、欠三百五十天。起運從生月甲寅逆佈、始行癸丑。列式於左。

壬子作癸丑	
甲	寅
丙	辰
戊	戌

初一	癸	丑
十一	壬	子
二一	辛	亥
三一	庚	戌
四一	己	酉
五一	戊	申
六一	丁	未
七一	丙	午

大運一歲、扣足欠三百五十天。每逢癸戊之年、正月初九日戌時、交換。

陽女者、甲、丙、戊、庚、壬、五陽年、所生之女也。假如民國元年壬子、正月初九日辰時生。陽年女命逆行、由壬子正月初九日辰時、數至辛亥十二月十

八日午時立春節。實歷有二十天零十時。以三日爲一歲折之、是爲七歲欠二十天。起運從生月壬寅逆佈、始行辛丑。列式於左。

壬	子
壬	寅
壬	申
甲	辰

初七	辛丑
十七	庚子
二七	己亥
三七	戊戌
四七	丁酉
五七	丙申
六七	乙未
七七	甲午

大運七歲、扣足欠二十天。每逢戊癸之年、十二月十九日辰時、交換。

推夜子時大運交脫法

萬年歷所載節氣、有夜子時、正子時之分。故推算之法、亦稍有不同。所謂夜子時者、乃今日之夜、非明日之早也。凡在午後十一點、至十二點鐘生人者、爲夜子時。其生日幹枝、仍屬今日。生時幹枝、當作明日推算。所謂正子時者、

乃明日之早、非今日之夜也。凡在午後十二點至一點鐘生人者、乃爲正子時。其日時幹枝、始可俱從明日推算。詳見本書雜說。

例一　乾造民國三年甲寅、古正月初十日夜子時生。（初十日午後十一點、至十二點鐘、）日爲辛酉。時屬庚子。此乃今日之夜、非明日之早也。列式於左。

甲	寅	（年柱）
丙	寅	（月柱）
辛	酉	（日柱）
庚	子	（時柱）

初十	丁卯
二十	戊辰
三十	己巳
四十	庚午
五十	辛未
六十	壬申
七十	癸酉
八十	甲戌

生年甲寅、陽年男命順行、正月初十日夜子時生。是月大建、順數至二月初十日酉時驚蟄節、實歷二十九天零九時有半。此爲十歲欠二十五天。

每逢癸戊之年、十二月十五日夜子時、交換。

例二　坤造民國三年甲寅、古正月十一日正子時生。（初十日午後十二點、至一點鐘、）日屬壬戌。時爲庚子。此乃明日之早。非初十日生人：明日之早、指十一日言。今日之夜也。此與初十日之夜子不同、

甲　寅（年柱）　十初 一一　乙甲 丑子

丙　寅（月柱）　三二 一一　癸壬 亥戌

壬　戌（日柱）　五四 一一　辛庚 酉申

庚　子（時柱）　七六 一一　己戊 未午

生年甲寅、陽年女命逆行、正月十一日子時生。逆數至正月初十日夜子時立春節。實歷一點鐘、僅得半時、作五天論。此爲一歲、欠三百五十五天。

每逢甲己之年、正月十六日子時、交換。

例三　坤造民國三年甲寅、古正月初十日亥時生。（初十日午後九點鐘、至十點五十九分、）是年正月初十日夜子時立春節、是亥時在夜子時之前、猶未立春、不獨甲寅年作上一年癸丑年推、且須作癸丑年十二月乙丑推、日爲辛酉、時爲己亥、仍如常法。

甲寅作癸丑（年柱）		初一 丙寅	十一 丁卯
乙　丑（月柱）		二一 戊辰	三一 己巳
辛　酉（日柱）		四一 庚午	五一 辛未
己　亥（時柱）		六一 壬申	七一 癸酉

生年癸丑、陰年女命順行、正月初十日亥時順數至夜子時立春、實歷一點鐘、僅得半時、作五天論、此爲一歲欠三百五十五天、每逢甲己之年正月十五日亥時、交換。

例四　坤造民國三年甲寅古正月初十日夜子時生（初十日午後十一點至十二點鐘）日爲辛酉、時屬庚子、此乃今日之夜、非明日之早也。列式於左、

甲　寅（年柱）
丙　寅（月柱）
辛　酉（日柱）
庚　子（時柱）

初一	乙	丑
十一	甲	子
二一	癸	亥
三一	壬	戌
四一	辛	酉
五一	庚	申
六一	巳	未
七一	戊	午

生年甲寅、陽年女命逆行、正月初十日夜子時生、逆數至正月初十日夜子時立春節、並無實歷時間、此爲一歲欠三百六十天、每逢甲己之年正月初十日夜子時、交換。

五行相生

木生火。火生土。土生金。金生水。水生木。此爲五行相生。河圖、一六爲水居北。二七爲火居南。三八爲木居東。四九爲金居西。五十爲土居中。北方水、生東方木。東方木、生南方火。南方火、生中央土。中央土、生西方金。西方金、生北方水。此五行相生之序也。

白虎通云、木生火者、木性溫暖、火伏其中、鑽灼而出、故木生火。火生土者，火熱故能焚木、木焚而成灰、灰卽土也。土生金者、金居石依山、津潤而生、聚土成山、山必生石、故土生金。金生水者、少陰之氣、溫潤流澤、銷金亦爲水、所以山雲而從潤、故金生水。水生木者、因水潤而能生、故水生木也。

五行相尅

木尅土。土尅水。水尅火。火尅金。金尅木。此爲五行相尅。洛書、戴九履一。左三右七。二四爲肩。六八爲足。五居中央。一六水、尅二七火。二七火、尅四九金。四九金、尅三八木。三八木、尅五中土。五中土、尅一六

水。此五行相尅之序也。

白虎通云、五行所以相害者、天地之性、衆勝寡、故水勝火也。精勝堅、故火尅金。剛勝柔、故金勝木。專勝散、故木勝土。實勝虛、故土勝水也。

按白虎通云害、云勝。雖未云尅、其義實同。說文云、害傷也。增韻云、害、殘也。師古曰、五勝、五行相勝也。廣韻云、勝者負之對也。

枝藏人元五行

古歌云、子宮癸水在其中。丑癸辛金己土同。寅宮甲木兼丙戊。卯宮乙木獨相逢。辰藏乙戊三分癸。巳中庚金丙戊叢。午宮丁火並己土。未宮乙己丁共宗。申位庚金壬水戊。酉宮辛字獨豐隆。戌宮辛金及丁戊。亥藏壬甲是眞踪。

卽子藏癸。丑藏癸、辛、己。寅藏甲、丙、戊。卯藏乙。辰藏乙、戊、癸。巳藏庚、丙、戊。午藏丁、己。未藏乙、己、丁。申藏庚、壬、戊。酉藏辛。戌藏辛、丁、戊。亥藏壬、甲。是也。

王逵蠡海集云、地枝內所藏天幹者、子午卯酉爲四極、寄四祿焉。辰戌丑

未爲四藏、寓四墓焉。故此八枝、各藏一陰。寅申巳亥、爲四開闔、就生四祿焉。故各藏二陽。戊藏於辰戌。己藏於丑未。陰陽各歸其所。戊藏於巳。己藏於午。則亦就寄祿而藏焉。

按枝藏之五行、以孟仲季區別之、其義有三。四孟者、乃陽幹長生、臨官、寄臨之所也。寅爲丙戊之長生、又爲甲之臨官、故丙火、戊土、甲木、寓焉。巳爲庚之長生、又爲丙戊之臨官、故庚金丙火、戊土寓焉。申爲戊壬之長生、又爲庚之臨官、故戊土、壬水、庚金寓焉。亥爲甲之長生、又爲壬之臨官、故甲木壬水、寓焉。四仲者、乃陰幹臨官寄臨之所也。子爲癸之臨官、故癸水寓焉。卯爲乙之臨官、故乙木寓焉。午爲丁己之臨官、故丁火、己土、寓焉。酉爲辛之臨官、故辛金寓焉。四季者、乃陰幹、陽幹、冠帶、墓、寄臨之所也。丑爲癸辛之冠帶、金之墓、又爲己之墓、故癸水、辛金、己土、寓焉。辰爲乙戊之冠帶、又爲水之墓、故乙木、戊土、癸水、寓焉。未爲丁、己之冠帶、又爲木之墓、故丁火、

己土、乙木寓焉。戊爲辛之冠帶、火之墓、又爲戊土之墓、故辛金、丁火、戊土、寓焉。考原云、金長生於巳。故丑可爲辛金之墓。水長生於申、故辰可爲癸水之墓。木長生於亥、故未可爲乙木之墓。火長生於寅、故戊可爲丁火之墓也。

十幹生尅定名

凡推十幹生尅、以日幹爲我、與年幹、月幹、時幹、及枝中所藏之幹、相比較。觀其爲比、爲生、爲尅。陽見陰、陰見陽、則爲正。陽見陽、陰見陰、則爲偏。與我比者、爲比肩比刼。我生者、爲傷官食神。我尅者、爲正財偏財。尅我者、爲正官、偏官。生我者、爲正印、偏印。（比刼亦曰刼財、又曰敗財。偏官亦曰七殺。偏印亦曰梟神。又曰倒食。）

命學新義云、欲學推命、必先知推命大原則、大原則爲何、曰、命理以生爲本。推命以我爲主。言命理者、莫不根據五行、五行者、金木水火土也。五行

相互之關係、僅有二種、曰生、曰尅、析言之、卽火生土。土生金。金生水。水生木。木生火。火尅金。金尅木。木尅土。土尅水。水尅火。尅卽是生、火尅金使金成器也。金尅木、使木成材也。木尅土、所以疏土之氣也。土尅水、所以使其不氾濫滔淫也。水尅火、所以使火不至自焚也。生固是生、尅亦是生、五行相互關係、惟有生與尅、生固是生、尅亦是生、故曰、命理以生爲本。推命以我爲主。我、日主也。以日之幹、配合其他天幹、以及枝藏之幹、因其生尅關係、而有印、財、正官、七殺、食神、傷官諸名詞、不有日主、此名詞何由生、故曰推命以我爲主、蓋必先有我、而後方有其他諸神也。

按先賢論命之旨、本乎陰陽、察乎人情、非無因也。觀其以木、火、土、金、水之五行、而演成比、食、財、官、印、五種。卽知其定名之義、莫不由親切處來也。何以謂之我比者、如甲乙木日幹、見甲乙木是也。然我比之中、有親疏之別、故有爲比肩、爲敗財、爲刼財之不同。甲屬木爲陽、乙屬木爲陰、甲見甲、

同一屬木、同一爲陽。乙見乙、同一屬木、同一爲陰。旣可同聲相應、又可同氣相求、此我比之親者、故爲比肩。甲見乙、同一屬木、有陰陽之異。乙見甲、同一屬木、亦有陰陽之異。雖可聲應、不可氣求、此我比之疏者、故爲敗財、刼財。語云、衆擎易舉、獨力難成。故人命貴有比我者之刼財、敗財、而尤貴有比我者之比肩也。餘幹同此

何以謂之我生者、如甲乙木日幹、見丙丁火是也。然我生之中、有直接間接之分、故有爲食神、爲傷官之不同。甲屬木爲陽、丙屬火亦爲陽、甲見丙以我陽木生彼陽火。乙屬木爲陰、丁屬火亦爲陰、乙見丁、以我陰木生彼陰火、一氣相生、出乎天然、此我生之直接者、故爲食神。甲屬木爲陽、丁屬火爲陰、甲見丁以我陽木生彼陰火。乙屬木爲陰、丙屬火爲陽、乙見丙以我陰木生彼陽火、異氣相生、迫於人情、此我生之間接者、故爲傷官。古云、人貴自食其力。蓋人必聚精會神、始能作事、能作事始得報酬、得報酬始

有飲食、先賢定名曰我生者爲食神、傷官、卽此義也。又云、凡人須勤做生活。蓋能生始能活也。然間接生活、不若直接生活之自然、所以食神勝於傷官。故人命貴有我生者之傷官、而尤貴有我生者之食神也。

何以謂之我尅者、如甲乙木日幹見戊己土是也。然我尅之中、有偏正之分、故有爲偏財、爲正財之不同。甲屬木爲陽、戊屬土亦爲陽、甲見戊以我陽木、尅彼陽土。乙屬木爲陰、己屬土亦爲陰、乙見己以我陰木尅彼陰土。只有以力假仁之霸、並無陰陽融洽之情、此我尅之偏者、故爲偏財。甲屬木爲陽、己屬土爲陰、甲見己以我陽木、尅彼陰土。乙屬木爲陰、戊屬土、爲陽、乙見戊以我陰木、尅彼陽土。既有陰陽融洽之情、又有以德行仁之妙、此我尅之正者、故爲正財。大學十章、理財居半、蓋人主之所以加惠天下者財、奔走人才者亦財、天子無財、不能澤一民、不能辨一事、而況其下焉者乎。又曰、以義爲利、則財恆足。夫利本於義、其出於正可知。利本於非義、

其出於偏更可知。故人命貴有我尅者之偏財、而尤貴有我尅者之正財也。

何以謂之尅我者、如甲乙木日幹、見庚辛金是也。然尅我之中、有偏正之殊、故有爲偏官、爲正官之不同。甲屬木爲陽、庚屬金亦爲陽、甲見庚以彼陽金尅我陽木。乙屬木爲陰、辛屬金亦爲陰、乙見辛以彼陰金尅我陰木。只有專制壓迫之力、並無剛柔寬猛之方、此尅我之偏者、故爲偏官、又爲七殺。甲屬木爲陽、辛屬金爲陰、甲見辛以彼陰金尅我陽木。乙屬木爲陰、庚屬金爲陽、乙見庚以彼陽金尅我陰木。旣有陰陽和協之功、必得勸懲賞罰之效、此尅我之正者、故爲正官。孔子曰、君子懷刑。小人懷惠。懷刑者、畏官法也。懷惠者、貪貨利也。世人苟懷官刑、而不貪貨利、則各安生理、有不家齊而國治者乎。故人命貴有尅我者之偏官、而尤貴有尅我者之正官也。

何以謂之生我者、如甲乙木日幹、見壬癸水是也。然生我之中、有偏正之異、故有爲偏印、爲正印、之不同。甲屬木爲陽、壬屬水亦爲陽、甲見壬以彼陽水、生我陽木。乙屬木爲陰、癸屬水亦爲陰、乙見癸以彼陰水、生我陰木。只有物質名分之相生、並無陰陽密邇之關切、此生我之偏者、故爲偏印。甲屬木爲陽、癸屬水爲陰、甲見癸以彼陰水、生我陽木。乙屬木爲陰、壬屬水爲陽、乙見壬以彼陽水、生我陰木。既有物質名分之相生、又得陰陽密邇之關切、此生我之正者、故爲正印。說文云、印者、執政所持之印也。萬育吾曰、朝廷設官分職、畀以印綬、使之掌管、官而無印、何所憑據、是以印繼官後、蓋有印之官、始能福民利國。故人命貴有生我者之偏印、而尤貴有生我者之正印也。以上五節、悉本人情物理、能明乎此、卽愛羣、生活、齊家、守法、敦信之道、亦寓於中、豈特爲究心命理者、所當知哉。

十干生尅檢查表

（橫推直看）

日干＼生尅	比肩	比刼	食神	傷官	偏財	正財	偏官	正官	偏印	正印
甲	甲	乙	丙	丁	戊	己	庚	辛	壬	癸
乙	乙	甲	丁	丙	己	戊	辛	庚	癸	壬
丙	丙	丁	戊	己	庚	辛	壬	癸	甲	乙
丁	丁	丙	己	戊	辛	庚	癸	壬	乙	甲
戊	戊	己	庚	辛	壬	癸	甲	乙	丙	丁
己	己	戊	辛	庚	癸	壬	乙	甲	丁	丙
庚	庚	辛	壬	癸	甲	乙	丙	丁	戊	己
辛	辛	庚	癸	壬	乙	甲	丁	丙	己	戊
壬	壬	癸	甲	乙	丙	丁	戊	己	庚	辛
癸	癸	壬	乙	甲	丁	丙	己	戊	辛	庚

例一　假如壬子年、壬寅月、壬申日、甲辰時。以日幹爲主、壬屬水爲陽、先論天幹。年幹見壬水、爲我比者、陽見陽爲比肩。月干又見壬水、爲我比者、陽見陽亦爲比肩。時幹見甲木、爲我生者、陽見陽爲食神。次論地枝。年枝見子、古歌云、子宮癸水在其中。是子藏癸水也。癸水爲我比者、陽見陰爲比刼。又曰刼財。月枝見寅。古歌云、寅宮甲木兼丙戊。是寅藏甲木、丙火、戊土也。甲木爲我生者、陽見陽爲食神。丙火爲我尅者、陽見陽爲偏財。戊土爲尅我者、陽見陽、爲偏官。又曰七殺。日枝見申、古歌云、申位庚金壬水戊。是申藏庚金、壬水、戊土也。庚金爲生我者、陽見陽爲偏印。壬水爲我比者、陽見陽爲比肩。戊土爲尅我者、陽見陽爲七殺。時枝見辰、古歌云、辰藏乙戊三分癸。是辰藏乙木戊土、癸水也。乙木爲我生者。陽見陰爲傷官。戊土爲尅我者、陽見陽爲七殺。癸水爲我比者、陽見陰爲刼財。列式於左、

乾造民國元年古曆正月初九日辰時生

比肩	壬	子	比劫
比肩	壬	寅	食神　偏財　七殺
日主	壬	申	偏印　比肩　七殺
食神	甲	辰	傷官　七殺　比劫

三歲	癸卯
十三	甲辰
二三	乙巳
三三	丙午
四三	丁未
五三	戊申
六三	己酉
七三	庚戌

大運三歲扣足欠一十天每逢甲己之年十二月二十九日辰時交換。

例二　又如癸丑年、甲寅月、丙辰日、戊戌時。以日幹爲我、丙屬火爲陽、先論天幹。年幹見癸水、爲尅我者、陽見陰爲正官。月幹見甲木、爲生我者、陽見陽爲偏印。時幹見戊土、爲我生者、陽見陽爲食神。次論地枝。年枝見丑、古歌云、丑癸辛金己土同。是丑藏癸水、辛金、己土也。癸水爲尅我者、陽見陰爲正官。辛金爲我尅者、陽見陰爲正財。己土爲我生者、陽見陰爲傷官。

月支見寅、古歌云、寅宮甲木兼丙戊。是寅藏甲木、丙火、戊土也。甲木爲生我者、陽見陽爲偏印。丙火爲我比者、陽見陽爲比肩。戊土爲我生者、陽見陽爲食神。日支見辰、古歌云、辰藏乙戊三分癸。是辰藏乙木、戊土、癸水也。乙木爲生我者、陽見陰爲正印。戊土爲我生者、陽見陽爲食神。癸水爲剋我者、陽見陰爲正官。時支見戌、古歌云、戌宮辛金及丁戊。是戌藏辛金、丁火、戊土也。辛金爲我剋者、陽見陰爲正財。丁火爲我比者、陽見陰爲刼財。戊土爲我生者、陽見陽爲食神、列式於左。

坤造民國元年古曆十二月二十九日戌時生

正官 壬子
癸丑 作
偏印 甲寅

正官 正財 傷官
偏印 比肩 食神

十歲 乙卯
二十 丙辰
三十 丁巳
四十 戊午

日元　丙　辰　　正印　五十　己未
　　　　　　　　食神
　　　　　　　　正官　六十　庚申

食神　戊　戌　　正財　七十　辛酉
　　　　　　　　刼財
　　　　　　　　食神　八十　壬戌

大運十歲、扣足欠四十天。每逢壬丁之年、十一月十九日戌時、交換。

例三　又如甲寅年、丙寅月、辛酉日、庚子時。以日幹爲主、辛屬金爲陰、先論天幹。年幹見甲木、爲我尅者、陰見陽爲正財。月幹見丙火、爲尅我者、陰見陽爲正官。時幹見庚、爲我比者、陰見陽爲刼財。次論地枝。年月二枝見寅、古歌云、寅宮甲木兼丙戊。是二寅之中、各藏甲木、丙火、戊土也。甲木爲我尅者、陰見陽爲正財。丙火爲尅我者、陰見陽爲正官。戊土爲生我者、陰見陽爲正印。日枝見酉、古歌云、酉宮辛字獨豐隆。是酉中獨藏辛金也。辛金爲我比者、陰見陰爲比肩。時枝見子、古歌云、子宮癸水在其中。是子中獨藏癸水也、癸水爲我生者、陰見陰爲食神。列式於左。

乾造民國三年古曆正月初十日夜子時生

正財	甲	寅	正財正官正印	十歲 丁卯 二十 戊辰
正官	丙	寅	正財正官正印	三十 己巳 四十 庚午
日主	辛	酉	比肩	五十 辛未 六十 壬申
刼財	庚	子	食神	七十 癸酉 八十 甲戌

大運十歲、扣足欠二十五天。每逢癸戊之年、十二月十五日夜子時、交換。

例四　又如辛亥年、癸巳月、丁酉日、己酉時。以日幹爲我、丁屬火爲陰、先論天幹。年幹見辛金、爲我尅者、陰見陰爲偏財。月幹見癸水、爲尅我者、陰見陰爲七殺。時幹見己土、爲我生者、陰見陰爲食神。次論地枝。年枝見亥、古歌云、亥藏壬甲是眞踪。是亥藏壬水、甲木也。壬水爲尅我者、陰見陽爲

正官。甲木爲生我者、陰見陽爲正印。月枝見巳、古歌云、巳宮庚金丙戊從。是巳藏庚金丙火、戊土也。庚金爲我尅者、陰見陽爲正財。丙火爲我比者、陰見陽爲刼財。戊土爲我生者、陰見陽爲傷官。日時二枝見酉、古歌云、酉宮辛字獨豐隆。是酉中獨藏辛金也、辛金爲我尅者、陰見陰爲偏財。列式於左。

坤造清宣統三年四月二十九日酉時生

偏財	辛	亥	正官 正印	三歲	甲	午
七殺	癸	巳	正財 刼財 傷官	十三	乙	未
日元	丁	酉	偏財	二三	丙	申
食神	己	酉	偏財	三三	丁	酉
				四三	戊	戌
				五三	己	亥
				六三	庚	子
				七三	辛	丑

大運三歲扣足多一百七十天、每逢甲己之年十月十九日酉時交換。

推命宮法

凡推命宮、先由手掌子位起正月、向亥逆數、至所生之月爲止。再以所生之時、加臨生月所臨之枝位、以次順數、至卯字爲止。卽以卯。字所臨手。掌定位。之枝。爲某。宮。欲知某宮之幹、再以年幹遁之。

手掌定位之圖

巳八月	午七月	未六月	申五月
辰九月	先逆數生月至所生之月爲止後順數生時至卯字爲止		酉四月
卯十月			戌三月
寅十一月	丑十二月	子正月	亥二月

兪曲園游藝錄云、凡欲求命宮、先從子上起正月、逆行十二辰、乃將所生之時、加於所生之月、順行十二位、遇卯。卽。命。宮也。

推命宮之法、固以生月爲主、然古人謂交過中氣、須作次月推、此又不可不知。中氣者何、正月雨水、二月春分、三月穀雨、餘倣此。

例一　假如乾造民國十三年甲子古曆三月十六日酉時生、未過穀雨、作三月算。如手掌子位起正月。逆數二月落亥三月落戌。再以所生酉時、加臨戌位、以次順數、至卯字爲止。卯字恰臨手掌辰位、再以生年之甲遁幹、正月起丙寅。則辰位之幹爲戊辰、卽知命宮爲戊辰也。列式於左。

殺	甲	子	財
比	戊	辰	官　比　財
日主	戊	戌	傷　印　比
傷	辛	酉	傷

五歲	己	巳
十五	庚	午
二五	辛	未
三五	壬	申
四五	癸	酉
五五	甲	戌
六五	乙	亥
七五	丙	子

大運五歲、扣足多一百七十天。每逢己甲之年、九月初六日酉時、交換。

命宮戊辰。

例二　又如坤造、民國十三年、古曆三月十七日戌時生。節過穀雨、作四月算。如手掌子位起正月。逆數、二月湴亥。三月湴戌。四月湴酉。再以所生戌時、加臨酉位、以次順數、至卯字爲止、卯字恰臨手掌寅位、再以生年之甲遁幹、正月起丙寅。則寅位之幹爲丙寅。此卽命宮丙寅也。列式於左。

官	甲	子	才	五歲 十五	丁卯 丙寅
劫	戊	辰	殺劫才	二五 三五	乙丑 甲子
主日	己	亥	財官	四五 五五	癸亥 壬戌
官	甲	戌	食劫卩	六五 七五	辛酉 庚申

大運五歲、扣足多五十天。每逢己甲之年、五月初七日戌時、交換。

命宮丙寅。

推小限法

凡推小限、以生年之枝爲主、加於命宮之上、以次逆數、至本流年歲枝爲止、視歲枝所臨之手掌定位爲某枝、卽知爲某限。再以命宮之幹、以次逆數至本流年爲止、卽知小限爲某幹矣。更有捷法。如命宮爲甲子、則一歲之小限、亦必爲甲子。以次逆行、二歲癸亥、三歲壬戌、四歲辛酉、至十一歲甲寅、二十一歲甲辰、三十一歲甲午、四十一歲甲申、五十一歲甲戌、六十一歲又値甲子。如此推排、一年一易、則小限幹枝、循環無端矣。

假如甲子命、戊辰宮、於二十八歲辛卯年、推其小限、卽以生年之子、加臨辰宮、以次逆數、至本流年歲支卯止。卯字所臨手掌定位是丑、卽知爲丑限。欲知丑限爲某幹、捷法以命宮幹枝起一歲、以次逆數、此造命宮戊辰、一歲小限卽戊辰、十一歲小限卽戊午、二十一歲戊申、逆數至二十八歲、

卽知小限爲辛丑矣。

乾造民國十三年甲子古曆三月十六日酉時生

七殺	甲	子	財	五歲 己巳	十五 庚午
比肩	戊	辰	官比財	二五 辛未	三五 壬申
日主	戊	戌	傷印比	四五 癸酉	五五 甲戌
傷官	辛	酉	傷	六五 乙亥	七五 丙子

命宮戊辰。小限辛丑流年辛卯。

心算命宮小限法

凡推命宮、須以生月之數、（如過中氣、作次月之數推、）與生時之數、合算。（寅一、卯二、辰三、巳四、午五、未六、申七、酉八、戌九、亥十、子十一、丑十二、）得十四、爲本位。如月時之數合算、而不滿十四者當加之、加到十四爲止。卽以

所加之數爲某宮。如滿十四數者、當加至二十六、爲本位。亦以所加之數爲某宮。欲知某宮之幹、再以年幹遁之、與年上起月法相同。若推小限、須以命宮之數、與生年之數合算、再減本流年之數、卽以所餘之數、爲某限。如命宮與生年之數合算而不足減本流年之數者、當再加十二。若減本流年之數、而有餘者、當再減十二。均以所餘之數爲某限。欲知某限之幹、再以命宮之幹、以次逆數、至本流年爲止。卽知某限之幹矣。

按、上論推算命宮小限之法、固已詳明。惟推命宮法、第一看所生之時、第二看所生之月、而所生之月、有節過中氣、須作次月推算之別、初學讀之。猶有迷惑。茲將所生十二時、及生月之中氣、一一區分、列表於后、俾便檢查。凡子時生人、在大寒後、雨水前者、皆爲卯宮。丑時生人、皆爲寅宮。寅時生人、皆爲丑宮。凡亥時生人、在雨水後、春分前者、皆爲卯宮。子時生人、皆爲寅宮。丑時生人、皆爲丑宮。欲知命宮之幹、再以生年之幹遁之。如甲年

生人、卽爲丁卯宮。乙年生人、卽爲己卯宮。丙年生人、卽爲辛卯宮。是也。

命宮檢查表

節氣 ＼ 時 比 命宮	卯宮	寅宮	丑宮	子宮	亥宮	戌宮	酉宮	申宮	未宮	午宮	巳宮	辰宮
大寒後雨水前	子時	丑時	寅時	卯時	辰時	巳時	午時	未時	申時	酉時	戌時	亥時
雨水後春分前	亥時	子時	丑時	寅時	卯時	辰時	巳時	午時	未時	申時	酉時	戌時
春分後穀雨前	戌時	亥時	子時	丑時	寅時	卯時	辰時	巳時	午時	未時	申時	酉時
穀雨後小滿前	酉時	戌時	亥時	子時	丑時	寅時	卯時	辰時	巳時	午時	未時	申時
小滿後夏至前	申時	酉時	戌時	亥時	子時	丑時	寅時	卯時	辰時	巳時	午時	未時
夏至後大暑前	未時	申時	酉時	戌時	亥時	子時	丑時	寅時	卯時	辰時	巳時	午時
大暑後處暑前	午時	未時	申時	酉時	戌時	亥時	子時	丑時	寅時	卯時	辰時	巳時
處暑後秋分前	巳時	午時	未時	申時	酉時	戌時	亥時	子時	丑時	寅時	卯時	辰時
秋分後霜降前	辰時	巳時	午時	未時	申時	酉時	戌時	亥時	子時	丑時	寅時	卯時
霜降後小雪前	卯時	辰時	巳時	午時	未時	申時	酉時	戌時	亥時	子時	丑時	寅時
小雪後冬至前	寅時	卯時	辰時	巳時	午時	未時	申時	酉時	戌時	亥時	子時	丑時
冬至後大寒前	丑時	寅時	卯時	辰時	巳時	午時	未時	申時	酉時	戌時	亥時	子時

推流年法

凡推流年、卽以所値本流年幹枝爲主。其論生尅名詞、亦如上例。經云、太歲爲一年主宰、烏可不重視之哉。假如戊土日主、於辛卯年推、卽流年辛卯。辛金爲我生者陽見陰爲傷官。列式於左。

七殺	甲	子	正財	五歲 己巳	十五 庚午
比肩	戊	辰	正官　比肩　正財	二五 辛未	三五 壬申
日主	戊	戌	傷官　正印　比肩	四五 癸酉	五五 甲戌
傷官	辛	酉	傷官	六五 乙亥	七五 丙子

大運五歲、扣足多一百七十天。每逢己甲之年、九月初六日酉時、交換。

命宮戊辰。小限辛丑。流年辛卯。傷官主事。

推胎元法

兪曲園游藝錄云、四柱之外、佐以胎元。胎元者、受胎之月也。生月幹前一位、枝前三位、卽是。如己巳月生、則胎元在庚申。壬午月生、則胎元在癸酉。餘倣此。三命通會云、以當生前三百日、爲十月之氣、乃是受胎之正。如甲子日生、卽以甲子爲受胎之日。蓋五六計三百日也。

按此二說、俱有理由、合幷錄之。

推息法

淵海子平云、起息之法。取日主天幹合處、地枝合處、卽是。星平會海云、假如甲子日主、取天幹甲與己合。又取地枝子與丑合、卽己丑是息。餘日倣此。

推變法

淵海子平云、起變之法、取時上天幹合處、時下地枝合處、卽是。星平會海云、假如丙寅時、取天幹丙與辛合、地枝寅與亥合、卽辛亥是變。餘時倣此。

推通法

淵海子平云、起通法、假如甲子月寅時生、卯上安通。取甲己之年丙作首之丙寅、卽丁卯是通。原註云、寅卯相通。辰巳相通。午未相通。申酉相通。戌亥相通是也。

按、人之窮通、繫乎命運。而宮限之向背、與命運攸關、皆宜重視。若胎息變通四法、不過爲古書言命之一說、似可毋庸拘泥。茲因古籍所載、錄之聊備一格。

推小運法

星平會海云、小運之法本由時。陽男陰女順相宜。陰男陽女隨逆轉。一位一歲不差移。假如陽年男命順行、甲子時生、一歲卽行乙丑、二歲丙寅、三歲丁卯。陽年女命逆行、甲子時生、一歲卽行癸亥、二歲壬戌、三歲辛酉、一位一年、週而復始。陰年男命逆行、陰年女命順行、亦然。

(3) 强弱

天幹生旺死絕名詞

長生。沐浴。冠帶。臨官。帝旺。衰。病。死。墓。絕。胎。養。此十幹寄臨之十二名詞也。

長上聲、讀掌、

甲木長生在亥。乙木長生在午。丙火、戊土、長生俱在寅。丁火、己土、長生俱在酉。庚金長生在巳。辛金長生在子。壬水長生在申。癸水長生在卯。陽幹順行。陰幹逆行。自長生、沐浴、至胎養。十二枝周矣。

五陽幹生旺死絕定局

甲丙戊庚壬　日幹橫看

長生亥寅寅巳申

沐浴子卯卯午酉

五陰幹生旺死絕定局

乙丁己辛癸　日幹橫看

長生午酉酉子卯

沐浴巳申申亥寅

冠帶	丑辰辰未戌
臨官	寅巳巳申亥
帝旺	卯午午酉子
衰	辰未未戌丑
病	巳申申亥寅
死	午酉酉子卯
墓	未戌戌丑辰
絕	申亥亥寅巳
胎	酉子子卯午
養	戌丑丑辰未

冠帶	辰未未戌丑
臨官	卯午午酉子
帝旺	寅巳巳申亥
衰	丑辰辰未戌
病	子卯卯午酉
死	亥寅寅巳申
墓	戌丑丑辰未
絕	酉子子卯午
胎	申亥亥寅巳
養	未戌戌丑辰

沈孝瞻曰。十幹自長生、至胎、養、分十二宮。氣之由盛而衰、衰而復盛。逐節而分。遂成十二。而長生、沐浴等名。則假借形容之詞。長生、猶人之初生也。

沐浴、猶人既生之後。沐浴以去垢。如果核已茁。則苗端之青殼已離也。冠帶、猶人年長而冠帶也。臨官、猶人既長而壯。可以出仕宰民也。帝旺、猶人壯盛之極。可以出輔帝王而大有爲也。衰、盛極而衰。物之初變也。病、衰之盛也。死、則氣盡而無餘也。墓者、造化收藏。猶物之埋於土也。絕者、前氣已絕。而後氣將續也。胎者、後之氣續而結聚成胎也。養者、如人養胎於母腹也。自是而復長生。循環無窮矣。

考原曰。木長生於亥。火長生於寅。金長生於巳。水長生於申。土亦長生於申。寄生於寅。各由長生、沐浴、冠帶、臨官、帝旺、衰、病、死、墓、絕、胎、養。順歷十二辰。蓋天道循環。生生不已。故木方旺而火已生。火方旺而金已生。金方旺而水已生。水方旺而木已生。由長生而順推。穉則必壯。盛則必衰。終而復始。迭運不窮。此四時之所以錯行。五氣之所以順布也。至於土生申、而寄於寅。則後天坤艮之位。故易於坤曰、萬物皆致養焉。於艮曰、萬物之所以

成終而成始也。

協紀辨方云。五行長生之義。考原之說甚明。而土之生於寅申。則引而未發。由今考之。水土之同生於申也。申爲坤。坤爲地。水土之所凝也。土寄生於寅者。寅爲孟春之月。天氣下降。地氣上騰。天地所以和同。草木所以萌動也。是故洪範家獨以土生於申爲五行之體。陰陽選擇諸家皆以土生於寅。爲五行之用。蓋長生在寅。則臨官在巳。乃爲土旺。金生與木火水同爲一例。然則以土爲生於寅者。所以順五行相生之序。與月令土旺於夏秋之交。以順四時相生之序者。同出於理之自然。而非臆說也。此外又有陽死陰生。陽順陰逆之說。甲木死於午。則乙木生焉。丙戊死於酉。則丁己生焉。庚金死於子。則辛金生焉。壬水死於卯。則癸水生焉。由長生而沐浴。十二位皆逆轉。陽死則陰生。陰死則陽生。此二氣之分也。陽臨官則陰帝旺。陰臨官則陽帝旺。此四時之會也。順逆分合。俱極有妙理。論十幹則分

陰陽。論五行則陽統陰。皆天地自然之義。故凡言數者皆祖之。

陳素菴云。舊書十幹從各枝起長生、沐浴、冠帶、臨官、帝旺、衰、病、死、墓、絕、胎、養、十二位。有陽生陰死、陰生陽死之異焉。夫五陽育於生方。盛於本方。斃於洩方。盡於尅方。於理爲順。若五陰生於洩方。死於生方。於理未通。卽曲爲之說。而子午之地。終無產金產木之道。寅亥之地。終無滅火滅水之道。諸舊書命格。丁遇酉以財論。乙遇午。己遇酉。辛遇子。癸遇卯。以食神論。俱不以生論。乙遇亥。丁遇寅。癸遇申。以正印論。己遇寅藏之丙。辛遇巳藏之戊。亦以正印論。俱不以死論。其論墓則木必於未。火必於戌。金必於丑。水土必於辰。從無以戌爲乙墓。丑爲丁己墓。辰爲辛墓。未爲癸墓者。則陰陽同生同死。爲是。考廣錄云。甲乙一木而分陰陽。非可以死木、活木、歧而二之。既爲一木。同生同死。故古人止有四長生。此說可爲確據矣。至其中命名取義。亦多未通。如長生之後。繼以沐浴。謂之敗地。若嬰兒初生。沐浴氣

弱。不能勝而敗也。夫沐浴細事。既不足列於生旺之屬。且世無洗兒遂至敗壞者。又以爲淫慾之殺。豈裸形而浴者。皆宣淫乎。況自生趨旺。一路發榮滋長。方生何以忽敗。既敗又何以能復旺也。冠帶雖成立之義。亦爲不倫。臨官之官。帝旺之帝。尤屬無謂。當正其名曰。生、長、成、盛、旺、衰、病、死、墓、絕、胎、養。生者始生。長者漸長。成者初成。盛者正盛。旺者太旺。旺極而衰、病、諸位繼焉。則名當而理順矣。至於土之生旺墓。有從寅起者。有從申起者。夫土位乎中央。貫乎八方。旺乎四季。原不必與四行同例。必不得已則起寅近是。蓋申酉皆我生。既洩我氣。難言生長。亥子皆我尅。亦勞我力。難言盛旺。倘云、水土一家之氣。則我尅者尚爲一家。生我之火。我生之金。安在非一家乎。若起寅。則母生俱生。母死俱死。其理差長。然自生寅至旺午。可以從母。至未戌丑。皆其本氣。又難分衰墓養矣。則論土之法。只當以巳午爲生。寅卯爲尅。申酉爲洩。亥子爲財。四季爲旺。更自合理。何必拘拘數十二

位乎。或曰臨官卽祿也。帝旺卽刃也。祿刃以陽順陰逆取。則生死亦應以陽順陰逆取矣。是大不然。帝旺者、十幹歷十二枝盛衰之序也失時退氣、則有衰病當時得氣、則爲帝旺也。祿刃者、十幹遇十二枝取用之法也。異類有生尅、則取財官同類無生尅、則取祿刃也。昭然兩義、何容藉口乎。按此篇議論、頗爲新穎。惜失之於偏。參觀沈孝瞻及考原協紀等說。其義自明。

五行用事

甲乙寅卯木、旺於春。丙丁巳午火、旺於夏。庚辛申酉金、旺於秋。壬癸亥子水、旺於冬。戊己辰戌丑未土、旺於四季。

神樞經云。五行旺各有時。惟土居無所定。乃於四立之前。各旺一十八日。歷例云。立春木。立夏火。立秋金。立冬水。各旺七十二日。土於四立之前。各旺一十八日。合之、亦爲七十二日。總三百有六十日而歲成矣。

白虎通云。土所以王四季何。木非土不生。火非土不榮。金非土不成。水非土不高。土扶微助衰。歷成其道。故五行更旺。亦須土也。王四季。居中央不名時。

沈新周曰。春木。夏火。秋金。冬水。非言其形。言其氣也。

醉醒子曰。立春之後。則用陽木三十六日。艮土分野。丙戊長生。驚蟄後六日。則用陰木三十六日。癸水寄生。清明後十二日。則用戊土十八日。陽水歸庫。陰水返魂。夏秋冬亦如此。又枝中所藏。止以月論。年日時。不論。蓋人命。重。提。綱。也。

四時休王王去聲讀旺

春木王、火相、水休、金囚、土死。夏火王、土相、木休、水囚、金死。秋金旺、水相、土休、火囚、木死。冬水王、木相、金休、土囚、火死。四季土王、金相、火休、木囚、水死。

五行大義云。凡當王之時。皆以子爲相者。以其子方壯。能助治事。父母爲

休者。以其子當王氣正盛。父母衰老。不能治事。如堯老禪舜。委以國政也。所尅爲死者。以其身王能制殺之。所畏爲囚者。以其子爲相能囚仇敵也。

相讀去聲向

三命通會云。盛德乘時曰王。如春木王。王則生火。火乃木之子。子承父業。故火相。木用水生。生我者父母。今子嗣得時。登高明顯赫之地。而生我者、當知退矣。故水休。休者美之至極。休休然無事之義。火能尅金。金乃木之鬼。被火尅制。不能施設。故金囚。火能生土。土爲木之財。財爲隱藏之物。草木發生。土氣散漫。所以春木尅土則死。夏火王。火生土則土相。木生火則木休。水尅火則水囚。火尅金則金死。季土王。土生金則金相。火生土則火休。木尅土則木囚。土尅水則水死。秋金王。金生水則水相。土生金則土休。火尅金則火囚。金尅木則木死。冬水王。水生木則木相。金生水則金休。土尅水則土囚。水尅火則火死。觀夏月大旱。金石流。水土焦。六月暑氣增。寒

氣滅。秋月金勝。草木黃落。冬月大寒。天冷水結冰凝。火氣頓滅。其旺其死。概可見矣。蓋四時之序。節滿卽謝。五行之性。功成必覆。故陽極而降。陰極而升。日中則昃。月盈則虧。此天之常道也。人生天地。勢積必損。財聚必散。年少反衰。樂極反悲。此人之常情也。故一盛一衰。或得或失。榮枯進退。難逃此理也。

按強弱者。乃表示盛衰之代名詞也。蓋有強必有弱。有弱必有強。斷無強者終強。弱者終弱之理。欲知命之榮枯者。須先辨強弱。欲明強弱之義者。須先知天幹生旺死絕之法。而尤須深明五行用事。四時休王之理。否則用神無所適從。吉凶何由而判耶。

(4) 神煞

天德

古歌云。正丁二坤中。三壬四辛同。五乾六甲上。七癸八艮逢。九丙十居乙。子巽丑庚中。

以日爲主。如正月逢丁日。三月逢壬日是也。幽微賦云。仁慈敏惠。天月二德呈祥。

考原云。天德者。三合之氣也。如寅午戌合火局。故以火爲德。正月丁。九月丙。五月乾。戌火墓在乾宮也。卯未亥合木局。故以木爲德。六月甲。十月乙。二月坤。未木墓在坤宮也。辰申子合水局。故以水爲德。三月壬。七月癸。十一月巽。辰水墓在巽宮也。巳酉丑合金局。故以金爲德。四月辛。十二月庚。八月艮。丑金墓在艮宮也。寅申巳亥月。乃五行長生之位。故配陰幹。辰戌丑未月。乃五行墓庫之位。故配陽幹。子午卯酉月。乃五行當王之位。故配以墓辰本宮之卦。不用枝而用幹者。枝地也。幹天也。名曰天德。故用天幹。又用四卦以代辰戌丑未者。不用地枝故也。

按淵海子平。謂坤卽申。乾卽亥。巽卽巳。艮卽寅。而考原謂乾卽戌。艮卽丑。巽卽辰。坤卽未。以枝論之似巽。以卦論之實同。蓋一卦管三山也。然考之協紀辨方之月表。二五八十一月。並無天德可見。只用天幹。不用地枝也。

月德

淵海子平云。寅午戌月在丙。申子辰月在壬。亥卯未月在甲。巳酉丑月在庚。以日爲主。正五九月逢丙日。三七十一月逢壬日是也。

陳素菴云。人命値此二德。多多益善。吉者增吉。凶者減凶。臨於財官印食。福力倍隆。卽臨梟殺劫傷。暴横盆化。若二德自遭衝尅、則亦無力。

協紀辨方云、月陰也。陰無德。以陽之德爲德。其一乎陽者。皆德也。其二乎陽者皆慝也。是故正五九火則以丙爲德。丙天上之火也。天上之火。地火之所稟也。故寅午戌火月。以丙爲月德。餘倣此推。甲丙庚壬皆陽也。陽者德也。是以不用乙丁辛癸也。然則天德何以有乙丁辛癸也。曰從天而言

之天。秉陽故德宜陽而陽。德宜陰而陰也。從月而言之。月秉陰、故專以陽爲德也。然則何以無戊也。曰三合只四行也。土寄其中。無適而非土也。居中者用中。生殺並施。德刑互濟。今專以德言之。則當王之一行爲德。自不得及乎土也。土者地也。無德之德。是謂大德。大德者必不德也。（慝音忒、匿惡也。）

月將

命理約言云。正月雨水後在亥。二月春分後在戌。三月穀雨後在酉。四月小滿後在申。五月夏至後在未。六月大暑後在午。七月處暑後在巳。八月秋分後在辰。九月霜降後在卯。十月小雪後在寅。十一月冬至後在丑。十二月大寒後在子。

凡命生正月雨水後。二月春分前。地枝得亥。命生二月春分後。三月穀雨前。地枝得戌。皆是。餘倣此。

原書云。太陽所臨。吉增凶散。其用與天月二德同。係吉神則益吉。係凶神

則減凶。較太陽三合之將星。尤爲親切。即値空亡。亦不以空亡論。蓋太陽爲諸曜之主。不可得而空也。

天赦

淵海子平云。春戊寅。夏甲午。秋戊申。冬甲子。

以日爲主。如春月逢戊寅日、是也。三車一覽賦云。命中若逢天赦。一生處世無憂。天寶曆云。天赦者。赦過宥罪之辰也。天之生育甲與戊。地之成立子午寅申。故以甲戊配成天赦也。

天乙貴人

古歌云。甲戊庚牛羊。乙己鼠猴鄉。丙丁猪鷄位。壬癸兔蛇藏。六辛逢虎馬。此是貴人方。

以日爲主、如甲日見未、爲陽貴。見丑、爲陰貴。戊日、庚日見丑爲陽貴。見未爲陰貴。乙日見申、爲陽貴。見子爲陰貴。皆是三車云、天乙貴人。得之聰明。

曹震圭曰。天乙者。乃紫微垣左樞傍之一星。萬神之主宰也。一日二貴。陰陽分治。內外之義也。辰戌爲魁罡之位。故貴人不臨。丑未乃紫微垣前後門陰陽之界。故陽貴以甲加未順行。甲得未。乙得申。丙得酉。丁得亥。己得子。庚得丑。辛得寅。壬得卯。癸得巳。此晝貴也。陰貴以甲加丑逆行。甲得丑。乙得子。丙得亥。丁得酉。己得申。庚得未。辛得午。壬得巳。癸得卯。此夜貴也。戊以陽土助甲成功。故亦得丑未。若六辛之獨得寅午。則自然所致。更無疑矣。

按此篇承吳椒甫先生由粵寄示。與協紀所載。大致相同。較原刊儲泳之解。尤爲明白。故特改之。

文昌

紫微斗數云。甲乙巳午報君知。丙戊申宮丁己鷄。庚猪辛鼠壬逢虎。癸人見兔入雲梯。

以日爲主。如甲日見巳。乙日見午是也。經云。文昌入命聰明過人。又主逢凶化吉。

按文昌者。乃食神之臨官、長生、所也。甲以丙爲食神。丙臨官於巳。故甲以巳爲文昌也。乙以丁爲食神。丁臨官於午。故乙以午爲文昌也。丙以戊爲食神。戊寄生於申。故丙以申爲文昌也。戊以庚爲食神。庚臨官於申。故戊亦以申爲文昌也。丁以己爲食神。己長生於酉。故丁以酉爲文昌也。己以辛爲食神。辛臨官於酉。故己亦以酉爲文昌也。庚辛壬癸倣此。

華蓋

淵海子平云。寅午戌見戌。巳酉丑見丑。申子辰見辰。亥卯未見未。

以日爲主。如寅午戌日。而年月時見戌者。卽是。三車賦云、華蓋重重。辛勤學藝。造微賦云、印逢華蓋。翰苑尊居。經云、華蓋逢空。偏宜僧道。

三命通會云。華蓋者。象形之稱也。蓋天有此星。其形如蓋。常覆乎大帝之

座。故以三合本庫爲華蓋也。如寅午戌見戌。火庫也。巳酉丑見丑。金庫也。餘倣此。

將星

神峯通考云。寅午戌見午。巳酉丑見酉。申子辰見子。亥卯未見卯。以日爲主。如寅午戌日而年月時見午者。卽是古歌云。將星文武兩相宜。祿重權高足可知。

三命通會云。將星者。如大將駐箚中軍也。故以三合中位爲將星。如寅午戌三合。午爲中位。見午者是。巳酉丑三合。酉爲中位。見酉者是。餘倣此。

驛馬

淵海子平云。申子辰馬在寅。寅午戌馬在申。巳酉丑馬在亥。亥卯未馬在巳。以日爲主。如申子辰日。而年月時見寅者。卽是子平約言云。申子辰年馬在寅。以年爲主。未免太泛。又云。人命吉神爲馬。大則超遷之喜。小則順動

之利。凶神爲馬。大則奔蹶之患。小則馳逐之勞。逢衝讐之加鞭。遇合等於掣足。行運流年亦然。然皆比擬如此。非眞驛遞之驛車馬之馬也。身命賦云。馬奔財鄉。發如猛虎。造微論云。馬頭帶劍。威鎭邊疆。帶劍者、壬申、癸酉、是也。

協紀辨方云。寅爲功曹。申爲傳送。亥爲天門。巳爲地戶。皆道路之象也。三合在寅午戌。則對寅之申。有驛馬之象焉。三合在巳酉丑。則對巳之亥。有驛馬之象焉。又驛馬者。不安其居之謂也。數窮則變。寅午戌之數盡而恰遇夫申。則火將變而之乎水矣。火生於木。木絕於申。而申又生水以生木。是火以變而不窮也。巳酉丑之數盡而恰遇夫亥。則金將變而之乎木矣。金生於火土。火土絕於亥。而亥又生木以生火。是金以變而不窮也。申子辰亥卯未倣此。

三奇

淵海子平云。天上三奇甲戊庚。地下三奇乙丙丁。人中三奇壬癸辛。

以日爲主順治者是。逆亂者非。三命通會云。凡命遇三奇主人精華異常。襟懷卓越。好奇尙大。博學多能。帶天乙貴人者。勳業超羣。帶天月二德者。凶災消散。帶三合入局者。國家良臣。帶空亡生旺者。山林隱士。富貴不淫。威武不屈。誠上格也。

珞琭子曰。奇者、貴也。異也。謂萬物以貴爲奇也。甲戊庚之所以爲奇者。得貴人同臨之妙也。蓋先天起貴。三幹同臨於丑未。後天起貴。三幹亦同臨於丑未。此與別幹迥異也。乙丙丁之所以爲奇者。得貴人幹德配枝之妙也。蓋陽貴甲德起子。則乙德在丑。丙德在寅。丁德在卯。陰貴甲德起申。乙德在未。丙德在午。丁德在巳。三幹相聯無間。此與他幹之間羅網。間天空。及不相聯者迥異。辛壬癸之所以爲奇者。得天幹聯珠相生之妙也。太乙經以爲水奇。其義未明。姑闕之。

六甲空亡孤虛附

淵海子平云。甲子旬中無戌亥。甲戌旬中無申酉。甲申旬中無午未。甲午旬中無辰巳。甲辰旬中無寅卯。甲寅旬中無子丑。

如日元在甲子旬中者。年月時枝見戌亥。卽是空亡。見辰巳。卽是孤虛。原註云。空亡對冲者爲孤虛。造微賦云。空亡更臨寡宿、孤獨躪踵。三命通會云。凡帶此煞。生旺則氣度寬大。多獲意外名利。死絕則多成多敗。飄泊無踪。惟與貴人、華蓋、三奇、長生、並見者。主大聰明。

考原云。十日爲旬。以十幹配十二枝。自甲至癸而止。餘二辰天幹不及。故爲空亡。如甲子至癸酉、不及戌亥。故甲子旬以戌亥爲空亡。餘倣此。協紀辨方云。劉歆七略。有風后孤虛二十卷。今其書亡矣。古人以旬空爲虛。其對爲孤。如甲子旬中無戌亥。則戌亥爲虛。辰巳爲孤也。兵法曰。背孤擊虛。一女可敵十夫。又按旬中空亡。固不利矣。然猶有火空則發。金空則

鳴之義。隨五行之性。與所遇之格以爲斷。未可概作凶論。

四大空亡

淵海子平云。甲子並甲午。旬中水絕流。甲寅與甲申。金氣杳難求。

如日元在甲子甲午旬中。而生年值納音之水。日元在甲寅甲申旬中。而生年值納音之金。卽是三命通會云。凡帶此煞。主一生蹇滯。且多夭折。壺中子曰。顏回夭折。只因四大空亡。

原註云。六甲中只有甲辰甲戌二旬。納音之五行俱全。若甲子甲午旬。則納音無水矣。甲寅甲申旬則納音無金矣。因此四旬五行不備。故名四大空亡。

十惡大敗 一名無祿（祿元附）

淵海子平云。甲辰乙巳與壬申。丙申丁亥及庚辰。戊戌癸亥加辛巳。己丑都來十位神。

以日主見者爲是年月時不論。三命通會云。此煞入命。未必皆凶。協紀辨方云。與天德月德併者不忌。得歲建月建太陽塡實者。亦不忌。惟癸亥爲幹枝俱盡。雖得吉解、仍忌。

通書云。甲祿在寅。乙祿在卯。甲辰旬寅卯空。故甲辰、乙巳、爲無祿日也。庚祿在申。辛祿在酉。甲戌旬申酉空。故庚辰、辛巳、爲無祿日也。丙戊祿在巳。甲午旬巳空。故丙申、戊戌、爲無祿日也。丁己祿在午。甲申旬午空。故丁亥、己丑、爲無祿日也。壬祿在亥。甲子旬亥空。故壬申、爲無祿日也。癸祿在子。甲寅旬子空。故癸亥、爲無祿日也。此十日名曰無祿。又曰十惡大敗。

四廢

協紀辨方云。春庚申、辛酉。夏壬子、癸亥。秋甲寅、乙卯。冬丙午、丁巳。

以日爲主。年月時不論。如春月逢庚申辛酉日。皆爲四廢。三命通會云。命帶四廢。主人作事不成。有始無終。如有生扶。不作此論。

曹震圭曰。四廢者幹枝俱絕也。假令庚申、辛酉、絕於春。寅卯辰也。餘倣此。

天地轉煞

淵海子平云。春乙卯辛卯。夏丙午戊午。秋辛酉癸酉。冬壬子丙子。以日爲主。如春月逢乙卯日、爲天轉。逢辛卯日、爲地轉。三命通會云。命逢此日。必主天折。玄微賦云。韓信被誅。因逢天地轉煞。如有制伏。不作此論。原註云。天地轉者。乃幹枝納音、俱專旺於四時之謂也。如春月乙卯日。幹枝皆屬木。專旺於春之時也。故爲天轉。辛卯日納音屬木。地枝又屬木。亦專旺於春之時也。故爲地轉。餘倣此。

劫煞

三命通會云。申子辰見巳。寅午戌見亥。巳酉丑見寅。亥卯未見申。以日爲主。月時見之最重。年較輕。如申子辰日、見巳月、巳時、是也。古歌云。劫煞爲災不可當。徒然奔走利名場。

原註云。劫者奪也。自外奪之謂之劫。蓋劫在五行絕處也。如申子辰水局絕於巳。巳中戊土劫水。故以巳爲劫煞也。寅午戌火局絕於亥。亥中壬水劫火。故以亥爲劫煞也。餘倣此。

亡神

三命通會云。申子辰見亥。寅午戌見巳。巳酉丑見申。亥卯未見寅。以日爲主。月時見之最重。年較輕。如申子辰日見亥月、亥時是也。古歌云。亡神入命禍非輕。用盡機關心不寧。

原註亡。亡者失也。自內失之謂之亡。蓋亡在五行臨官之地也。如申子辰水局。臨官於亥。亥中甲木盜水。故以亥爲亡神也。寅午戌火局。臨官於巳。巳中戊土盜火。故以巳爲亡神也。餘倣此。

天羅地網

淵海子平云。戌亥爲天羅。辰巳爲地網。凡納音火命者、見戌亥日爲天羅。水

土命見辰巳日爲地網。金木二命無之。

原註云。此煞入命。多主蹇滯。如併惡煞。而又五行無氣。必主死亡。行運至此亦然。

三命通會云。羅網之說。其義甚明。然何以戌亥爲天羅辰巳爲地網。蓋世道汚隆。人事得失。俱有終極。戌亥者、六陰之終也。辰巳者、六陽之終也。陰陽終極。則暗昧不明。如人之在羅網也。

咸池 一名敗神 一名桃花煞

三命通會云。寅午戌見卯。巳酉丑見午。申子辰見酉。亥卯未見子。

以日爲主。如寅午戌日、納音又屬火、見卯月卯時。皆是。申子辰日、納音又屬水、見酉月酉時。皆是。協紀云。凡寅午戌月見卯日。巳酉丑月見午日。皆爲咸池。餘倣此。亦是一法。幽微賦云。酒色猖狂。只爲桃花帶煞。

原註云。淮南子曰。日出扶桑。入於咸池。故五行沐浴之地、名咸池。是取日

入之義。萬物暗昧之時也。寅午戌合火局、長生於寅。沐浴於卯。故以卯爲咸池。巳酉丑合金局、長生於巳。沐浴於午。故以午爲咸池。餘倣此。按陳素菴云。凡人命吉凶。皆由格局運氣。安可以偶合神煞而信之。卽如桃花煞。爲男女淫慾之徵。然端人正士。烈婦貞女。犯之者甚多。況桃花煞。亥卯未在子。寅午戌在卯之類。皆五行生印。何所見其淫褻。乎此說甚當。特節錄之以告讀者。毋固執也。

羊刃 對宮曰飛刃又曰唐符

淵海子平云。甲日羊刃在卯。乙日羊刃在辰。丙戊日羊刃在午。丁己日羊刃在未。庚日羊刃在酉。辛日羊刃在戌。壬日羊刃在子。癸日羊刃在丑。如甲日見卯年。卯月、卯時、皆是。經云。煞刃兩停。位至侯王。又云。身强遇刃。災禍勃然。

希夷曰。陰陽萬物之理。皆惡極盛。當其極處。火則焦滅。水則潰竭。金則破

缺。土則崩裂。木則摧折。故既盛而未極則爲吉。已極則反爲凶。極盛之地。十幹中正處是也。卯者甲之正位。爲陽木之極。辰者乙之正位。爲陰木之極。午者丙之正位。爲陽火之極。未者丁之正位。爲陰火之極。酉者庚之正位。爲陽金之極。戌者辛之正位。爲陰金之極。子者壬之正位。爲陽水之極。丑者癸之正位。爲陰水之極。當其極處。其性剛烈。其氣暴戾。所以祿前一辰爲羊刃。對衝爲飛刃。既盛而未極。則溫柔和暢。故刃後一辰爲祿也。按易云。兌爲羊。其質好剛鹵。說文云。刃、刀堅也。象刀有刃之形。古人以極盛之處曰羊刃。極言其至剛至堅。而易蹈危險也。乾元祕旨泥於祿前一位爲刃之說。並不深思五行之義。誤以乙刃在寅。丁己刃在巳。辛刃在申。癸刃在亥。殊難凴信。命理約言謂爲陰刃在巳亥寅申。以陽刃在子午卯酉。皆是劫財作比例。亦復欠妥。三才分類粹言則謂五行惟土不傷人。力言辰戌丑未非刃。尤不足爲訓。至以寅申巳亥爲五陰幹之帝旺。尙與古

法相同。三才發祕。以羊易陽。謂爲陽幹有刃。陰幹無刃。更屬武斷。查陰刃陽刃之名稱。始見於珞琭子三命指迷賦。岳珂註云。祿後一辰名陰刃。如六甲生人見丑。祿前一辰名陽刃。如六甲生人見卯。皆是由是觀之。不獨陽日有陽刃。且又有陰刃。不過岳珂所言陽日陰刃。與祕旨、約言、粹言等書。所說之寅申巳亥。爲五陰日之刃。迥乎不同耳。

又按吉神猶君子也。凶煞猶小人也。親君子。遠小人。古有明訓。然君子小人。又有眞僞之分。不可不辨。眞君子親之固宜。僞君子又豈可親之乎。眞小人遠之固宜。僞小人又何必遠之耶。況僞君子之爲禍人。皆不測。故受害獨多。眞小人之爲禍人。可易防。故受害較少。如貴人文昌等。裨益日主。誠君子矣。然有反傷八字之用神者。乃僞君子也。當以凶言。咸池羊刃等。妨礙日主。誠小人矣。然有反助八字之用神者。乃僞小人也。又豈可以凶言乎。此特言其大要而已。至於吉神力微。其福輕。凶煞勢盛。其禍烈。尤不

可不細心鑒別之。

(5) 宜忌

論四柱總綱

陳素庵曰、年月日時、列爲四柱。天幹地枝、辨其五行。以月令爲提綱、得時者榮、而失時者悴。取日幹爲主宰、益我者喜而損我者憎。旁察諸神之區別。皆因命主之尅生。尅我者陽尅陰、陰尅陽、爲正官、反是則爲七殺之號。亦爲偏官我尅者陽尅陰、陰尅陽、爲正財、反是則有偏財之名。生我者陽生陰、陰生陽、爲正印、反是則有梟神之目。亦爲偏印我生者陽生陽、陰生陰、爲食神、反是則有傷官之稱。同我者陽見陽、陰見陰、是爲比肩而可用。異我者陽見陰、陰見陽、是爲劫財而起爭。古分六格兮、六未足以盡幹枝之理。舊取一用兮、一豈能以盡喜忌之情。爲印爲官、爲食爲財、雖正而有時不貴。曰梟曰殺、曰傷曰

劫、雖凶而間亦爲禎。有病方爲奇、然究竟議抑議扶、仍歸純粹。無格可取用、若大端有體有用、亦主光亨。格局紛紜、是者而從、而妄者必鬪。神殺雜亂、多則無主、而簡則可從。總之、命貴中和、偏枯終於有損。理求平正、高遠不足爲精。

論天幹宜忌

京圖撰　明劉基註　清陳素庵點定

甲木參天。胞胎要火。春不容金。秋不容土。火熾乘龍。水蕩騎虎。地潤天和。植立千古。（註）甲爲根幹純陽之木。參天雄壯。火者、木之子也。旺木得火而愈敷榮。生於春、則助火而不能容金也。生於秋、則助金而不能容土也。寅午戌丙丁多見、而坐辰則能攝之。申子辰壬癸多見、而坐寅則能納之。使土氣不乾。水氣不消、則能長生矣。（又）辰爲水庫、能制火滋木、而土能洩火、則甲之根潤、故不怕火。甲祿於寅、寅屬艮土、厚故能納水。

乙木雖柔、刲羊解牛。懷丁抱丙、跨鳳乘猴。虛溼之地。騎馬亦憂。藤蘿繫甲。可

春可秋。（註）乙爲枝葉之木、柔如花卉。然坐丑未能制之。如宰羊割牛。只要有一丙丁、則雖申酉之月。亦不畏怯。生於子月、而又庚辛壬癸透者則雖得午、亦難發生。若甲與寅多見、譬之藤蘿附喬木、春月、秋月、皆可。（又）丑未陰土、故乙木能制之。生於子月、木葉凋零之時、水多益寒。乙雖生午、然午能洩乙、且一火不能敵衆水也。

丙火猛烈。欺霜侮雪。能煆庚金。逢辛反怯。土衆成慈。水猖顯節。虎馬犬鄉。甲來焚滅。（註）丙爲亢烈之火。純陽之性。故不畏秋而欺霜。不畏冬而侮雪。庚金雖頑、力能煆之。辛金雖柔、合而反弱。土其子也、見戊己多、而成慈惠之德。水其君也、遇壬癸旺、而顯忠節之風。至於未遂炎上之性、而遇寅午戌一二位、更露甲木、則燥而焚滅也。（又）身旺遇印、是以焚滅。

丁火柔中。內性昭融。抱乙而孝。合壬而忠。旺而不烈。衰而不窮。如有嫡母。可秋可冬。（註）丁爲溫煖之火、其性雖烈而屬陰。則柔而得其中矣。外柔順

而內文明。內性豈不昭融乎。乙乃丁之母、畏辛而丁抱之、不若丙抱甲而反能焚甲也。不若己抱丁而反能晦丁也。其孝異乎人矣。壬爲丁之君。壬所畏者戊。外則撫恤戊土。使土不來欺壬也。內則暗化木神、使戊不能抗壬也。其忠異乎人矣。生於夏令、其燄不至於烈。生於秋冬、得一甲木、雖衰不至於窮。故曰可秋可冬、皆柔道也。

戊土固重。既中且正。靜翕動闢。萬物司命。水潤物生。火燥物病。若在艮坤。怕衝宜靜。（註）戊爲山岡之土、非城牆之謂。較己土特高厚剛燥、乃己土之發源地也。得乎中氣、而且正大。春夏則氣闢而生萬物。秋冬則氣翕而成萬物。故爲司命。其氣屬陽、喜潤惡燥。坐寅怕申。坐申怕寅。蓋衝則根動、非地道之正也、故宜靜。

按、今人每以戊爲城牆堤岸之土。謂爲不能發育萬物。讀此便知其誤。若夫水潤物生。火燥物病二語。其義重在潤字燥字。非謂戊土不宜見火。只

宜見水也。若四柱水多、必須火暄、不可以燥言。四柱火多、必須水潤、不可以溼言。明乎此、不獨可以論戊土、而己土亦可類推。

己土卑溼中正蓄藏。不愁木盛不畏水狂。火少火晦金多金光。若要物昌宜助宜幫。（註）己爲田園之土、其性卑溼、乃戊土枝葉之地。亦主中正蓄藏萬物。土柔能生木、非木所能克。故不愁木盛。土深能納水、非水所能蕩、故不畏水狂。無根之火、不能生溼土、故火少而火晦。溼土能潤金。故金多、而金之光彩、反精瑩可觀。此其無爲而有爲之妙用。若欲充盛長旺乎萬物、則宜幫助爲佳。

按不愁木盛、蓋爲有金、不畏水狂、蓋爲有火。否則、仍不免土衰土流之弊。

庚金帶煞。剛健爲最。得水而清。得火而銳。土潤則生。土乾則脆。能贏甲兄。輸於乙妹。（註）庚乃陽金、是太白之精、帶煞而剛健。健而得水、則氣流而清。剛而得火、則氣純而粹。有水之土、能全其生。有火之土。能使其脆。甲木雖强、

力足伐之乙木雖柔、合而輸之。

辛金軟弱。溫潤而淸。畏土之疊。樂水之盈。能扶社稷。能救生靈。熱則喜母。寒則喜丁。（註）辛乃陰金、非珠玉之謂。特溫柔淸潤耳。戊土多則埋、故畏之。壬水多則秀、故樂之。辛爲丙之臣也、撫恤壬水、使不克丙火、而匡社稷。辛爲甲之君也、合化丙火、使不焚甲木、而救援生靈。生於九夏而得己土、則能晦火而存之。生於隆冬而得丁火、則能敵寒而養之。故辛金生於冬月、見丙則男命不貴、雖貴亦不忠。女命克夫、不克亦不和。若見丁、則男女皆貴且順。

（又）丙辛合而化水、果冬生得令而無其他破敗、未可遽作不貴不忠論。

按辛金軟弱、似與庚金剛健不同。然寒則喜丁、亦有非火不爲功者。今人泥辛如珠玉之說、槪謂忌火煅傷。豈不謬甚。

壬水汪洋。能洩金氣。剛中之德。周流不滯。通根透癸。衝天奔地。化則有情。從則相濟。（註）壬乃癸水之源、有分有合、運行不息。爲百川、亦爲雨露、不可

歧而二之。壬水能洩西方金氣。其德剛中、而又周流不滯。若遇申子辰、而又透癸、則其勢不可遏也。合丁化木、又生丁火。可謂有情。能制丙火、不奪丁火之愛。故爲夫義而君仁。生於九夏則巳午未中火土之氣、得壬水薰蒸、而成雨露、故雖從火土、未嘗不相濟也。

癸水至弱。達於天津。龍德而運。功化斯神。不畏火土。不論庚辛。合戊化火。化象斯眞。（註）癸乃純陰而至弱、然上達天津。凡柱中有甲乙寅卯、皆能運用水氣。生木制火。潤土養金。如龍能運水、火土雖多不畏。至於庚辛則不賴其生、亦不忌多。惟合戊化火、必通火根。乃爲眞也。

按、舊本原文「得龍而潤。」故舊註有「得龍而成雲雨」之說。陳本易爲「龍德而運」、註謂「如龍能運水」具言癸水之德如龍。既非言眞龍。亦非謂須見辰字、始顯癸水之龍德也。」

論幹枝覆載

清初相國海昌陳之遴素菴撰

命理約言云、取用幹枝之法、幹以載之之枝爲切。枝以覆之之幹爲切。如喜甲乙、而載以寅卯亥子則生旺。載以申酉則尅敗矣。忌丙丁、而載以亥子則制伏。載以巳午寅卯則肆逞矣。又如喜寅卯、而覆以甲乙壬癸則生旺。覆以庚辛則尅敗矣。忌巳午、而覆以壬癸則制伏。覆以丙丁甲乙能肆逞矣。不特此也、幹通根於枝、枝逢生扶、則幹之根堅。枝逢衝尅、則幹之根拔矣。枝受蔭於幹、幹逢生扶、則枝之蔭盛。幹逢凶尅、則枝之蔭衰矣。凡命四柱幹枝、有顯然吉神、而失其吉。確乎凶神、而不爲凶。皆是故也、可不詳察而審處之乎。

論幹枝異同

沈孝瞻子平眞詮云。天地之間、一氣而已。惟有動靜。遂分陰陽。有老少、遂分四象。老者極動極靜之時、是爲太陰太陽。少者初動初靜之際、是爲少陰少陽。有是四象、而五行具於其中矣。水者太陰也。火者太陽也。木者少陽也。金者少陰也。土者陰陽老少、木火金水、衝氣之所結也。有是五行、何爲又有十

幹十二枝乎。蓋有陰陽、因生五行、而五行之中、各有陰陽。卽以木論、甲乙者、木之陰陽也。甲者乙之氣。乙者甲之質。在天爲生氣、而流行於萬物者甲也。在地爲萬物、而承茲生氣者乙也。又細分之、生氣散布者甲、而生氣之凝成者甲之乙。萬物之所以有是枝葉者乙之甲、而萬物之枝枝葉葉者乙之乙也。方其爲甲、而乙之氣已備。及其爲乙、而甲之質乃堅。有是甲乙、而木之陰陽具矣。何以復有寅卯、寅卯者、又與甲乙分陰陽天地而言之者也。以甲乙而分陰陽、則甲爲陽、乙爲陰、木之行於天而爲陰陽者也。以寅卯而分陰陽、則寅爲陽、卯爲陰、木之存乎地而爲陰陽者也。以甲乙寅卯而統分陰陽、則甲乙爲陽、寅卯爲陰、木之在天成象而在地成形者也。甲乙行乎天、而寅卯受之、寅卯存乎地、而甲乙施之。是故甲乙爲官長、寅卯爲該管地方。甲祿於寅、乙祿於卯、如府官在郡、縣官在邑、而各司一月之令也。甲乙在天、故動而不居。建寅之月、豈必常甲、建卯之月、豈必常乙。寅卯在地、故止而不遷。甲雖

遞易月必建寅。乙雖遞易、月必建卯。以氣而論、甲旺於乙。以質而論、乙堅於甲。而俗書謬以甲爲大林、盛而宜斲。以乙爲微苗、嫩而莫傷。可謂不知陰陽之理者矣。以木類推、餘者可知。惟土爲木火金水之衝氣、故寄王於四時、而陰陽氣質之理、亦同此論。欲學推命者、先須知幹枝之理、然後可以入門。

按甲爲大林、盛而宜斲。乙爲微苗、嫩而莫傷。乃是至論。未可謂爲俗書。

論五行生尅制化宜忌

徐大升曰、金賴土生、土多金埋。土賴火生、火多土焦。火賴木生、木多火熾。木賴水生、水多木漂。水賴金生、金多水汜。

金能生水、水多金沉。水能生木、木多水縮。木能生火、火多木焚。火能生土、土多火晦。土能生金、金多土弱。

金能尅木、木堅金缺。木能尅土、土重木折。土能尅水、水多土流。水能尅火、火炎水灼。火能尅金、金多火熄。

金衰遇火、必見銷鎔。火弱逢水、必爲熄滅。水弱逢土、必爲淤塞。土衰逢木、必遭傾陷。木弱逢金、必爲砍折。（砍音坎、斫也、）強金得水、方挫其鋒。強水得木、方泄其勢。強木得火、方化其頑。強火得土、方止其燄。強土得金、方宣其滯。

論四時之木宜忌

窮通寶鑑云、春月之木、猶有餘寒。得火溫之、始無盤屈之患。得水潤之、乃有舒暢之美。然水多則木濕。水缺則木枯。必須水火既濟、方佳。至於土多則損力堪虞。土薄則豐財可許、如逢金重、見火無傷。假使木強、得金仍發。

夏月之木、根乾葉燥。由曲而直、由屈而伸。喜水盛以潤之。忌火炎以焚之。宜薄土、不宜厚土。厚則爲災。惡多金、不惡少金。多則受制。若夫重重見木、徒自成林。疊疊逢華、終無結果。

秋月之木、形漸凋零。初秋則火氣猶在。喜水土以資生。中秋則果實已成、愛

剛金以斲削。霜降後不宜水盛、水盛則木漂。寒露前、又宜火炎、火炎則木實。木多有多材之美。土厚無自立之能。

冬月之木、盤屈在地。欲土多以培養。恐水盛則亡形。金縱多、尅伐無害。火重見、溫暖有功。歸根復命之時、木病安能輔助。惟忌死絕、只宜生旺。

論四時之火宜忌

窮通寶鑑云、春月之火、母旺子相、勢力並行。喜木生扶、不宜過旺、旺則火炎。欲水既濟、不宜水多、多則火滅。土多則晦。火盛則亢。見金可以施功。縱疊見富餘可望。

夏月之火、勢力當權。逢水制、則免自焚之咎。見木助、必遭夭折之憂。遇金必發、得土皆良。然金土雖爲美利、無水則金燥土焦。若再火盛、太過必致傾危。

秋月之火、性息體休。得木生、則有復明之慶。遇水尅、難逃熄滅之災。土重掩光、金多奪勢。火見火以光輝、雖疊見亦有利。

冬月之火、體絕形亡。喜木生而有救。遇水尅以爲殃。欲土制爲榮。愛火比爲利、見金則難任爲財。無金則不遭磨折。

論四時之土宜忌

窮通寶鑑云、春月之土、其勢最孤。喜火生扶。忌木尅削。喜比助力。忌水揚波。得金制木爲強。金重又盜土氣。

夏月之土、其性最燥。得盛水滋潤成功。見旺火亢燥爲害。木助火炎、生尅不取。金生水足、財祿有餘。見比肩蹇滯不通。如太過又宜木襲。

秋月之土、子旺母衰。金多則盜洩其氣。木盛則壓迫純良、火重不厭。水氾非祥。得比肩則能助力。至霜降不比無妨。

冬月之土、外寒內溫。水旺財豐。金多則貴。火盛有榮。木多無咎。再逢土助尤佳。惟喜身強益壽。

論四時之金宜忌

窮通寶鑑云、春月之金、餘寒未盡、貴乎火氣爲榮。體弱性柔、欲得土生乃妙。水盛則金寒、有用等於無用。木盛則金折、至剛轉爲不剛。金來比助、扶持最喜。比而無火、失類非良。

夏月之金、尤爲柔弱。形質未備、更忌身衰。水盛呈祥。火多不妙。遇金則扶持精壯。見木則助鬼傷身。土厚埋沒無光。土薄資生有益。

秋月之金、當權得令。火來煆煉、遂成鐘鼎之材。土復資生、反有頑濁之氣。見水則精神越秀。逢木則琢削施威。金來愈剛、過剛則折。

冬月之金、形寒性冷。木多則難施斧鑿之功。水盛則不免沉潛之患。土能制水、金體不寒。火來生土、子母成功。喜庚辛類聚相扶。欲火土溫養爲妙。

論四時之水宜忌

窮通寶鑑云、春月之水、性濫滔淫。若逢土制、則無橫流之害。再逢水助、必有崩堤之憂。喜金生扶、不宜金盛。欲火既濟、不宜火炎。見木施功。無土散漫。

夏月之水、外實內虛。時當涸際、欲得比肩。喜金生助體。忌火旺太炎。木盛則耗洩其氣。土盛則尅制其源。

秋月之水、母旺子相。得金助則清澄。逢土旺則混濁。火多而財盛、太過不宜。木重而身榮、中和爲貴。重重見水、增其泛濫之憂。疊疊逢土、始得清平之象。

冬月之水、正應司權。遇火除寒。見土歸宿。金多反致無義。木盛是爲有情。水太微、則喜比爲助。水太盛、則喜土爲隄。

按滴天髓之論十幹宜忌、可謂義理精深矣。陳素菴沈孝瞻之論幹枝覆載、異同、可謂發前人之所未發矣。徐大升之論五行生尅、窮通寶鑑之論五行、有四時宜忌、俱可謂簡括詳明矣。然初學讀此、猶難解悟。茲特提綱挈領言之、俾研究命理者、知宜忌所在、卽可定用神之去取也。

凡日主屬木者，須辨其木勢盛衰。木重水多則爲盛、宜金斲木。金少者逢土亦佳。木微金剛則爲衰、宜火制金。火少者逢木亦妙。至於水多則木漂、

取土爲上。火次之。土重則木弱、取木爲上。水次之。火多則木焚、取水爲上。金次之。

凡日主屬火者、須辨其火力有餘不足。火炎木多、則爲有餘、宜水濟火。水衰者、逢金亦妙。火弱水旺、則爲不足、宜土制水。土衰者、逢火亦佳。至於木多則火熾、取水爲上。金次之。金多則火熄、取火爲上。木次之。土多則火晦、取木爲上。水次之。

凡日主屬土者、須辨其土質厚薄。土重水少則爲厚、宜木疏土。木弱者、逢水亦佳。土輕木盛則爲薄、宜金制木。金弱者、逢土亦妙。至於火多則土焦、取水爲上。金次之。水多則土流、取土爲上。火次之。金多則土弱、取火爲上。木次之。

凡日主屬金着、須辨其金質老嫩。金多土厚則爲老、宜火煉金。火衰者、逢木亦妙。木重金輕則爲嫩、宜土生金。土衰者、逢金亦佳。至於土多則金埋、

取木爲上。水次之。水多則金沉、取土爲上。火次之。火多則金傷、取水爲上。金次之。

凡日主屬水者、須辨其水勢大小。水多金重則爲大、宜土禦水。土弱者、逢火亦妙。水少土多則爲小、宜木尅土。木弱者、逢水亦佳。至於金多則水汜、取火爲上。木次之。火多則水灼、取水爲上。金次之。木多則水縮、取金爲上。土次之。

論五行四時九洲分野宜忌

萬育。吾曰二氣者、陰陽也。五行者、金木水火土也。四時、春夏秋冬也。九洲者、冀、靑、兗、徐、揚、荊、梁、雍、豫也。蓋天有陰陽、行於四時。地有五行、具於九洲。正朱子所謂五行質具於地、氣行於天、故天有春夏秋冬、地有金木水火、皆以時地相須爲用也。今之談命者、但知論陰陽五行、而不知兼論方隅、與晝夜陰晴、所以有年月日時同、而貴賤壽夭迥異、便謂五行無據、不亦誣乎。蓋人生

天地、莫逃五行。九洲分疆、風氣異宜。陰晴寒暖、理難一律。人稟天地靈氣以生、一時得氣、各自不同。所以貴賤壽夭、不可盡以八字拘也。夫以甲乙寅卯屬木、生於兗青爲得地、春令爲得時。丙丁巳午屬火、生於徐揚爲得地、夏令爲得時。戊己辰戌丑未屬土、生於豫州爲得地、四季月爲得時。庚辛申酉屬金、生於荊梁爲得地、秋令爲得時。壬癸亥子屬水、生於冀雍爲得地、冬令爲得時。況晝夜陰晴之間、有寒有暖。陰陽造化之內、有喜有忌。生尅制化、抑揚輕重、妙在識其通變、不可固執一論也。

按凡八字用神、所取在木者、生春令、產兗青諸域（此就禹域而言、餘倣此）、必發、晴雨晝夜相同。若生秋令、產荊梁諸域、不發、天雨夜深猶可、天晴傍午更遜。用神所取在火者、生夏令、產徐揚諸域、必發、天晴傍午大發、天雨夜深稍減。若生冬令、產冀雍諸域、不發、天晴傍午尚可、天雨夜深更遜。用神所取在土者、生四季、產豫州諸域、必發、天晴傍午大發、天雨夜深稍減。若生春令、產

兖靑諸域不發、天晴傍午尙可、天雨夜深更遜。用神所取在金者、生秋令、產荊梁諸域必發、天雨夜深猶可、天晴傍午稍減。若生夏令、產徐揚諸域不發、天晴傍午尙可、天雨夜深更遜。用神所取在水者、生冬令、產冀雍諸域必發、天雨夜深大發、天晴傍午稍減。若生夏令及四季、而又生徐揚豫諸域、不發、天雨夜深尙可、天晴傍午更遜。蓋八字用神、全賴天時地利、交相資助、兩得者大發、得天時而不得地利者次。得地利而不得天時者又次。若天時地利皆不得、則用神無所依附、獨木不能成林、孤軍不能獨勝、必主貧夭。然先哲有言、勤儉以救貧、攝生以治夭。此又人力之所當盡、未嘗不可培補後天也。

論比肩宜忌 劫財敗財同

子平撮要云、比肩要逢官殺制。玄機賦云、日干無氣、遇劫爲强。

按、比肩何以要官殺制。蓋日主太强、八字中比肩、劫財、敗財、層見疊出、而

傷官食神鮮見、必須官殺以制之、俾可循禮守法、步入正軌。猶人之兄弟衆多、必須長官以約束之、嚴師以教導之、乃成優美人材。故子平撮要云、比肩要逢官殺制。　日干無氣、又何以遇劫爲强。蓋日主太弱、八字中並無正印、而官殺財傷甚重、不得已而藉劫財、敗財之贊助。猶人之身體廢弛、不能自治、必須兄弟輩襄理一切、乃可轉弱爲强。故玄機賦云、日幹無氣、遇劫爲强。

論食神宜忌

子平撮要云、用之食神不可奪。古歌云、食神最喜劫財鄉。按、用之食神、何以不可奪。蓋日主太强、八字中比劫林立、而財官卒鮮、正賴食神、盜洩其精華、使之盡其所長、若見印綬以奪之、烏乎可。猶人之年方少壯、正可發抒抱負、進取利名。若以微祿羈縻之、虛榮束縛之、豈不貽誤人材乎。故子平撮要云、用之食神不可奪。　食神又何以最喜劫財。蓋

日主太弱、八字中食神重重、而又有財無印、用財星而力量難勝、用食神而元氣更傷、不得已藉劫財敗財之贊助。猶人之精神不足、事務太繁、必須得同心之人佐理、乃可化難爲易。故古歌云、食神最喜劫財鄉。

論傷官宜忌

古歌云、傷官傷盡最爲奇。又云、傷官見官禍百端。子平撮要云、傷官尤喜見財星。玄機賦云、傷官用印宜去財。古歌云、傷官不怕比劫逢。

按、傷官何以傷盡爲奇。蓋日主太強、八字中比劫重逢、而財星甚少、正賴傷官生財、以盡其妙。猶人之年少家貧、必須振刷精神、擴張事業。故古歌云、傷官傷盡最爲奇。　傷官又何以見官爲禍。蓋日主太強、八字中比劫重逢、而傷官當道、若見正官、則傷官必奮起而戕害之。猶人之背理涉訟、恃強侮官、有不遭譴責者乎。故又云、傷官見官禍百端。　傷官又何以喜見財。蓋日主太強、八字中比劫重逢、而傷官正官又同處戰爭地位、是必

用財化解。猶人之忤官獲罪、判施罰金、卽可消患無形。故子平撮要云、傷官尤喜見財星。　傷官用印、又何以宜去財。蓋日主太弱、八字中傷官疊出、正賴印綬生扶、始免傷官盜洩之害、若見財星、則印綬破傷。猶人之體弱事繁、正値節勞靜養、服藥調攝之時、豈堪再冒險而謀利乎。故玄機賦云、傷官用印宜去財。　傷官又何以不怕比劫。蓋日主太弱、八字中傷官重逢、用傷官而元氣不經盜洩、用財殺而身體不勝摧殘、惟有取比肩、劫財、敗財爲用、始免此患。猶人之精神委靡、不能治事、必賴同氣者協助乃佳。故古歌云、傷官不怕比劫逢。

論財星宜忌

子平撮要云、用之財星不可劫。古歌云、身强財旺皆爲福。若帶官星更妙哉。又云、日主無根財太重。全憑印綬護身軀。玄機賦云、財旺者、遇比何妨。子平云、日主無根、棄命從財。

按財星何以不可奪。蓋日主太强、八字中財星不多、官殺罕見、正賴財星爲用、若見比劫、則財星破矣。猶人之家貧人衆、全賴此少數儲金、爲生活之資本、豈堪再經盜劫。故子平撮要云、用之爲財不可劫。　財旺身强、又何以帶官更妙。蓋日主太强、八字中比劫雖多、而財星頗旺、身强用財、固是美事、再帶官星、以去比劫、妙不可言。猶人之身强家富、固已愉快、若再禮賢下士、好義急公、卽不身列廟堂、亦應榮誇鄉里。故古歌云、身强財旺皆爲福、若帶官星更妙哉。　財太重、又何以全憑印綬。蓋日主太弱、八字中財星疊見、比刼不逢、必須印綬護持之、乃免財多身弱之患。猶人之資財富足、而無自治能力、必賴椿萱庇蔭、始無散失之虞。故古歌云、日主無根財太旺。全憑印綬護身軀。　財星旺、又何以遇比無妨。蓋日主太弱、八字中財星疊見、印綬無權、必須比劫資助之、乃得衆擎易舉之效。猶人之財產豐盈、不遑兼顧、必須愼選會計爲之管理。故玄機賦云。財旺者、遇比

何妨。日主無根、又何以棄命從財。蓋日主太弱、八字中財星疊見、欲藉印綬護持、而印綬闕如、欲藉比劫資助、而比劫亦闕如、無已、惟有棄命從財、反取財爲用神。猶人之家貧親逝、既無昆仲、又無輿援、只有舍丈夫之特性、作贅壻之新郎、庶可免凄涼之苦、而得家室之歡。故子平云、日主無根、棄命從財。

論正官宜忌

子平撮要云、用之正官不可傷。又云、官輕見財爲福利。繼善篇云。有官有印、無破作廊廟之材。玄機賦云、重犯官星只宜制伏。

按用之官星何以不可傷。蓋日主太强、八字中比劫甚重、財星不多、正賴官星以制比劫、使之不敢奪財。若見傷官以傷之、則官星失其效力、而比劫猖狂矣。猶人之家道饒餘、全憑法律保護、若世亂官狀、則盜賊橫行、身家不保、其害可勝言哉。故子平撮要云、用之正官不可傷。　官星輕、又何

以見財爲福。蓋日主太强、八字中比劫重、官星輕、但憑無力之官星不能制有氣之比劫。必須藉財生官、而官星始有效力。猶人之因爭涉訟、既具充足理由、又占富餘地位、則長官必使之略事讓步、而秉公判直也。故子平撮要云、官輕見財爲福利。　有官又何以要有印。蓋日主太弱、八字中官星頗旺、比劫甚少、必須印綬生扶、而官星始爲我福。猶人之既得功名、又受權印、卽可榮膺重任、福被羣倫、否則不過一閒曹、豈能更圖遠大哉。故繼善篇云、有官有印、無破作廊廟之材。　重犯官星、又何以只宜制伏。蓋日主太弱、八字中官星疊見、印綬不逢、有尅無生、不得已、藉傷官以傷之、庶不致摧殘淨盡。猶人之勢孤涉訟、屢遭扑責、必得强有力者、爲之據理抗爭、始可轉危爲安。故玄機賦云、重犯官星、只宜制伏。

論七殺宜忌

繼善篇云、身强殺淺、假殺爲權。經云、殺輕者喜財生之。玄機賦云、殺重身輕、

制鄉有益。又云、身弱有印、殺旺無妨。子平云、日主無根、棄命從殺。

按身强殺淺、何以假殺爲權。蓋日主太强、八字中比劫多、財星少、官星晦、正賴七殺、補官星之不逮、以制比劫、使之不敢覬覦財星。猶人之財產豐富、旣少長官法律之保護、必須聯合鄉黨之强有力者、爲之屛障。此卽古人自治之義。故繼善篇云、身强殺淺、假殺爲權。　殺輕何以喜財生者。蓋日主太强、八字中比劫重、七殺輕、若藉七殺、以制比劫、而七殺畏難思退、必須財星生之、乃有效力。猶人之僻居鄉里、因事相爭、每藉鄉里之强有力者、爲之排難解紛、然若無隆情酬報、彼亦豈能爲我直耶。故經云、殺輕者喜財生之。　殺重身輕、又何以制鄉有益。蓋日主太弱、八字中七殺多、比劫少、旣無比劫奪財、何須七殺妝身、必賴食神傷官以制之、乃可自存。猶人之家貧、頗富、並無親族貧乏者與之爲難、彼亦何苦受權豪之剝奪、是必施其智謀以抵抗之、始可安樂。故玄機賦云、殺重身輕、制鄉有益。

身弱有印、又何以殺旺無妨。蓋日主太弱、八字中七殺雖旺、得印綬以生身、究無他害。猶人之智識淺薄、家貧富餘、小人偪處、似屬危險、然得椿萱庇蔭、仍可暇豫無傷。故玄機賦云、身弱有印、殺旺無妨。 日主無根、又何以棄命從殺。蓋日主太弱、八字中七殺林立、既無印綬護身、比刦助勢、又無傷食制殺、獨立無援、不得已而棄命從殺、反取七殺為用神。猶人之孤身遠行、途遇盜賊、惟有俯首貼耳、聽其搜索、乃可保生命而步康莊。若稍示違抗、卽有殺身之禍。故子平云、日主無根、棄命從殺。

論印綬宜忌

玄機賦云、印多者行財而發。子平撮要云、用之印綬不可破。

按印多何以行財而發。蓋日主太強、八字中印綬多、比刦衆、必賴財星破印、始免滿損之虞。猶人之年富力強、衣豐食足、必須發奮經營、多方勞動、而身體始可康寧。若但飽食終日、無所事事、則疾病相侵矣。故玄機賦云、

印多者喜行財地。用之印綬、又何以不可破。蓋日主太弱、八字中官殺重、比劫輕、正賴印綬生扶、始免摧殘之害。猶人之家富身衰、只宜息肩養性、不可爭利好名。若不知此而妄爲、未有不因勞致疾者。故子平撮要云、用之印綬不可破。以上所釋、皆以日主强弱爲綱、用神宜忌爲目。凡先賢定名取用之義、皆以淺說申明之、非敢謂爲盡是、要亦不出先賢人情物理、寓勸於懲之意。至於次序先後、與古人略異者、蓋古人以吉凶名詞分先後、茲以十幹生尅次序分先後。故一曰比刼、二曰食傷、三曰財星、四曰官殺、五曰印綬。猶人之先有身體、後有學術、再後有財產、有財產而後藉長官保護、權印設施、乃可治安。此理勢之自然、斷非人力私智之所能造作也。沈孝瞻曰、財與印不分偏正、同爲一格論。故此篇偏財、偏印、不另贅述。

又按老友潘君子端、所著命學新義、說理新穎、超越尋常。戊寅冬、余曾不

辭譾陋、爲序發端、其論六神、簡明新穎、尤爲余所心折。茲特節錄於後、藉貢知音參考。

（一）論印綬。　印爲稟賦、自有强弱之分、强弱之間、猶有不强不弱者在。按之命理、强者宜洩、惟印不能洩、因我受生於印、無力以支配之也。稟賦過弱、應主不存。然苟得其養、亦無礙焉。若不强不弱、是乃扶身之本、不可傷之、故曰、用之印綬不可破。

（二）論財星。　印云强弱、財論多寡、財多支配爲難、易招災禍。遇人分刼、重累可減。若過多、則我放棄一切、專行理財。若僅足以養生、不可去之。故曰、用之爲財不可刼。

（三）論正官。　官乃利他心之表現、以合作手段爲社會服務也。社會服務、外誘極多、故官不宜見過多之財。若貪圖利己、結黨營私、則官傷。又或一意高傲、縱情詩酒、則官亦傷。社會服務、尤須有强健之體格、故云、身

旺方可任財官。

（四）論七殺。　七殺性質與官同、惟手段採取競爭。競爭需力、故喜身強、畏財多以分其心。若能使之對私利採取合作、對社會力圖競爭、則爲人剛而黠。若對己對人、一律採取競爭手段、勢必兩敗俱傷、毫無成就。

（五）論傷官、　傷官乃利己心之表現、以合作手段爲自己謀利益。因其爲利己的、須驅使羣衆、爲我而活動。成就常較正官爲難。驅使羣衆、首在識人。傷官氣盛者、多能之輩也。能者多勞、故需至強之稟賦。尤需多財、以盡其能。

（六）論食神　食神與傷官異、以競爭手段、遂其利己心。競爭較合作爲難、但成就多淸高。身弱財多食強、多災多難。身強財多食弱、富屋貧人。食傷之別、乃傷氣爲橫爲雜。食氣爲直爲純。傷氣爲顯出的。食氣爲深入的。傷雜食氣、不失其爲混雜、淺浮。食雜傷氣、則失其爲淸標絕俗。官及傷

官、爲外向的性格。食及七殺、爲內向的性格。外向者懶散、內向者晶明。懶散無可託、晶明則否。譬如經營各業、則廣而不美、學習百藝、則博而不精。不如專營一業、心不外馳、敗固可以自救、勝則終身可託。又或專心一藝、苦心孤詣、雖不爲人所知、一旦藝成、卽可恃之爲生、尤勝積財千萬。故食殺可託、官傷不能。亦卽古書所云、棄命從殺、從食之義、官及傷官、不可從也。

(6) 用神

論病藥

明張楠神峯撰　清陳素庵釐正

何以謂之病、八字中原有所害之神也。何以謂之藥、八字中原有所害而得一字以去之也。如朱子所謂各因其病而藥之。故書云、有病方爲貴。無傷不是奇。格中如去病。財祿兩相隨。命書甚多、此四句可爲括要。蓋人造化雖貴

中和、若一於中和、則安得探其消息、而論其休咎。愚先未諳病藥之說、屢以中和究人造化、十無一二驗。又以財官爲論、亦無歸趣。後始悟病藥之旨、再以財官中和參看、則十驗八九。如人八字中四柱純土、遇水日干、則爲殺重。金日干、則爲土重埋金。火日干、則爲晦火無光。木日干、則爲財多身弱。土日干、則爲比肩太重。是則土爲諸格之病、但喜木爲藥、以醫其病也。又如用財、見比劫爲病、喜官殺爲藥。用食傷、以印爲病、喜財爲藥。用官殺、以食傷爲病、喜印綬爲藥。或本身病重而藥輕、或本身病輕而藥重、以行運取其中和。若病重而得藥、大富大貴之人也。病輕而得藥、小富小貴之人也。無病而無藥、不富不貴之人也。看病藥之法、先看日幹、次看月令。如令中所屬是火、先看此一火起、又看年上或有火、日月時上或有火、指點此火作一處看。或爲病、或非病、雖藏有別物、且不必看。恐再看別物、則混雜不明。故曰、從重者論。若財官印綬有病、就要醫財官印綬。身主有病、就要醫身主。如八字純然無雜、

不旺不衰財官印食俱無損傷、日幹之氣、又得中和、而並無起發可觀、此卽平常之人耳。

素庵老人曰、張神峯病藥之說、其法甚悉。然方取病傷、卽求醫藥、旣用醫藥、仍歸中和、非舍正理而尙奇僻也。惟所云、八字純然不旺不弱、財官無損、日主中和、斷爲常人之命、則其說偏矣。人命純粹中和、安有不貴不富。特純粹之中、暗藏駁雜、中和之內、嫌於淺露、仍是不純粹、不中和耳。嘗見大富貴命、無病無傷、不旺不弱、運歷五行而皆美。身備五福而無虧。豈非純粹中和之確驗。何必過拘病藥之說乎。

論衰旺

滴天髓云。能知衰旺之眞機。其於三命之奧。思過半矣。

劉誠意曰、旺則宜洩宜傷。衰則喜幫喜助。子平之理也。然旺中有衰者存。不可損也。衰中有旺者存。不可益也。旺之極者不可損。以損在其中矣。衰

之極者不可益。以益在其中矣。至於所當損者而損之反凶。所當益者而益之反害。如此眞機、皆能知之。又何難於詳察三命之微奧焉。

按、欲求用神之所在。當知衰旺之眞相。欲知衰旺之眞相。當知旺中有衰。衰中有旺。旺極忌損。衰極忌益之義。否則似是而非。豈能鑑別榮枯耶。

論命總法一

命理約言云。看命大法。不過生尅扶抑而已。列下四柱。先看日幹。是何五行。隨看月枝。或是生我尅我。或是我生我尅。如月枝本氣透於天幹。寅透甲。午透丁。即取爲格。係正官、食神、偏財、偏印。則宜生之助之。係偏官、傷官。則宜制之化之。若本氣不透遭尅。則寅不用甲而用所藏之丙戊。午不用丁而用所藏之己。若所藏之神。又不透遭尅、則不用月枝。而別用幹枝之勢盛力旺者爲格。其祿刃比劫。無論在幹在枝。均不以之取格。但用爲日幹之助耳。總之、以日幹與財官等。較其强弱。强者抑之。弱者扶之。局不能扶抑者。以運扶抑

之。其必不可扶者、則棄之。必不可抑者、則順之。惟合化格。一氣兩神格。暗冲暗合格。不在此例。總之、淺而易見者小。深而難測者大。淸而有神者貴。濁而無氣者賤。純粹中和者貴而安。奇怪偏駁者貴而危。或謂太平之世取正。有事之世取奇。余嘗閱古今命數萬。承平安樂。儘多七殺傷官。開創經綸。不少正官正印。特奇正之命。世多世少。氣運偶然。非奇者生太平之世必無用。正者生有事之世必不貴也。

論命總法二

又云。推命先看日幹。或得時。或失時。或得勢。或失勢。下坐某枝。緊貼某幹。於日幹生尅扶抑何如。隨看餘三幹及四枝。於日幹生尅扶抑何如。此恆法也。然不特日幹而已。凡柱中幹枝皆當如此研究。如看年幹。先看得時得勢否。下坐何枝。緊貼何幹。於年幹生尅扶抑何如。隨看餘三幹及四枝。於年幹生尅扶抑何如。月幹時幹亦然。如看年枝。先看得時得勢否。上載何幹。緊貼何

枝。於年枝生尅扶抑何如。隨看餘三枝及四幹。於年枝生尅扶抑何如。月日時枝亦然。如此一一研究的確。然後用之爲官殺。爲財印。爲食傷。其是強是弱。當用當舍。自然精當無差。洞澈不惑矣。此看命第一要訣也。

論用神法

又云。命以用神爲緊要。看用神之法。不過扶抑而已。凡弱者宜扶。扶之者卽用神也。扶之太過。抑其扶者爲用神。扶之不及。扶其扶者爲用神。凡強者宜抑。抑之者卽用神。抑之太過。抑其抑者爲用神。抑之不及。扶其抑者爲用神。如木弱扶之以水。水扶太過。制水以土。水扶不及。生水以金。木強抑之以金。金抑太過。制金以火。金抑不及。生金以土。至同類之相助。則氣之相資。亦扶也。生物洩其氣。尅物殺其勢。亦抑也。是故有日主之用神焉。六神之扶抑日主者是也。有六神之用神焉。六神之互相扶抑者是也。六神之用神。卽爲日主用也。有原局之用神焉。局中本具之扶抑是也。有行運之用神焉。運中補

足之扶抑是也。行運之用神。卽爲原局用也。用神無破爲吉。有助則更吉。用神有損爲凶。無救則更凶。命譬之身。用神譬之身之精神。精神厚則身旺。精神薄則身衰。精神長存則身生。精神壞盡則身死。看命者看用神而已矣。然取用神之法。雖當專一而不眩。亦宜變通而勿拘。如正偏官格。有時。制。化。互。用。甚或。生。制。參用。況行運數十年。無俱木俱金之理。嘗見大富貴之命。不恃一神爲用。其專恃一神者。乃補偏救弊之命耳。抑更有說焉。有體而後有用。日主六神體也。扶抑日主用神者用也。苟日主六神。或强不可制。或衰不堪扶。或散漫無倫。或戰爭不定。是則體先不成。用於何有。其爲下命決矣。

論生年法

又云。古時以生年幹枝論命。後來專主日主。然生年終爲根本。年幹重於月幹。年枝重於月枝。若得時得勢、氣力較大。其幹枝之力亦相等。術家多有重年幹。輕年枝者。蓋惑於流年重天幹之說。謂柱中亦然耳。無論幹枝共司一

歲之事。卽如種種神煞。從年幹起者少。從年枝起者多。何容妄自軒輕乎。若舊書所立歲德扶官扶殺扶財等格。則又不然。夫五陽幹爲歲德。五陰幹爲歲德合安可混以德稱。且官殺財可扶。印食何不可扶。況殺非吉神。方將制之化之。奈何扶之。總之、合四柱幹枝取斷。斯無弊之道耳。

論月令法一

又云。格局先取當令。次取得勢。若日主之爲旺爲弱。官殺財印食傷之爲旺爲弱。亦先以月令推之。如木在春月爲旺。在驚蟄以後。穀雨以前爲尤旺。在秋月爲弱。在白露以後。霜降以前爲尤弱。或黨多援衆。則秋木亦旺。勢孤尅衆。則春木亦弱。餘皆例此。神峯張楠謂生本月之氣。反不能任尅。止可一二。點尅。神多必尅倒。生受尅之月。而有生扶者。反能任尅。試之屢驗。以爲理外之見。余考舊命。誠有之。此盛衰倚伏。亦非理外也。若令枝所藏。或二神。或三神。其取用之法。如甲生寅月。先論甲木。次論丙火。戊土。或寅字損壞無氣。則

取丙戌。或寅字雖無傷損。而丙戌中有一透幹成象者。則亦取之。否則無舍甲而用丙戌者。餘枝皆然。舊書謂行運必不可沖月令。沖必不利。夫人生六十歲左右。不論順運逆運。無不沖令者。多有安富尊榮。豈皆不利乎。且格局有不恃令神者。又有令神强旺不畏沖者。何可概論乎。惟原命止恃此令神。而令神本來單弱。則誠不可沖耳。

論月令法二

又云。舊書十二月枝中所藏諸幹。俱分日用事。相沿既久。遵若金科玉律。但實理不然。推本論之。寅卯只是甲乙木。巳午只是丙丁火。申酉只是庚辛金。亥子只是壬癸水。辰戌丑未只是戊己土。若亥有甲。寅有丙。巳有庚。申有壬。蓋木火金水生地之故。未有乙。戌有丁。丑有辛。辰有癸。蓋木火金水墓地之故。辰又有乙。未又有丁。戌又有辛。丑又有癸。蓋木火金水餘氣之故。寅巳又有戊。午又有己。蓋土隨火母生旺之故。總之但有其氣。非能分諸枝之位。而

各得若干日也。惟有其氣。故論命者、必兼取之。惟不能分其位。故論命者、必以本枝爲主、而後及其所藏也。

論日主法

又云。舊書論日主。或專取强旺。或反尙衰弱。蓋以太强則得抑有力。太弱則得扶立效。此卽有病方爲貴之說。皆偏見也。凡日主最貴中和。自然吉多凶少。日主太强太弱。自然吉少凶多。惟可抑之强。可扶之弱。則存乎作用耳。作用之法。如木日强。則用金尅之。用火洩之。木日弱。則用水生之。用木助之。若得土而殺其勢。亦所以抑之。借土而培其根。亦所以扶之。其要歸於中和而已。舊謂男命日主不嫌於强。然過强則亦取咎。女命日主不嫌於弱。然過弱則亦受虧。至於日主所坐之枝。較爲親切。但坐財官等吉神。亦須四柱透露扶助。坐傷劫等凶神。四柱亦能伐而去之。非坐下一枝。遂定休咎也。

論生時法一

又云。自日幹而外、三幹四枝、均有關係。而時尤緊要。蓋時乃全局之歸宿不特日主引至時上喜生旺。惡衰絕。凡局中喜神。引至時上。生旺則愈吉。衰絕則不吉。局中忌神。引至時上。生旺則愈凶。衰絕則不凶。又有喜神過旺。喜時上尅之泄之。凶神無制。喜時上尅之化之。較爲得力。若日幹苟非太過、未有不喜時上生旺者。卽日主太過、亦喜時上尅洩。然死絕終非所宜耳。或曰。時既要緊如此。則以時取格。何不可。不知歸宿特重生時。格局須合全柱。何可概論乎。

論生時法二

又云。舊有時分上中下刻之說。謂四柱同而窮達不同。職此故也。其說似乎精晰。然昔賢論此者甚少。偶有及之者。不過謂時枝分刻用事。亦若月枝分日用事耳。如寅時一二刻。則丙火用事。三四刻則戊土用事。後四刻則甲木用事。夫月枝尚無分日用事之理。安有一時之間。某刻金水當權。某刻木火

司柄者乎。若時枝如是。則日枝亦然。何不分昧爽以前。某神用事。日出以後。某神用事。日中以後。某神用事乎。不知生於某月。不拘何日。月枝之氣俱備。生於某時。不拘何刻。時枝之氣俱備。如生寅時。不拘何刻。甲丙戊之氣俱備。只看三者之中。何神得時得勢。則用之。何神失時失勢。則舍之。如是取斷。於理最當。勿信分刻虛談可也。

論四吉神能破格

沈孝瞻曰。財官印食。四吉神也。然用之不當。亦能破格。如食神帶煞。透財爲害。財能破格也。春木火旺。見官則忌。官能破格也。殺逢食制。透印無功。印能破格也。財旺生官。露食則雜。食能破格也。是故官用食破。印用財破。譬之用藥。參苓芪朮。本屬良材。用之失宜。反足害人。

論四凶神能成格

又曰。殺傷梟刃。四凶神也。然施之得宜。亦能成格。如印綬根輕。透殺爲助。殺

能成格也。財逢比刦。傷官可解。傷能成格也。食神帶殺。靈梟得用。梟能成格也。財逢七殺。刃可解厄。刃能成格也。是故印不忌殺。財不忌傷官。不忌梟。殺不忌刃。如治國者。用長鎗大戟。本非善具。施之得宜。可以戡亂。

按四吉神能破格。四凶神能成格。古人間有言之者。多不明瞭。熟讀此篇。固不致見財官印食卽言吉。見殺傷梟刃卽言凶。且可知成格破格所以然之理矣。

論用神成敗救應

又曰。用神專尋月令。以四柱配之。必有成敗。何謂成。如官逢財印。又無刑沖破害。官格成也。財旺生官。或財逢食生而身強帶比。或財格透印。而位置妥帖。兩不相尅。財格成也。印輕逢殺。或官印雙全。或身印兩旺。而用食傷洩氣。或印多逢財。而財透根輕。印格成也。食神生財。或食帶殺而無財。棄食就殺而透印。食格成也。身強七殺逢制。殺格成也。傷官生財。或傷官佩印。而傷官

旺。印有根。或傷官旺。身主弱而透殺印。或傷官帶殺而無財。傷官格成也。羊刃透官殺而露財印。不見傷官。羊刃格成也。建祿月刼。透官而逢財印。透財而逢食傷。透殺而遇制伏。建祿月劫之格成也。何謂敗。官逢傷尅刑冲。官格敗也。財輕比重。又透七殺。財格敗也。印輕逢財。或身强印重而透殺。印格敗也。食神逢梟。或生財露殺。食神格敗也。七殺逢財無制。七殺格敗也。傷官非金水而見官。或生財而帶殺身輕。或佩印而傷輕身旺。傷官格敗也。陽刃無官殺。刃格敗也。建祿月劫。無財官。透殺印。建祿月劫之格敗也。成中有敗。必是帶忌。敗中有成。全憑救應。何謂帶忌。如正官逢財。而又透傷。透官而又逢合。財旺生官。而又逢傷逢合。印透食以洩氣。而又遇財露。透殺以生印。而又透財以去印存殺。食神帶殺印。而又逢財。七殺逢食制。而又逢印。傷官生財。而財又逢合。佩印而印又遭傷。陽刃透官。而又被傷。透殺而又被合。建祿月劫。透官而逢傷。透財而逢殺。是皆謂之帶忌也。何謂救應。如官逢傷。而透印

以解之。雜殺而合殺以清之。刑冲而會合以解之。財逢劫而透食以化之。生官以制之。逢殺而食神制殺以生財。或存財而合殺。印逢財而劫財以解之。或合財而存印。食逢梟而就殺以成格。或生財以護食。殺逢食制。印來護殺。而逢財以去印存食。傷官生財。透殺而殺逢合。陽刃用官殺。帶傷食而重印以護之。建祿月劫。用官遇傷而傷被合。用財帶殺而殺被合。是謂之救應也。八字妙用。全在成敗救應。其中權輕權重。甚是活潑。學者從此留心。能於萬變中融以一理。則於命之一道。其庶幾乎。

論用神因成得敗因敗得成

又曰。八字之中。變化不一。遂分成敗。而成敗之中。又變化不測。遂有因成得敗因敗得成之奇。是故化傷爲財。格之成也。然辛生亥月。透丁爲用。卯未會財。乃以黨殺。因成得敗矣。印用七殺。格之成也。然癸生申月。秋金重重。略帶財以損太過。逢殺則殺印忌財。因成得敗也。如此之類。不可勝數。皆因成得

敗之例也。官印逢傷格之敗也。然辛生戌戌月年丙時壬。壬不能越戌尅丙。而反能洩身爲秀。是因敗得成矣。殺刃逢食格之敗也。然庚生酉月年丙月丁時。上逢壬。則食神合官留殺。而官殺不雜。殺刃局清。是因敗得成矣。如此之類。亦不可勝數。皆因敗得成之例也。其間奇奇怪怪。變幻無窮。惟以理權衡。隨在觀察。因時達化。由他奇奇怪怪。自有一種至當不易之論。觀命者、毋執而不化。眩而無主也。

論用神配氣候得失

又曰。論命惟以月令用神爲主。然亦須配氣候而互參之。譬如英雄豪傑。生得其時。自然事半功倍。遭時不順。雖有奇才。成功不易。是以印綬遇官。此謂官印雙全。無人不貴。而木逢冬水、雖透官星。亦難必貴。蓋金寒而水益凍。凍水不能生木。其理然也。身印兩旺。透食則貴。凡印格皆然。而用之冬木。尤爲秀氣。火不惟可以洩身。而卽可以調候。傷官見官。爲禍百端。而金水見之。反

爲秀氣。非官之不畏夫傷而調候爲急權而用之也。傷官佩印。傷官帶殺。皆隨時可用而用之。夏木用之。冬金其秀百倍。火濟水。水濟火也。傷官用財。本爲貴格而用之。冬水。即使小富亦多不貴。凍水不能生木也。傷官用財。即爲秀氣而用之。夏木貴而不甚秀。燥土不甚靈動也。春木逢火。則爲木火通明。而夏木不作此論。秋金逢水。則爲金水相涵。而冬金不作此論。氣有衰旺。取用不同也。春木逢火。木火通明。不利見官。而秋金遇水。金水相涵。見官無礙。假如庚生申月。而枝中或子或辰。會成水局。天幹透丁。以爲官星。只要壬癸不透露幹頭。便爲貴格。與金水傷官喜見官之說同論。亦調候之道也。食神雖逢正印。亦爲奪食。而夏木火盛。輕用之亦秀而貴。與木火傷官喜見水同論。亦調候之謂也。此類甚多。不能悉述。在學者引伸觸類。神而明之而已。

按比食財官印。乃五行生尅變化之名詞。其形狀情態。大致已備列宜忌門中。似較恍惚迷離。空言無實者。較爲親切有味。然余爲人談命。仍多詳

言五行。略論名詞。非避難就易舍精用粗也。蓋木火土金水之五行。乃有形之物質實事求是理甚顯然。何爲吉何爲凶。孰當否。孰當泰。是是非非。不容假藉。雖目不識丁者聞之。亦必首肯。非比比食財官印之名詞。高深費解。令人莫名其妙也。然欲知五行之眞理。必先明調候之道。欲明調候之道。須熟玩此篇。尤須將五行宜忌門中義理。反覆尋思。乃得要領。

論生尅先後分吉凶

又曰。月令用神。配以四柱。固有每字之生尅。以分吉凶。然有同此生尅。而先後之間。遂分吉凶者。尤談命之奥也。如正官格同是財傷並透。而先後有殊。假如甲用酉官。丁先戊後。則以財爲解傷。卽不能貴。後運必有結局。若戊先而丁在時。則爲官遇財生。而後因傷破。卽使上運稍順。終無結局。子嗣亦難矣。正印格同是貪財壞印。而先後有殊。如甲用子印。己先癸後。卽使不富。晚景當順。若癸先而己在時。晚景亦悴矣。食神格同是食梟並透。而先後有殊。

如壬用甲食庚先丙後。晚運必亨。富而且貴。若丙先而庚在時。晚運必淡。富貴兩空矣。七殺格同是財食並透。而先後大殊。如己生卯月。癸先辛後。則爲財以助用。而後殺用食制。不失大貴。若辛先而癸在時。則殺逢食制。而財以奪食黨殺。非特不貴。後運消索。兼難永壽矣。他如此類。可以例推。然猶吉凶之易見者也。至丙生甲寅年。癸時。戊官能生印。而不怕戊合。戊能洩身爲秀。而不得越甲以合癸。大貴之格也。假使年月戊癸。而得甲。或年甲而月癸時戊。則戊無所隔而合癸。格大破矣。丙生辛酉年。癸時。己傷因財間。傷之無力。間有小貴。假使癸己並、而中無辛隔。格盡破矣。辛生申月。年壬月戊、時上丙官。不畏隔戊之壬。格亦許貴。假使年丙月壬而時戊。或年戊月丙而時壬。則壬能尅丙。貴無望矣。如此之類。不可勝數。其中吉凶。似難猝喻。然細思其故。理甚顯然。特難爲淺者道耳。

(7) 化合衝刑

論十幹化氣

經云。甲遇己、得辰戌丑未則旺相。乙遇庚、得巳酉丑則掀轟。丙遇辛、得申子辰則奮發。丁遇壬。得亥卯未則淸高。戊遇癸、得寅午戌則顯榮。是以五運以五宮爲正廟。我入母宮爲福德。我入子宮爲盜洩。我入鬼宮爲刑傷。我入妻宮爲財帛。然子能制鬼、不可概作凶言。當以五運淺深。及生尅制化評斷。總之、化氣主體、首重日幹。年月時次之。須要日辰。得旺氣。始爲美備。若得月中旺氣。又得時上旺氣者。固妙。若不得月中旺氣。僅得時上旺氣者。亦可用。若月日時。俱得旺氣。則富貴壽考矣。淵海子平云。化之眞者。名公鉅卿。化之假者。孤兒異姓。卽此義也。至於幹合又得枝合者。如甲戌見己卯。甲辰見己酉之類。同在一旬。名曰君臣慶會。蓋世事有本國之君。未嘗有異國之臣。故同

在一旬。必須辨其陽爲君。陰爲臣。君位居上。臣位居下。始順。反此則悖逆矣。如甲子見己丑。甲午見己未之類。互見兩旬。謂之夫婦。聚會蓋遭遇有本郡之夫。亦有他郡之妻。故互見兩旬。必須上下和美。貴神贊助。乃妙。若衝破刑煞。則無益矣。又有轉角。進化者。幹合中見枝辰四角相順連者。如甲辰見己巳之類。日時遇此。功名易成。有轉角。退化者。幹合中見枝辰四角相逆連者。如甲午見己巳之類。日時遇此。功名晚得。一切遲緩。有坐下。自化者。乃幹枝暗合。如壬午日、丁祿在午。與壬化合。丁亥日、壬祿在亥。與丁化合是也。戊子甲午辛巳癸巳日同此。然獲福之厚薄。仍當隨八字全體觀之。庶無差誤。

按化氣有得時失令之不同。如化土於季月爲得時。反此皆爲失令。化木於亥卯未月及正月爲得時。反此皆爲失令。得時者爲眞化。失令者爲假化。然有眞化而經破傷者。不啻假化。假化而經資助者。不啻眞化。此又不可不知。破傷者何。如化土格。而天幹間以乙字庚字。暗地化金盜洩土氣。

或問以丁字壬字。暗地化木。損傷土質。即書云。我入子宮爲盜洩。我入鬼宮爲刑傷是也。資助者何。如化土格。而天幹間以戊字癸字。暗地化火。爲土之印。或問以丙字辛字。暗地化水。爲土之財。即書云。我入母宮爲福德。我入妻宮爲財帛是也。大運宜忌。亦如是論。再參觀五運淺深。生尅制化。則百不失一矣。今人不明此理。但知化氣宜眞忌假。而不知眞中有假。假中有眞。甚至謂眞者始爲化氣。假者不爲化氣。尤屬謬妄。殊不知淵海子平。一則云化之眞者。一則云化之假者。此眞假同以化言之明證也。化氣詩、一則云、丁壬化木喜逢寅。乙庚化金旺於酉。一則云、丁壬化木入金鄉。一則云、乙庚最怕火炎傷。此得時失令。同以化言之明證也。三命通會。泥一陰一陽夫婦配合化生萬物之說。謂爲一己二甲。一甲二己。皆不能化。只可作妒合論。珊頗不謂然。及觀神峯通考從化篇。載蕭丞相造。癸巳丁巳癸酉戊午。二癸一戊。作化火格論。又方狀元造。辛亥辛丑丙子己亥。二

辛一丙作化水格論。又李知府造丁酉丙午丁巳壬寅。二丁一壬。作化木格論。愈覺通會之說非是。蓋合則化。不合則不化。既名曰妒合。而又曰不化。有是理乎。如白與黑相和。則化爲灰。黑與紅相和。則化爲紫。和卽合也。既和矣。而仍以本色目之。雖愚之甚者。亦知爲不然。若曰一陰一陽。爲盡美盡善之化。一陰二陽。一陽二陰。雖不盡美盡善。而陰陽未嘗不化。則無語病矣。

論化氣五行生尅之名詞書

王祝三曰。化氣五行之說。子平諸書皆有之。惜其言晦而不明。略而不暢。致後之學者。對於名公鉅卿。孤兒異姓二語。茫然不知裁判之法。良可慨也。自先生發明眞假之原理。條分縷晰。妙義環生。欽佩何可言喻。雖然。竊有進者。化氣之用。既與正五行不同。則正五行生尅之名詞。當然不能假借。若云略之而不能。備之而不用。徒存面貌。別寄精神。揆之情理。似乎未合。愚以爲有

生尅然後有名詞。是名詞因生尅而定者也。化氣五行生尅之名詞。自當隨化氣生尅而定。我入母宮爲福德。非卽正偏印乎。我入妻宮爲財帛。非卽正偏財乎。至於比劫食傷。亦可類推而得。如此排列。則喜忌之神。昭然若揭。一望可知。其法似較妥善。質之高明。以爲如何。試列表於左。並附說以明其用法。

化氣五行生尅名詞表

日主推橫	甲（戊作）	乙（辛作）	丙（壬作）	丁（乙作）	戊（丙作）	己（己作）	庚（庚作）	辛（癸作）	壬（甲作）	癸（丁作）
化劫財	己	庚	辛	壬	癸	甲	乙	丙	丁	戊
化食神	庚	辛	壬	癸	甲	乙	丙	丁	戊	己
化正財	辛	壬	癸	甲	乙	丙	丁	戊	己	庚

化七殺	壬癸甲乙丙丁戊己庚辛
化正印	癸甲乙丙丁戊己庚辛壬
化比肩	甲乙丙丁戊己庚辛壬癸
化傷官	乙丙丁戊己庚辛壬癸甲
化偏財	丙丁戊己庚辛壬癸甲乙
化正官	丁戊己庚辛壬癸甲乙丙
化偏印	戊己庚辛壬癸甲乙丙丁

凡遇化氣之命。先將日主化出正五行。如日主爲甲。與己作合。則於甲傍書作戊二字。蓋甲己化土。甲屬陽。當爲陽土。戊卽正五行之陽土也。然後將年月時之天元次第化出。以之配戊。看當屬何名詞。如見甲爲比肩。見乙爲傷官之類。支藏人元。亦如是推。惟日主遇己庚者。仍作己庚論。試再列式於左以明之。

某武員造

化比	甲	申	化食殺卩	初十七七	庚辛	午未
化劫	己	巳	化食才卩	二三七七	壬癸	申酉
日主作戊	甲	子	化印	四五七七	甲乙	戌亥
化劫	己	巳	化食才卩	六七七七	丙丁	子丑

吳君造

化卩	甲	戌	化傷財殺	初十九九	丙丁	子丑
化劫	乙	亥	化才卩	二三九九	戊己	寅卯
日元作庚	庚	午	化財印	四五九九	庚辛	辰巳
化食	丙	子	化官	六七九九	壬癸	午未

以上所陳。僅就化氣生尅名詞而言。至看命之法。不可盡拘於忌官殺喜
財印之說。蓋有常有變。生尅制化。亦如正五行之變化無窮。神而明之。存
乎其人也。
按同里王祝三先生。立品讀書。博聞多識之君子也。所立化氣五行生尅
之名詞表。發人深省。簡明切用。不特匡珊不逮。且可爲研究命學者之一
助。故錄存之。以公同好。昔賢劉伯溫云。如甲己化土。陰寒者。要火土昌明。
太旺者。要用水爲財。木爲官。金爲食傷。隨其所向。論其喜忌。王君亦云。看
命之法。有常有變。不可盡拘於忌官殺喜財印之說。此義與古人相通。尤
爲確論。第子平神峯及三命通會等書。僅言其常。未言其變。殆常者多而
變者少乎。王君別具會心。深恐學者不知有變。但知有常。故亟言不可盡
拘忌官殺喜財印之說也。
又按上列化氣五行表。不知者每謂無稽。其實安東杜謙早經言之。觀其

所著玉井奧訣原註云。如丙辛見戊癸爲財。見甲己爲官之類。卽可知王君學有本原、非妄作也。丙寅二月樹珊記。

論十幹配合性情與十幹合而不合

沈孝瞻曰。十幹配合、何謂性情。蓋旣有配合。卽有性情向背矣。如甲用辛官、透丙作合。而官非其官。甲用癸印、透戊作合。而印非其印。甲用己財、己與別位之甲作合。而財非其財。如年己月甲、年上之財。被月合去。而日主之甲己無分。年甲月己。月上之財。被年合去。而日主甲己不與。甲用丙食、與辛作合。而食非其食。此四喜神因合而無用也。甲逢庚殺、與乙作合。而殺不攻身。甲逢乙刼、與庚作合。而乙不刼財。甲逢丁傷、與壬作合。而丁不傷官。甲逢壬梟、與丁作合。而壬不奪食。此四忌神因合而反化也。蓋有所合則有所忌。逢吉不爲吉。逢凶不爲凶。卽以六親言之。如男以財爲妻、而被別幹合去。財妻能親其夫乎。女以官爲夫、而被別幹合去。官夫能愛其妻乎。此配合之性情。因

向背而殊也。何謂合而不合、蓋有所間隔也。如甲與己合、而甲己中有庚間隔之、則甲豈能越尅我之庚而合己。以乙間隔之、則己豈能越尅我之乙以合甲。此制於勢也。合而不敢合也。又如隔位太遠、如甲在年幹、己在時幹、如人地北天南、不能相合一般、然與有所制而不敢合者。亦有差別。欲合而不能也。其爲禍福、得十之二三而已、又有合而無傷於合者。如甲生寅卯月時兩透辛官。以年丙合月辛。是爲合一留一。官星反輕。甲逢月刃。庚辛並透。丙與辛合。是爲合官留殺。而殺刃依然成格。皆無傷於合。又有合而不以合論者。本身之合也。蓋六陽逢財。六陰逢官。俱是作合。惟是本身十幹合之不爲合去。如乙用庚官、日幹之乙、與庚作合、是我之官自我合之、何爲合去。若庚在年幹、乙在月幹、則月乙先去合庚、而日幹反不能合、是爲合去也。又有爭合妒合之說。如兩辛合丙。兩丁合壬之類。到底終有合意。但情不專耳。若以兩合一而隔位。全無爭妒。如庚午乙酉甲子乙亥。兩乙合庚。甲日隔之。此高

太尉命。仍作合殺留官。無減福也。書云。合官不貴。本至是論。

論刑衝會合解法

又曰。枝中刑衝俱非美事。而三會六合。可以解之。如甲生酉月。逢卯則衝。或枝中有戌。則卯與戌合而不衝。有辰、則辰與酉合而不衝。有亥與未、則卯與未亥會而不衝。有巳與丑、則酉與巳丑會而不衝。是會合可以解衝也。丙生子月。逢卯則刑。或枝中有戌、則卯與戌合而不刑。有丑、則子與丑合而不刑。有亥與未、則卯與亥未會而不刑。有申與辰、則子與申辰會而不刑。是會合可解刑也。又有因解而反得刑衝者。如甲生子月。支逢二卯相並。二卯。不刑。一子。而枝又逢戌、戌與卯合本爲解刑。而合去其一。則一合而一刑。是因解而反得刑衝也。又有刑衝而會合不能解者。如子年午月。日坐丑位。丑與子合。可以解衝。而時逢巳酉會、則子復衝午。子年卯月。日坐戌位。戌與卯合、可以解刑。而或時逢寅午會。則卯復刑子。是會合不能解刑衝也。更有刑衝而

可解刑衝者。蓋四柱之中。刑衝俱爲不美。而刑衝用神。尤爲破格。不如以別位之刑衝。解月令之刑衝矣。如丙生子月。卯以刑子。而枝又逢酉。則卯與酉衝。而不刑月令之子。甲生酉月。卯以衝之。而時逢子位。則卯與子刑。而月令官星衝之無力。雖干別宮刑衝之位。六親不無刑剋。而月令官星。猶在其格不破。是刑衝可以解刑衝也。

按、枝中相害。亦非美事。惟三會六合能解之。熟玩此篇。卽可隅反。

論合衝刑害宜忌 據陳素庵輯要本

滴天髓云。生方怕動庫宜開。敗地逢衝仔細裁。

劉誠意曰、寅申巳亥四生也。忌衝動。辰戌丑未四庫也。宜衝開。子午卯酉四敗也。有逢合而喜衝者。不若生地之必不可衝也。有逢衝而喜合者。不若庫地之必不可閉也。

枝神只以衝爲重。刑與害兮動不動。

又曰、衝者必是相尅、所以必動。至於刑害之間、又有相生相合者存、所以有動不動之異。

暗衝暗會尤爲喜。彼衝我衝皆衝起。

又曰、如柱中所無、局取多者、衝會暗神、比明衝明會尤佳。如子去衝午、柱中有寅與戌會者是也。日幹爲我、提綱爲彼、提綱爲我、年時爲彼、四柱爲我、歲月爲彼、我寅彼申、是彼衝我、我子彼午、是我衝彼、皆爲衝起。

旺者衝衰衰者拔。衰者衝旺旺神發。

又曰、子旺午衰、則午因衝而本撥。子衰午旺、則午因衝而發福。餘倣此。

(8)

評斷

論大運吉凶一

陳素菴曰。格局既分。榮枯之概已具。運途參考。否泰之理斯完。從生月而推。

遞行前月後月之建。以男女爲別。乃分順行逆行之端。男生陽年。女生陰年。則以未來取用。男生陰歲。女生陽歲。則從己往詳觀。計生辰之離節。凡有幾日。知人命之交運。應在何年。一日則爲四月。雖片時而必扣。三日則爲一歲。苟缺月而勿寬。一運管十年。榮枯有準。五行配四柱。休戚相連。宜與不宜。全憑格局。利與不利。但問日幹。破格者值之爲戚。助格者遇之爲歡。日弱者扶之而氣盛。日强者抑之而美全。旺日復到旺鄉。必罹悔咎。衰日再行衰地。定主摧殘。吉若財官印食。喜於相見。凶如刑冲梟劫。多主不安。但吉而無情。亦難吉論。苟凶而有用。不作凶言。運固重枝。須合幹神兼論。運雖計歲。亦難上下截看。火若在天下有水。流而減耀。金如處地上逢火。灼而失堅。木火同來。十年並暖。水金相濟。一運皆寒。取神煞以評。視實在幹枝而較。緩謂交接兮必咎。豈運行福利而亦然。言凶運既去爲殃。是離任之官。猶能行令。言吉運未來作福。將候選之職。遂可操權。命吉運凶。若良馬堅車。阻險道而難進。命

凶運吉若破帆㪉楫。乘順風而亦前行運。此其大略。通變難以言宣。

論大運吉凶二

又曰。舊書論一運上幹下枝。分管年數。率謂上下各五年。又有因運重地枝之說。或謂上四下六。或謂上三下七。其實皆不然也。蓋行運從月建而起。順行者、行未來之月建。逆行者、行已往之月建。凡月建幹枝、共管一月之事。無幹管上半月枝管下半月之理。乃因以行運。反分裂幹枝。各管幾年。有是理乎。故上幹下枝。共管十年。爲是上下比和。上下相生。則其力相同。上尅下者。上之力勝於下。下尅上者。下之力勝於上。合之命主。上下俱喜。則十年全吉。上下俱忌。則十年全凶。上下一喜一忌。則十年之間。吉凶參半。此理之最確當者。但看上幹較易。看下枝較難。蓋幹神甲只是甲。乙只是乙。惟枝則各有所藏。須一一研析。如行寅運。原柱有或甲或丙或戊。當察此運某幹得氣。再看上幹是甲。則此運純然是木。上幹是丙。則此運大半是火。上幹是戊。則此

運一半是土。餘枝倣此。又上幹與原柱幹枝。止論生尅。理亦易見。下枝則與原柱幹枝。生尅之外。更有相冲相合相刑相害種種道理。未易草率斷也。

論大運吉凶三

又曰。初運管少年。中運管中年。末運管晚年。此看運法也。更有舊法可參用者。卽以四柱推論。年管少年。日月管中年。時管晚年。若年爲喜神。則少年發達。爲忌神則少年迍邅。月日爲喜神。則中年亨通。爲忌神則中年蹇滯。時爲喜神。則晚年安榮。爲忌神。則晚年零落。此法屢試有驗。故附之看運。然但可約略少壯老之大概而已。若確分年限。詳斷吉凶。仍當以看運爲主耳。

按、以上三篇。論大運法。極其透闢。若謂大運幹枝二字。不能上下截看。各管幾年。吾未敢信。淵海子平云。運行十載數、上下五年分、三命通會云。行運前後五年。張神峯爲夏某推命云。一生只得酉運五年極美。沈孝瞻論逢運透淸云。此五年中。亦能爲其禍福。可見古今之推命者。莫不以幹管

五年。枝管五年論也。然幹枝五行。輕重偏倚。生尅制化。亦當合看。如甲運應吉。下臨申運。木爲金傷則少吉。申運應凶。上乘丙運。金爲火制則減凶。如此之類、不勝枚舉。惟智者察之。

論行運喜忌

沈孝瞻曰。論運與看命無二法。看命以四柱幹枝配月令之喜忌。而取運則又以運之幹枝。配八字之喜忌。故運中每行一字。卽必以此一字、配命中八字而統觀之。爲喜爲忌。吉凶判然矣。何謂喜。命中所喜。我得而助之者是也。如官用印以制傷、而運助印。財生官而身輕、而運助身。印帶財以爲忌。而運劫財。食帶殺以成格。而運逢印。殺重身輕。而運來助。食傷官佩印。而運行官殺。陽刃用官。而運助財鄕。月劫用財。而運行傷食。如此之類。皆美運也。何謂忌。命中所忌。我逆而施之者是也。如正官無印。而運行傷。財不透食。而運行殺。印綬用官。而運合官。食神帶殺。而運行財。七殺食制。而運逢梟。傷官佩印。

而運行財。陽刃用殺。而運逢食。建祿用官。而運逢傷。如此之類。皆敗運也。其有似喜而實忌者何也。如官逢印運。而本命有合。印逢官運。而本命用殺之類。是也。有似忌而實喜者何也。如官逢傷運。而命透印。財行殺運。而命透食之類。是也。又有行幹而不行枝者何也。如丙生子月亥年。逢丙丁則幫身。逢巳午則相衝是也。又有行枝而不行幹者何也。如甲生酉月。辛金透而官猶弱。逢申酉則官植根。逢庚辛則混雜重官之類。是也。又有幹同一類。而不兩行者。何也。如丁生亥月。而年透壬官。逢丙則幫身。逢丁則合官之類。是也。又有枝同一類。而不兩行者。何也。如戊生卯月巳年。逢申則自坐長生。逢酉則會巳爲傷官之類。是也。又有同是相衝而分緩急者。何也。衝年月則急。衝日時則緩也。又有同是相衝而分輕重者、何也。運本美而逢衝則輕。運旣忌而又衝則重也。又有逢衝而不衝者。何也。如甲用酉官。行卯則衝。而本命巳酉相會。則衝無力。年枝亥未。則卯逢年會而不衝月官之類。是也。又有一衝而

得兩衝者何也。如乙用申官。兩申併而不衝一寅。運又逢寅。則運與本命合成二寅以衝二申之類。是也。此皆取運之要法。學者宜細心體會之。

論行運成格變格

沈孝瞻曰。命之格局。成於八字。然配之以運。亦有成格變格之權。成格變格。比之喜忌禍福尤重。何謂成格。本命用神。成而未全。運從而就之者。是也。如丁生辰月。透壬爲官。而運逢申子以會之。乙生辰月。或申或子。會印成局。而運逢壬癸以透之。如此之類。皆成格也。何謂變格。如丁生辰月。透壬爲官。而運又逢戊。透出辰中傷官。壬生戌月。丁己並透。而枝又會寅會午。作財旺生官矣。而運逢戊土。透出戊中七殺。癸生午月。財殺同會。透丁藏己。而枝又會寅會戌。作棄殺就財矣。而運又逢己。透出午中七殺。壬生亥月。透己爲用。作建祿用官矣。而運逢卯未。會亥成木。又化建祿爲傷官。如此之類。皆變格也。然亦有逢成格而不喜者。何也。如壬生午月。運透己官。而本命有甲之類。是

也。又有逢變格而不忌者。何也。如丁生辰月。透壬則用官。運逢戊而命有甲壬生亥月。透己用官。運逢卯未會傷。而命有庚辛之類是也。成格變格。關係甚大。取運者其細詳之。

論枝中喜忌逢運透清

又曰。枝中喜忌。固與幹有別也。而逢運透清、則靜而待用者。正得其用。而喜忌之驗。於此可見。何謂透清。如甲用酉官。逢辰未卽爲財。而運透戊。逢午未卽爲傷。而運透丁之類。是也。若命與運二枝會局。亦作清出。如甲用酉官。本命有午。而運逢寅戌之類。然在年則重。在日次之。至於時生午而運逢寅戌會局。則緩而不急矣。雖格之成敗高低。八字已有定論。與柱中原有者不同。而此五年中、亦能爲其禍福。若月令之物。而運中透清。則與柱中原有者。不甚相懸。卽前篇所謂行運成格變格也。故凡一八字到手、必須逐幹逐枝。上下統觀。枝爲幹之坐地。幹爲枝之發用。如命中有一甲。則統觀四枝有寅亥

卯未等字否。有一字皆甲木之根也。有一亥字。則統觀四幹有壬甲二字否。有壬則亥爲壬祿、以壬水用。有甲則亥爲甲長生以甲木用。有壬甲俱全。則一以祿爲根。一以長生爲根。二者並用。取運亦用此法。將本命八字、逐幹逐枝配之而已。

論流年吉凶一

陳素菴曰。大運司十載之休咎。流年管一歲之窮通。歲幹如君。固應從重。歲枝爲輔。實則同功。先觀歲與日幹。或爲利。或爲害。次詳歲與大運。或相順。或相攻。問其有何會合。考其宜否刑冲。大抵命之所喜者。自非運所忌見命之所惡者。亦非運所樂逢。歲與運戰爭。須憑原局之中。有神救解。歲與運和睦。若係主幹之吉。加倍興隆。或謂犯歲而致災必重。或謂合歲而引悔成凶。夫犯必日之財年。非正卽偏。有何不利。合必日之正配。非官卽財。正喜相從。惟衰幹不任財官。反罹其禍。非太歲每逢尅合。必害厥躬。先遇是物而安。後遇

是物而危。由運途亨蹇之異。初見斯神而喜。復見斯神而畏。因歲建上下不同。上來降祥。而爲枝所生。則彌增福力。下欲逞虐。而受幹之制。則半減凶鋒。木若司年。至金月而蔭淺。水如秉歲。涉冬令而波洪。歲運併臨。災祥更大。幹枝同類。勢力尤雄。殺年而局食先強。豈能相難。劫歲而運財方盛。亦止得中。舉此爲例。其類可充。至本年每月之吉凶。倣斯推究。若逐歲小運之謬妄。不必研窮。

論流年吉凶二

又曰。自少至老之歲。謂之流年。雖不若大運之重。然於原柱及大運。亦能扶抑。其法合上幹下枝。先看與原柱幹枝生尅何如。次看與大運幹枝生尅何如。參互而窮究之。柱運喜神相聚。能助吉乎。能損吉乎。柱運忌神交會。能增凶乎。能減凶乎。柱運或有不和。爲解鬥乎。爲佐鬥乎。柱運或有偏勝。爲左袒乎。爲右袒乎。雖柱與運之所喜憎。大略相同。然柱運流年三項幹枝。輾轉生

尅。情理多端。亦有柱喜而運憎。運喜而柱憎者。且一年之中。當令不齊。一枝之中。藏神非一。其理甚紛甚細。既須窮精極微。又須從詳反約。推斷休咎之難。全在此處。果能了了於心。則命理思過半矣。

論太歲

又曰。舊說稱太歲爲諸煞之首。夫太歲至尊。非煞也。特諸煞皆從太歲幹枝而起耳。凡流年太歲原柱幹枝。以之扶抑大運幹枝。以之參贊。或幹枝俱爲柱運之福。或幹枝俱爲柱運之害。或幹爲福枝爲害。或幹爲害枝爲福。此須合看而深察之。舊書往往獨取天幹。嘗考曆載每年太歲。甲子年。則曰太歲在甲子。未嘗止言太歲在甲也。及列年神方位之圖。子下有太歲字。甲下無太歲字。奈何詳幹略枝耶。舊書又以日幹尅歲爲犯。日幹合歲爲晦。並主凶咎。此一偏之見。流年論中已辨之矣。若征太歲之說。尤爲不經。夫征者上伐下也。太歲命中之君。可言征耶。惟陽歲幹尅陽日幹。陰歲幹尅陰日幹。而歲

枝又沖日枝。是爲天尅地沖。間有不利耳。

論月建

又曰。舊書以流年每月所值神煞取斷吉凶。謂之月將。夫諸神煞可據者少。在原柱値之尙不足憑。況流年之各月乎。或疑不用神煞。則每月吉凶將何取斷。不知每月各有幹枝。亦能扶抑柱運。且各有時令合之柱運。或此月相宜。或此月不宜。亦可精細分別。奈何舍顯白之幹枝而用渺茫之神煞乎。至於每日每時吉凶。亦可依幹枝取斷。但如此推求將失之太鑿矣。

論運歲

滴天髓云、休咎係乎運。尤係乎歲。衝戰視其孰降。和好視其孰切。（註）日主譬如吾身、局中之人譬如舟馬、引從大運、譬如所歷之地、故重地枝、未嘗無天幹。太歲譬如所遇之人。故重天幹、未嘗無地枝。必先明一日主、配合七字。權其輕重、看其喜行何運。如甲日以氣機看春、以人心看仁、以物理看木、

大率看氣機、而餘在其中。遇庚辛申酉字面、如春而行之於秋、斲伐其生生之機。又看喜與不喜、及行運生甲伐甲之地。只須詳論歲運戰衝和好之勢。卽可得勝負適從之機、而休咎了然在目矣。　何謂戰（註）如丙運庚年、謂之運伐歲。日主喜庚、要丙降得戊得壬者吉。日主喜丙、歲不肯降、得戊己和之爲妙。（太歲爲尊、故以和解爲上。）如庚坐寅午、丙之力量大、歲自不得不降、（勢大則太歲無權）降之可保無禍。如庚運丙年、謂之歲伐運。日主喜庚、得戊己以和丙者吉。日主喜丙、則運不降歲。又不可用戊己洩丙助庚。若庚坐寅午、則丙之力量大、則運自降歲、亦保無虞。　何謂衝（註）如子運午年、謂之運衝歲。日主喜子、則要助子。又得年之幹頭遇制午之神、更妙。若午之黨多、或幹頭遇丙戊甲字者必凶。如午運子年、謂之歲衝運。日幹喜午、而子之黨多、幹頭又助子者必凶。日幹喜子、而午之黨少、幹頭助子者必吉。若午重子輕、歲不降、亦無咎。　何謂和（註）如乙運庚年、庚運乙年、則和、（乙庚化金）日主喜金則吉。日主喜木則不吉。

子運丑年、丑運子年、則和。子丑合而化土日主喜土則吉。喜水則不吉。何謂好（註）如庚運辛年、辛運庚年、申運酉年、酉運申年、則好。日主喜陽、則庚與申爲好。日主喜陰、則辛與酉爲好。凡此皆以例推。

按此篇但言大運衝伐太歲、太歲衝伐大運。並未言日主衝伐太歲、太歲衝伐日主。必須與上列論太歲篇、參觀互證、始爲精確。

論宮限

命宮幹枝二字、與人之八字、同時產生、終身不變。小限幹枝二字、根據命宮幹枝、自一歲至百歲、以次逆行、一年一易、永不差移。其生尅衝刑、喜忌好惡、與八字大運、均有密切關係、其力量之重大、實較例行流年、尤有過之。欲知一生榮枯者、首當鑒別命宮。欲知一年休咎者、尤不可不檢點小限。舊書略而不詳、世人每多忽視、茲從經驗所得、特補敘之。

按、如丙火夏生、喜金生水以濟之。八字水無一點、僅有些微之金、亦不敷

用。恰好命宮壬申、幹水枝金、補其不逮。則一生受益、聲價十倍矣。如小限逢戊剋之、逢寅衝之、其爲一年不幸、無可諱言。又如庚金秋產、喜火煉之。八字僅有一點丁火、或巳火、堪作用神。詎料命宮癸水剋之、或亥水衝之、則一生困難、動輒得咎矣。如小限逢甲逢寅、卽可生用神之丁、合命宮之亥。或小限逢午逢申、卽可助用神之丁、合用神之巳。藉生化剋、藉合解衝、一年爽手、百廢俱興、其樂爲何如哉。舉此一例、略言大概、其中神奇變化、不可思議、要在智者細心體驗之。

論小運

三命通會云、夫小運者、補大運之不足而立名也。然必須先詳八字衰旺喜忌、然後與大運及用神、互相較量、吉凶乃定。至於幼童未交大運、尤宜用此法衡之。大致行死絕殺旺之宮、多主危難。行長生臨官之地、多主安寧耳。

按宋景濂祿命辨云、小運之法、本許氏說文巳字之訓、由來已久。故特錄

存、陳素菴則謂若逐歲小運之謬妄、不必研窮、此又不以小運爲然者。然余歷觀幼造、當未交大運之時、輒以經過之流年幹枝、論其生尅制化、斷其否泰安危、每得十之七八。小運吉凶間亦參看、未嘗無驗、陳氏之說、未可盡信。

論貴賤

素庵老人曰、陰陽有清氣。有貴氣。人命兼得之、方享功名爵祿。凡日主高朗秀異、有拔俗出塵之象。所用格局、純粹清徹、條理井然、此清氣也。日主尊嚴端重、有居高臨衆之象。所用格局、整肅宏遠、規模煥然、此貴氣也。得七八分清貴之氣、上則公侯。次則宰相卿貳。得五六分清貴之氣、內則京堂。外則方面。得三四分清貴之氣、內則郎官。外則郡邑。得一二分清貴之氣、亦一命之榮。擔石之祿。清氣勝者、多居翰苑。貴氣勝者。屢據要津、清而不貴、歷任只在閒曹。貴而不清、出身或非科目。清貴之氣、無混無破者、終身榮顯。清貴之氣、

有傷有雜者、幾度升沉。此文命之大略也。武命、亦兼清、貴、二氣。但清而剛、貴而威、爲少異耳。爵位高下、亦以分數斷之。若武命中、有一段秀雅處、必能橫槊賦詩。文命中、有一段英武處、定主擁旄開閫。或疑武不取清、人命安有濁而貴者乎。至舊書論貴、每云云任某官司某事。夫任官者、或文武換職。或中外改官。或一歲之內、周歷錢穀兵刑。或數十年之間、迴翔臺閣卿寺。安得以一官一事定之。至於卑賤之貴、必稟濁氣、賤氣。滿柱混亂單寒、入眼易見。其有似清而實濁、似貴而實賤者、亦猶堪輿家假地。初視則美、細看則種種僞形畢露矣。

論貧富

又曰、陰陽之氣、有厚薄。有聚散。人命稟之。凡日主、及所用格局、氣體充足爲厚。精神翕藏爲聚。氣體單寒爲薄。精神虛脫爲散。得氣之厚而聚者、上富之命也。厚而不甚聚、聚而不甚厚者、中富之命也。厚中有薄、聚中有散者、下富

之命也。薄中微厚、散中微聚者、亦云衣食足給、囊篋不空。若薄而無以培之、散而無以歛之、有一必貧、兼之必極貧。又須看行運何如。或始終厚而聚。或始終薄而散。或始厚終薄、始聚終散。或始薄終厚、始散終聚。貧富固萬有不齊耳。總之、饒乏之理多端。勿專泥財神取斷、自無不驗矣。

論壽夭

又曰、陰陽之氣、有生死、有永促。人命稟之。凡日主及所用格局、神理暢茂爲生。意象悠長爲永。神理枯悴爲死。意象短蹙爲促。得之生與永者、必壽而生與永之分數不齊、或至上壽、或至中壽、或至下壽。得氣之死與促者、必夭而死與促之分數亦不齊、或弱而夭。或壯而夭。或强而夭。然又看行運何如。格本應壽、而運逢窮凶之地、則生者死。永者促。局本應夭、而運逢力救之神、則死者生。促者永。又或雖壽、而一生蹭蹬。或逸夭而多病纏綿。皆運爲之也。嘗考人命富、貴、貧、賤、驗者頗多。惟壽夭驗者較少。蓋一念之善、可以延年。一事

之惡、足以奪算。苟恃命之生與永、而多行惡事。知命之死與促、而廣積陰功。此則愛之不能使生、惡之不能使死。區區八字干支、何足道乎。

論性情

又曰、舊分五行、論人性情、此不可拘。如木主仁壽慈、然有成局入格之木、而不仁者矣。金主肅殺、然又有得時乘勢之金、而不殺者矣。須先看柱中神情氣勢、或正大、或光顯、或純厚、或英發、皆賢人也。或偏駁、或晦昧、或剛戾、或卑瑣、皆不賢人也。又看取格取用、或中正顯白、無所貪戀包藏、或奇巧隱曲、多所牽合攘取、則性情大端可覩矣。然後以五行推之、深則見其肺腑、淺則得其梗概。其有始正而終邪、始駁而終粹者、則行運使然耳。至於二德多善、貴人多賢。空亡多慮、刧煞多暴。理之所有然。執一端取斷、亦不驗也。

論疾病

又曰、舊分五行、論人疾病、未嘗不合於理。但人身臟腑經絡、五行俱全。人命

柱中運中、五行未必俱全。必以某行斷某病、亦不盡驗。須看日主、及所用格局、或朗健、或中和、或平順、皆無疾之命也。或晦弱、或駁雜、或乖戾、皆有疾之命也。又看其神理氣勢、或太過、或不及、兼取柱中運中五行參合論之。即無木而就生木、克木、木生、木克之神、亦可推木之受病與否。至於干支配頭目手足等類、皆當以意消息之。若必盡取諸病而擬議之、則名醫所論、孰非五行、恐須摘取醫書數十百種、列於命書矣。

論貞元 據陳素庵輯要本

滴天髓云、造化生生不息機。貞元往復運誰知。有人識得其中數。貞下開元是處宜。（註）三元皆有貞元。如以八字論、則年爲元、月爲亨、日爲利、時爲貞。年月吉者、前半世吉。日時吉者、後半世吉。以大運論、初十五年爲元、次十五年爲亨、中十五年爲利、後十五年爲貞。元亨運吉者、前半世吉。利貞運吉者、後半世吉。至於人壽既終之後、運之所行、果所喜者、則世世昌盛。此貞下

起元之妙、生生不息之機、所以驗奕世之兆、而知運數之一定不易者也。

按余每觀一種困阨之士、甫行好運、而卽病逝。甫握兵柄、而卽陣亡。及其逝後、往往子孫發達、聲名洋溢。世人聞之、莫不有纔到榮華壽又終之感、而余亦百思莫知其故。及讀此論、疑義乃明。繼又讀紀文達公閱微草堂筆記、載常見一術士云、凡陣亡將士、推其死綏之歲月、運必極盛。蓋盡節一時、垂名千古、馨香百世、榮逮子孫、所得有在王侯將相之上者故也。於是而益信貞元之論、具有至理、發前人所未發也。

(9) 六親

論六親一

京圖撰　明劉基註　淸陳素庵點定

滴天髓云、夫妻姻緣宿世來。喜神有意傍妻財。（註）局中有喜神、一生富貴在於是。妻子在於是。大率依財看妻。如喜神卽是財神、其妻美而且富貴。

喜神與財神不相妒忌、亦可。否則克妻、或不美、或欠和、然看財神又須活法如財薄、須要助神。財旺身弱、又喜比刼。財神傷印者、要官星。財薄多官者、要傷官。財氣未行、要衝者衝、洩者洩。財既流通、要合者合、庫者庫。若財太洩、比肩透露、及身旺無財者、必非夫婦全美。若財旺身弱而富貴者、必多妻妾。

子女根枝一世傳。喜神看與殺相聯。（註）大率依官星看子。如喜神卽官星、其子賢俊。喜神與官星不相妒、亦好。否則無子。或不肖、或有尅。然看官星又要活法。如官輕身旺、須要助官。殺重身輕、須要印比。若官星阻滯、要衝發。官星太洩、要幫助。無官星者、以財取論、財能生官也。

父母或興與或替。歲月所關果非細。（註）子平之法、以財爲父、以印爲母。然看歲月爲緊要。如歲月不傷夫喜神、及歲氣有益於月令者、父母必昌。歲月之氣、斲喪於時幹者、先尅父。歲月之氣、斲喪於時枝者、先尅母。又須活看局中大勢。有隱隱露其興亡之機、而不必在財印者。再看生財生印、與財生印生之神、而損益

舒配、無不驗矣。兄弟誰廢與誰興。提綱喜神問重輕。（註）劫財、比肩、陽刃、皆兄弟。要與提綱之神、及喜神、較其輕重。財官弱、三者顯其攘奪之迹、兄弟必強。財官旺、三者出其助主之功、兄弟必美。身與財官兩平、而三者伏而出助、兄弟必貴。比肩重而傷官財殺亦旺者、兄弟必富。身旺而三者不顯、有印而兄弟必多。身旺而三者又顯、無官而兄弟不衰。

論六親法二

素庵老人曰、看六親之法、舊又以年爲祖上、月爲父母、日支爲妻、時爲子息、同類爲兄弟、此立法之有理者。如吉神居年、則祖上顯榮、亦主受祖上之蔭。凶神居年、則祖上寒薄、亦主不受祖父之蔭。如吉神居月、則父母貴盛、主受父母之蔭。凶神居月、則父母衰殘、亦主不受父母之蔭。如吉神居日支、則妻室偕老、主受妻室之力。凶神居日支、則妻室喪亡、主不得妻室之力。如吉神居時、則子息繁衍、主得子息之力。凶神居時、則子息凋零、主不得子息之力。

若兄弟則無定位、但看同類爲吉神、則兄弟繁昌、主得兄弟之力。同類爲凶神、則兄弟衰寡、亦主不得兄弟之力。此法雖難盡拘、然大概不遠、若舊書、更有以月爲兄弟者、夫月尊於日、兄弟安能當之。柱無兄弟位、猶之干無妻位、豈可强乎。

論六親三

潘子端曰、兒體由母體分裂而出、故生兒者母也。出母腹以至成人、端賴父之資財爲生、故養生者父也。依命理、正印爲母、偏財爲父、偏財之取意、乃云養我之財、非由我力作而得者也。由我力作而得之財、謂之正財。正財可由我處理支配、故妻屬之。迨子女既生、費用浩繁、不得不努力服務、謹身節用、是因子女而約束己身、約束我者官殺也、故命書以官殺爲子女。此指男命而言。至於女子、亦爲父母所生、故亦以正印爲母、偏財爲父。女子以官殺爲夫者、蓋官殺乃人類色慾之本、具有傳種之能力。食傷爲子女者、蓋子女之

產生爲我精華之外洩也。

論宮分用神配六親

子平眞詮云、人有六親配之八字、其由宮分配之者、則年月日時、自上而下、祖父妻子、亦自上而下、以地相配、適得其宜、不易之位也。其由用神配之者、則正印爲母、身所自出、取其生我也。若偏財受我尅制、何反爲父、偏財者母之正夫也。正印爲母、則偏財爲父矣。正財爲妻、受我尅制、夫爲妻綱、妻則從夫。若官殺則尅制乎我、何以反爲子女者、官殺者財所生也。財爲妻妾、則官殺爲子女矣。至於比肩爲兄弟之類、又理之顯然者。其間有無得力、或吉或凶、則以四柱所存、或年月、或日時、財官傷刃、係是何物、然後以六親配之用神、局中作何喜忌、參而配之、卽可了然矣。

論妻子

又云、大凡命中吉凶、於人愈近、其驗益靈。富貴貧賤、本身之事、無論矣。至於

六親、妻以配身、子爲後嗣、亦是切身之事。故看命者、妻財子祿四事並論。自此而外、惟父母身所自出、亦自有驗。所以提綱得力、或年幹有用、皆主父母雙全得力。至於祖宗兄弟、不甚驗矣。以妻論之、坐下財官、妻當賢貴。然亦有坐財官而妻不利、逢傷刃而妻反吉者、何也。此蓋月令用神配成喜忌、如妻宮坐財、吉也。而印格逢之、反爲不美。妻宮坐官、吉也。而傷官逢之、豈能順意。妻坐傷官、凶也。而財格逢之、可以生財、殺格逢之、可以制殺、反主妻能內助。妻坐陽刃、凶也。而或財官殺傷等格、四柱已成格局、而日主無氣、全憑日刃幫身、則妻必能相夫。其理不可執一。既看妻宮、又看妻星、妻星者、幹頭之財也。妻透而成局、若官格透財、印多逢財、食傷透財爲用之類、卽坐下無用、亦主內助。妻透而破格、若印輕財露、食神傷官、透殺逢財之類、卽坐下有用、亦防刑尅。又有妻透成格、或妻宮有用、而坐下刑衝、未免得美妻而難偕老。又若妻星兩透、偏正雜出、何一夫而多妻、亦防刑尅之道也。至於子息、其看宮

分、與看子星所透喜忌之理、與論妻略同。但看子息長生沐浴之歌、亦當熟讀。如長生四子中旬半、沐浴一雙保吉祥、冠帶臨官三子位、旺中五子自成行。衰中二子病中一、死中至老沒兒郎。除非養取他人子、入墓之時命夭亡。受氣爲絕一個子、胎中頭產有姑娘。養中三子只留一、男女宮中仔細詳。是也。子息多寡、當以父母逝世時、親視含殮者爲確數、然長生論法、用陽而不用陰。如甲乙日、只用庚金長生、巳酉丑順數之局、而不用辛金逆數之子申辰、雖書有官爲女、殺爲男之說。然終不可以甲用庚男而用陽局、乙用辛男而用陰局、蓋木爲日主、不問甲乙、總以庚爲男、辛爲女。其理自然、拘於官殺、其能驗乎。所以八字到手、要看子息、先看時枝。如甲乙生日、其時果係庚金、何宮或生旺、或死絕、其多寡已有定數。然後以時幹子星配之、如財格而時幹透食、官格而時幹透財之類。皆謂時幹有用、食爲財格之相神、財爲官格之相神、所謂有用、卽相神也。卽使子逢死絕、亦主子貴、但不甚繁耳。若又逢生旺、則鱗兒繞膝、豈可量乎。若

時幹不好、又透破局、卽逢財旺、難言子息。若又死絕無所望矣。此論妻子大略也。

按、滴天髓與子平眞詮、論六親法、由常而變、參伍錯綜、學者固宜細讀。然子平之常法、亦不可不知。如以五行生尅論、偏財旺者主父壽。比刼重者主父喪。正印有氣者主母壽。財旺破印者主母喪。比肩刼財旺者雁行多。正官七殺盛者昆仲少。正財得令、官殺有權、男命則妻賢子盛。疊逢比刃食傷者、則又有鼓盆喪明之痛。官殺不雜、而有精神、傷食不繁、而居旺相、女命則夫榮子貴。重見傷食梟印者、則又有敬姜哭夫刑子之悲。此皆理之自然者也。又有以四柱次序論者、年爲根、爲祖宗。月爲苗、爲父母。日爲花、爲己身、爲妻宮。時爲實、爲子宮。年月值用神占優勢、而不犯空亡衝尅刑破者、必叨祖宗父母之庇蔭。日時值用神占優勢而不犯空亡衝尅刑破者、自身固多建設、而妻和子貴、尤不待言。反是、則不足觀矣。

(10)

婦幼

論女命一

清陳素庵點定

滴天髓云、女命須要論安詳。氣靜平和婦道彰。三奇二德虛好話。咸池驛馬漫推詳。（註）局中官星明順、夫貴而吉、不必言也。若官星太旺、以傷爲夫。官星太微、以財爲夫。比肩旺而無官、以食傷爲夫。傷官旺而無財官、以印綬爲夫。滿局官星、欺日主者。喜印綬。而官不尅主也、滿局印星洩官星者、喜財星、而身不尅夫也、局中食神清顯、子貴而清、不必言也。若傷官太旺、以印爲子。食神無氣、以比肩爲子。印旺無傷者、以財爲子。財旺洩食傷太甚者。以比肩爲子也。不必專執一端而論。總之、女命但以安詳順靜爲貴。二德三奇不必論。咸池、驛馬、總無關。卽或有驗、於理不長。

論女命二

命理約言云、命殊男女、理應陰陽。易著坤貞、美莫美於柔順。書稱家索、忌莫忌乎剛強。首看夫星、全憑官殺。次推子息、兼取食傷。財以資夫、宜旺宜輕有別。印雖扶主、用偏用正當詳。或傷或刃或梟、如逢必害。爲衝爲刑爲合、多見不祥。若乃得氣正官遇財扶、必膺鳳誥。乘權獨殺有食制、定拜龍章。傷官入格而不見官、芝蘭競秀。食神有氣而無奪食、瓜瓞無疆。柱乏官星財成象、而良人必貴。局無子曜夫乘旺、而後嗣必昌。官若太強、反取傷官爲用。子如過旺、却宜梟印相當。比刼幫身、畢竟爭官分食。德貴扶助、自然增福消殃。若運途之宜與不宜、卽原局之喜與不喜。夫榮子茂、皆因損益適中。尅重身輕、亦豈倡隨敵體。性情和戾、但看四柱之神。志操端邪、不外五行之理。泥合婚而匹配、佳姻每致無成。（此指小遊年五鬼絕命等下婚之說）造諸煞以推評、（此指桃花八敗之說）貞婦恐遭輕詆。（詆、音抵、訾也、）喜道人家曖昧、多受責於鬼神。妄談女命邪淫、必貽殃於子孫。

原按、女命生尅之理、與男命同。若拘定男要剛、女要柔之說、反不驗矣。

論女命三

又云、凡看女命、喜柔不喜剛。喜靜不喜動。夫子喜旺不喜衰。喜生不喜絕。財印喜和不喜戾。貴合喜少不喜多。傷刃、比刼、衝戰、刑害、喜無不喜有。此大法也。然日主過弱、亦宜生之助之。夫子太旺、亦宜損之洩之。有時用財制印。用梟制食。用傷制官。用殺制刼。用刼制財。用合邀吉神。用刑衝去忌神。用之切當、凶反爲吉。又有局無夫星、而夫貴者。局無子星、而子多者。此必暗生暗會。有夫星透露、而夫賤者。有子星顯明、而子少者。此必暗損暗破。若夫多、無夫。子多、無子。則不克不化之故也。至於富貴貧賤、吉凶壽夭、亦有諸格推之。但中有剛健威武之局、及暗衝暗合、用刃用馬之類、女命不宜耳。若分別或貞或邪。或順或戾。須看日主、及所用格局。純靜者爲貞。剛强爲戾。亦只就五行取斷。勿泥舊書妄造神煞可也。至舊論女命、止許一官、不宜重見、此殆兩幹兩枝重見非宜耳。若甲官帶寅而得祿。乙殺帶卯而有制。此乃吉而有力。卽

官殺兩遇、去留合法、亦自無害、凡印財食傷皆然

論女命四

命學新義云、看女命者、先視全造氣象晶明、或揮發、此由於男女生理有差、非故意創新立異也。乾健坤順之說、非吾國人所特有、亦世界人類生存之根本大原則。

原按、女造氣象貴晶明、忌揮發、由於男女之根本有差。男性爲前進的、主健、女性爲保守的、主順。保守者宜晶明、前進者宜揮發。女性爲保守的實因養子之責、端在於女。懷孕之婦、不宜遠行、不宜過勞、皆使女性趨於保守一途。又人類生長極慢、入世十年、步行尚有不穩者、需要母性保護、實較他種動物爲甚。故不順者、保育之方不良、兒童易致夭亡也。男性前進主健之義、在於求食、求食需要精力、故宜健也。古代家庭制度未備、以女性爲中心、子女從母不從父。父之責任、厥在得食以養母子。往往因漁獵

遇險而失蹤、則由其他男性代養其母子。於此可見女性爲保守的、宜順。所以養育子女也。男性爲前進的、宜健。所以求食以養婦幼也。女性之大責任、厥爲產子。子爲我生之神、受種於夫、故夫爲官殺。官殺者、人類色慾之本、傳種之手段也。女子亦爲父母所生、故亦以正印爲母。偏財爲父。

原按、女子結婚有兩大目標。一曰、性慾之滿足。二曰、子女之產生。性慾之滿足、端賴於夫、故夫爲官殺。子女之產生、爲我精華之外洩、故食傷乃子女也。終身不嫁之女子、本無兒女、於是食傷乃主聰明才力。官殺仍主性慾之發揮。雖無伴偶、性慾仍未滅也。不嫁之女、以官殺得用、爲其成材之象徵、與男命同。至於財印所主者、亦與男命同。是女命最宜研究之點、厥爲食傷。

原按、女命何以最宜研究食傷、其理有三。食傷本爲利己心之表現、其甲

段爲合作或競爭結黨營私、既非女子所宜。一意高傲、亦非女子所應爲

此其一。以性情言、傷食本屬感覺派之內向、及外向。內向過於冷酷。外向過於輕浮。亦非女子所宜。此其二。以六親論、傷食代表子女、產育子女、本爲女子自存傳種之手段、更不可不加以注意。此其三。有此三點、傷食應重視之理、已瞭然明矣。

又按平心論之、男女皆人也。男女之命理、亦同也。男命以官殺得用、爲成材之象徵。女命亦當以官殺得用、爲成材之象徵。男子成材、聲譽播於社會。女子成材、賢德播於家庭。雖地域環境不同、需用才能則一也。官星得用之女子、雖得愚夫、亦可興家立業。不過苟有才能、亦自知擇決、不爲愚夫之配偶耳。官星得用之女子、不婚、若在社會服務、其智力當可與男子平等。此不在環境之變、而在其稟賦如何耳。執此以衡古代之女命理、可以通。以衡近代之女命、亦可以通、卽以之衡將來廢除家庭社會、純以個

人爲本位時代之女命、亦莫不可以通也。次言子息。在男何以用尅我者爲子、女何以用生我者爲子也。論官殺、男女可以相同、論子息、男女又何以不能相同也。此因男女在社會上之地位、及奮鬭之機會、有相等之可能、在生理上之組織、則無相等之可能也。兒體係由母體分裂而成、所以取我生者爲子息也。至於父在社會政治經濟上之地位、高於其子。在心理生物上之地位、仍與其子同。同則相尅制、相推移、相競爭也。此蓋就簡略的方面說。進一層想、父在社會上、政治上、經濟上、固處處受兒之尅制也。有子之父、負擔過重、不敢浪費其財、因欲留之以養子也。此非受制而何。有子之父、莫不欲其子成人、爲社會上政治上之人物。然教子之道、首在約束自己。上行下效、古語有之。父因子而約束己身、以爲子之模範、此非受制而何也。駁我者曰、汝殆爲宗法社會說法耳。宗法社會重男性、此理剘通。在男女無別之大同社會中、女子亦與男子同其地位、則官殺亦

可爲其子息也。余曰不然。社會變異、而生物界現象不變異、此不變異之點、卽兒體由母出、非由父出也。父與子、在生物上乃敵體。母與子、在生物上乃我洩者也。證以此言、則父受子尅、子爲母生、其理豁然明矣。

論小兒命一　據陳素庵點定本

滴天髓云、小兒財殺論精神。四柱平和易養成。氣勢悠長無斲喪。關星雖有不傷身。（註）格中不黨財生殺、日主健旺、精神貫足、幹枝安頓和平。又要看氣勢、如氣勢在於日主、而日主雄壯。氣勢在於財官、而財官不叛日主。氣勢在於東南、而五七歲之前。不行西北。不逢斲喪。此爲氣勢悠長、雖有關煞、亦不傷身。

按、觀小兒之造、成定與否、其要訣在主旺、精神貫足、幹枝安頓和平二句。然有主旺而精神暴露者、太過也。非不足也。主弱而精神敗脫者、不及也。非和平也。皆難成立。太過者、行剝削歲運、不及者、行生扶歲運、仍主成立。

此又不可盡泥。

論小兒命二

命理約言云、人命自一歲至百歲、遇吉則吉、遇凶則凶。少之所喜所畏。老亦喜之、畏之、老之所喜所畏。少亦喜之畏之。術家有少怕死絕、老怕長生之說。不知長生守藏、時序則然。少壯老耄、年齒則然。自量年齒、而取法時序、爲人之道則然。以之論命則不然。太旺而復遇長生、穉年可夭。太衰而復行死絕、晚歲亦亡。命之當抑者、孩提亦宜琢削。命之當扶者、黃耉亦喜滋生。故古來談命名家、小兒老人、未嘗別立法則。不知何人、妄造小兒關煞、傳世既久、狡獪之徒、借以恐人父母、迫其祈求、增造日多、名目不啻數十、考其起例、大率生於某年某月、遇某字爲關、其理毫無所出。夫合觀四柱、尚多難決、安有據一字而可斷生死者、乃偶合、則曰果然某關某煞爲害。不合、則曰好命非關煞所能傷。又或以有關無煞、有煞無關而解。嘗考小兒命、有犯種種關煞而

成立者。有不犯關煞而夭歿者。總之、只照生克定理取斷可也。或疑小兒之與成人、畢竟有不同處、此法殆不可廢。然則老人之與少壯、亦畢竟有不同處、何不更立一老人命法耶。

論小兒命三

任鐵樵滴天髓闡微云、小兒之命、每見清奇可愛者難養。混濁可憎者易成。雖關家門之氣數、亦看根源之淺深。且小兒之命、是猶果苗之初出、宜乎培植得好、固不待言。然未生之前、父母不禁房事、毒受胎中。既生之後、過於愛惜。或飲食無節、或寒暖不調、因之疾病多端、每至無成。倘有積惡之家、而無餘慶、雖小兒之命、清奇純粹、亦有難養者。又有關於墳墓陰陽之忌、遷改損壞、以致夭亡。故小兒之命、不易看也。除此數端之外、然後論命、必須四柱和平、不偏不枯、無衝無尅。根通月枝、氣貫生時、殺旺有印、印弱有官、官衰有財、財輕有食傷、生化有情、流通不悖。或一神得用、始終相託。或兩意情通、互相

庇護。未交運而流年平順。既交運而運途安詳。此爲氣勢攸長。自然易養成人。反此則難養矣。

(11)
格局

論八格　淸陳素庵點定

滴天髓云、官財印綬分偏正。兼論食傷格局定。（註）自形象方局之外、而格爲最。格之眞者、月枝之神、透於天幹也。以散亂之天幹、而尋其得所、附於提綱者、非格也。自偏正官、財、食傷、印格外、若曲直等格、皆爲格、而以方局形象定者、不可言格也。飛天合祿等雖爲格、而以刑衝破害論者、亦不可言格也。影響遙繫既爲虛。雜氣財官不可拘。（註）飛天合祿之類、固爲影響遙繫、而非格矣、如四季月生人、只當取土爲格、不可言雜氣財官。戊己日生於四季、當看人元透出天幹者取格、不可概以雜氣論之。至於建祿陽刃、亦

當看月令透於天幹者取格、若不合形象方局、又無格可言、只取用神、用神

又無取、只得輕輕泛泛、看其大勢、以皮面上斷其窮通、不可執其格也。官殺相混來問我。有可有不可。（註）殺卽官也、同流同止、可混也。官非殺也、各立門庭、不可混也。殺重矣、官從之、非混也。官輕矣、殺助之、卽混也。劫財與比肩雙至者、殺可使官混也。一殺而遇食傷者、官助之、非混殺也。勢在於官、官有根、殺之情依乎官、依官之殺、歲助之而混官、不可也。勢在於殺、殺有根、官之情依乎殺、依殺之官、歲扶之而混殺、不可也。藏官露殺、幹神助官、合官留殺、皆成殺氣、不可使官混也。藏殺露官、幹神助官、合殺留官、皆成官象、不可使殺混也。

傷官見官果難辨、可見不可見。（註）身弱而傷官旺者、見印而可見官、官以生印、印以扶身也。身旺而傷官旺者、見財而可見官、以財生官、且以財洩傷也。傷官旺、財神輕、有比劫而可見官。官以制劫、日主旺、傷官輕、無印綬而可見官。傷輕不能害官、無印則官不能助印尅傷、傷官旺而無財、一遇官而有禍。官必遇害 傷官旺

而身弱、一見官而有禍。官能尅身傷官弱而見印、一見官而有禍。助印尅傷大抵傷官有財、皆可見官、傷官無財、皆不可見官。又要看身強身弱、不必分金木水火土也。又曰、傷官用印無財、不宜見財、傷官用財無印、不宜見印。須辨之。

論格局高低

子平眞詮云、八字旣有用神、必有格局、有格局必有高低、財官印食殺傷刼刃、何格無貴、何格無賤、由極貴而至極賤、萬有不齊、其變千狀、豈可言傳。然其理之大綱、亦在有情無情、有力無力而已。如正官佩印、不如透財、而四柱帶傷、反推佩印。故甲遇酉官、透丁合壬、是謂合傷存官、遂成貴格、以其有情。財忌比肩、而與殺作合、刼反爲用、故甲生辰月、透戊成格、遇乙爲刼、逢庚爲殺、二者相合、皆得其用、遂成貴格、亦以其有情也。身強殺露而食神又旺、如乙生酉月、辛金透、丁火剛、秋木盛、三者皆備、極品之貴、以其有力也。官強財透、而身逢祿刃、如丙生子月、癸水透、庚金露、而坐寅午、三者皆備、遂大貴、亦

以其有力也。又有有情而兼有力，有力而兼有情者，如甲用酉官壬合丁以清官，而壬水根深，是有情而兼有力也。乙用酉殺辛逢丁制，而辛之祿，卽丁之長生，同根月令，是有力而兼有情也。是皆格之最高者也。如甲用酉官，透丁透癸，癸尅不如壬合，是有情而非情之至。乙逢酉殺，透丁制之，或殺强而丁稍弱，丁旺而殺不昂，又或辛丁竝旺，而乙根不甚深，是有力而非力之全。格之高而次者也。至如印用七殺，未爲貴格，而身强印旺，透殺反爲孤貧。蓋身旺不勞印生，印旺何勞殺助，偏之又偏，以其無情也。傷官佩印，旣秀且貴，而身主甚旺，傷官甚淺，印又太重，反爲不貴不秀，蓋欲助身則身强，制傷則傷淺，要此重印何用，是亦無情也。又如殺强食旺，而身無根，身强比重而財無氣，或夭或貧，以其無力也。是皆格之低而無力者也。然其中高低之故，變化甚微，或一字而有千鈞之力，或半字而敗全局之美，隨時觀理，難以擬議，此特大略而已。

論從化據陳素庵輯要本

滴天髓云、從得眞者只論從、從神又有吉和凶。（註）日主孤弱無氣、天地人三元、絕無一毫生扶之意、財官等强甚、乃爲眞從也。當論所從之神、如從財、則以財爲主、財神是木、又看意向、或要火、或要土、而行運得所者必吉。否則凶。從殺等倣此。

化得眞者只論化、化神還有幾般話。（註）如甲日主生於四季、單遇一位己土、在月時上作合、在年幹不是不遇壬癸甲乙庚、乃爲化得眞。又如丙辛生於冬月、戊癸生於夏月、乙庚生於秋月、丁壬生於春月、獨相作合、皆爲眞化。又論化神、如甲己化土、土遇陰寒、要火爲印、如土太旺、又要水爲財、木爲官、金爲食傷、隨其所在意向、論其喜忌、再見甲乙、亦不以爭合妒合論、蓋化眞者、如烈女不更二夫、歲運遇之、皆閒神也。

按、不遇壬癸甲乙庚、爲化得眞、此語太渾、讀者愼勿泥之。夫壬能引丁、化

木尅土。乙庚化金、又復洩土。誠爲甲己化土之忌神。然果化土得令、雖見丁壬化木之官殺、與夫乙庚化金之食傷、亦未可以不眞言。觀其土遇陰寒、要火爲印。如土太旺、又要水爲財、木爲官、金爲食傷云云。卽可見甲己化土、果其得令、雖見丁壬乙庚、亦不爲害。不獨此也、卽再見甲乙、亦不以爭合妒合論。欲知化氣之眞假者、必須三復斯言。

眞從之家有幾人。假從亦可發其身。（註）日主弱矣、財官強矣、不能不從。中有所助者便假。至於行運、財官得地、雖是假從、亦可富貴。但其人不能免禍、或心術不端耳。

假化之人亦可貴。孤兒異姓能出類。（註）日主孤弱、而遇合神、不能不化。但有暗扶日主、如合神虛弱、則化不眞。至歲運扶起合神、制伏助神、雖爲假化、亦可取用。異姓孤兒、亦能出類。但其人多執滯偏拗、作事沌邅、骨肉刑尅耳。

按、今人泥於子平化之眞者名公鉅卿、化之假者孤兒異姓二語、輒云、眞

化始論、假化不論、殊不知有暗扶日主、及歲運扶起合神者、雖爲假化、亦可取用。讀此、當可破世俗之惑。

論從局一

陳素庵曰、日主無根、勢屈不堪培植。他神滿局、黨多難以伏降、貴達權以通變、宜捨弱以從強。從殺其常、正官理應同例。從財固美、食傷力亦相當。惟印多則無從理、蓋母衆反作子殃。凡所從之神、被尅則爲破局、此已棄之命、逢根卽屬不祥。從神遭遇貧扶、知福力之深厚。從神輾轉生育、喜秀氣之發揚。從之上者、則貴登臺閣。從之次者、亦富擁倉箱。若歲運不齊、豈終身能無少駁。苟制化有道、則大局仍自無妨。更有主帶微根、眞雜假而未淨、運行棄局、假成眞而亦昌。但運過還防凶發、必局純乃得福長。

論從局二

又曰、凡看日主無根、滿柱皆官、則當從官。滿柱皆殺、則當從殺。滿柱皆財、則

當從財。滿柱皆食、則當從食。滿柱皆傷、則當從傷。若滿柱皆印綬、則無從理。

蓋柱皆生助、日主旺甚無依、決矣。凡從何神、只要此神生旺則吉、若從神受尅、日主逢根、則凶。其不同者、從官從殺、只喜生官生殺及官殺運、從財從食、傷、固喜生財食傷、及財食傷運、即財再生官殺、食傷復生財、皆可。此其定理也。然又須看日主情勢何如、所從之神、意向安在、而變通推測之、無不驗矣。或曰、舊但取從殺從財、今復取從官從食從傷、其理何出。蓋不知命理惟取生尅。尅我之殺可從、則尅我之官何不可從。我尅之財可從、則我生之食傷、何不可從。古今命如是者甚多、術家未之遍考耳。至於從局動云棄命、豈有命而可棄者乎。蓋從神强甚、譬之馬馳峻阪、舟飽疾風、非人力所及制、若强欲收頓、必有顛墜覆溺之憂、不若縱其所如、而駕馭得宜、則馬與舟仍爲我用耳、此棄乃不棄也。或曰、不可强制、信矣、行運生扶日主、何以不可。不知身在峻阪之上、疾風之中、乃馬與舟而求自全、豈不速敗乎。

按、從財、從殺、子平言之久矣、今素庵先生、又謂正官食傷、無不可從。驟視之、似爲創格。其實本之滴天髓順逆篇、所謂順逆不齊也、不可逆者、順其勢而已矣。劉誠意伯註云、權在一人、可順而不可逆。二人同心、可順而不可逆。證以子平從財從殺、素庵從正官從食傷之說、其理益明。

論化局一

陳素庵曰、四柱取格爲眞、固宜審酌。十幹遇合而化、尤貴推尋。甲己合而化土。乙庚合而化金。丙辛合而化水。流溼丁壬合而化木成林。幷戊癸合而化火。皆陰陽而同心。甲遇兩己、己遇兩甲兮、凡二則爭而非化。甲畏庚尅、己畏乙尅兮、但遇一則妬而相侵。有丁有壬雙露、則其局必敗。或丁或壬單見、則爲害不深。總之、尅我我生之木金、忌其相見。生我我尅之水火、喜其加臨。若辨化局之假眞、全察地枝之情勢。先觀月氣、乃化神根本之鄉。更重時枝、必化神生旺之地。時遇絕處、化必不成。月屬他神、化尤難冀。年枝稍遠、亦須與

化無乖、日枝較親、更求與化有濟、至行運有吉凶、同原柱之則例。遇助化之物、則氣勢加隆。値破化之神、則程途不利。化神一路如意、通顯無疑。化神一字還原。災厄立至。然而局多變化、卽假格兮得運。亦可成。眞理實圓通、雖尅神兮合宜亦非深忌。至於取必辰字、謂龍飛方是化神。則凡遭遇寅枝、彼虎變寧無化意。況五行各異愛憎、且一庫有何情致。若此荒唐、亟宜廢置。

按、十幹遇合而化、尤貴推詳。觀此尤字、可見論命首重化局。次論其他。至甲遇丙、己遇丙甲、有丁有壬、或丁或壬云云、可不拘忌。觀其若辨化局之假眞、全察地枝之情勢。卽假格兮得運亦可成眞、雖尅神兮合宜亦非深忌云云。卽可瞭然矣。至書有逢龍則化之說、乃指甲己遁戊辰、故化土。乙庚遁庚辰、故化金。丙辛遁壬辰、故化水。丁壬遁甲辰、故化木。戊癸遁丙辰、故化火。世俗不明此理、誤謂四柱有辰字、乃作化局論。無辰字、不作化局論。此皆不善讀古書者、故素菴先生、辟而闢之。

論化局二

又曰、凡看命先看有無合化。若日幹、或與月幹相合。或與時幹相合。化作他神、則生尅俱變矣。化木以木論生尅。化火以火論生尅。雖己合甲仍是土。庚合乙仍是金。然單己之土、丁壬兩見、自以印財論合甲之土、丁壬兩見、卽以木論矣。獨庚之金、戊癸兩見、自以印傷論合乙之庚、戊癸兩見、卽以火論矣。凡化局之成否、化神之喜忌、已詳前篇。若舊書所載、某局生某月則化、不生某月則不化、亦不盡然。如云甲乙生辰月不化、中有木氣也。見戊字有損、亦爲妒合也。乃又云、甲己得戊辰時、化土方眞。既取辰又取戊、不自相矛盾乎。若柱中辰戌丑未全見、此反不能化、蓋四枝雖皆土氣、然互相衝擊。不成化局矣。要知看天幹易、看地枝難。不特化神貴生旺、忌死絕。更須字字理會、孰能助化、孰能破化。孰助化而反伏。破損、孰損化而仍可。調停至於行運。又須細看。日主情勢、化神意向、而變通推測之、總不可粗心率略也。更有柱中化

局不眞而行運一路助化、亦能榮達。但此運過後、依然不利耳。若世術於日幹之外、餘幹見甲己二字、輙云化土、可作土用。見丁壬二字、輙云化木、可作木用。夫化局以日爲主、合月時乃化、卽合年亦不在化例。若餘幹自相合、亦以化氣取用、則四柱五行俱無一定、不勝紛紜矣乎。此雖通根得時、必無化理。勿因柱缺某神、勉强借凑也。

按素菴先生云、凡看命先看有無合化、此先字極妙。可見論命須先論化局、若無化局、再及其他。又云、若日幹或與月幹相合、或與時幹相合、化作他神、則生尅俱變矣。此數語、指明日幹與時幹聯合、或與月幹聯合、皆作化局論。又云、化木以木論生尅、化火以火論生尅、此說足補舊書之不逮。讀者詳觀本書所載、論化氣五行生尅之名詞、及化氣五行生尅表、當更明瞭。又云、要之化局看天幹易、看地枝難、不特化神貴生旺、忌死絕、更須字字理會。又云、至於行運、又須細看日主情勢、化神意向、凡此種種、皆爲

評斷化氣之要訣。讀者觀於本書所載潤德堂存稿、及命譜所載化氣等格、卽可知四柱大運、及宮限幹枝、無往而不以化氣言也。至於年月二幹聯合、不作化氣取用、此說誠然。果其柱缺某神、得此補助、未嘗無益、豈得謂爲勉强借湊也哉。

論一行得氣一

陳素庵曰、五行合宜、固爲吉利。一行得氣、亦主光亨。木火日、而或方、或局全逢、則爲曲直炎上之格。金水日、而或方、或局完具、乃有從革潤下之名。土日四庫俱全、當以稼穡取用。支位三神有力、亦以稼穡推評。皆占一方之秀氣。不同六格之常情。所愛者、得時當令。所利者、遇旺逢生。但體質亦覺過專、引通爲妙。而精神必有所向、審察須精。水局見火、火局見金、斯乃財神資養。金局生水、水局生木、是爲秀氣流行。大抵秉令成方、則福祿並臻、而位登顯要。卽使失時得局、亦功名不誤、而身獲康寧。若原局微伏破神、須運有合衝之

妙。苟行運偶逢尅地、貴柱有尅化之神、總之、幹乃領格之神、陽氣爲强、而陰
氣爲弱。枝乃會格之具、方力較重、而局力較輕。

論一行得氣二

又曰、命理率取五行、然一行得氣、自成局面、亦可取用。有占一方秀氣者、木
日全寅卯辰、爲曲直格。火日全巳午未、爲炎上格。金日全申酉戌、爲從革格。
水日全亥子丑、爲潤下格。土日全辰戌丑未、爲稼穡格。土合四方爲方也。有
占一局秀氣者、木日全亥卯未、亦爲曲直格。火日全寅午戌、亦爲炎上格。金
日全巳酉丑、亦爲從革格。水日全申子辰、亦爲潤下格。土日同前。木火金水、
或方或局、必三方俱全、方取。土則得二三、亦可用。凡入此格、一則須通月氣、
得時令。二則須上引至生旺、勿引至死絕。三則須柱中無尅無破。但蠢然頑
木、燥火、剛金、蕩水、濁土、亦不足取。須帶食、帶財、帶印、有生動之機、爲妙。惟不
喜見官殺耳。行運亦如之。然細推逆行順行、未有不遇尅運者、則看原格、所

帶何神、如有理會、有情致、克亦不畏。若分某格畏尅。某格不畏尅。亦不盡驗也。至於方局較論、得方爲優。蓋方專一氣、格易成而難破。局兼他神、格難成而易破耳。

論兩神成象一

陳素庵曰、道有時乎取奇、一行獨秀、理更妙於用耦、二氣雙清。或水或金、占四柱之各半。或木或火、判兩類而相停。相生必欲平分、無取稍多稍寡。相尅務須均敵、切忌偏重偏輕。如用水金、彼火土豈能夾雜。倘取水木、則火金不可交爭。格既如斯而取。運亦倣此而行。一路澄清、必位高而祿厚。中途混亂、恐職奪而家傾。故此格最難全美、而看法貴在至精。若生而復生、乃是資生之妙。倘尅而遇化、亦爲和合之情。或謂理僅兩神、似嫌狹小。不知格分十種、儘費推評。

論兩神成象二

又曰、兩神成象格、與雙飛蝴蝶、兩干不雜、俱不同。雙飛二一格等。所得五行、或三或四、無一定之理、故不足憑。兩神成象者、八字二行之二、而又均停。如相生、則金水各半、不遇火土混之。木火各半、不遇金水混之。相尅、則金木各半、不遇火混之。火金各半、不遇水混之。只是兩神清澈、所以可取。若一字不均停、卽偏於一而不入格。此等四柱不少、須詳審無偏無混方取。又須有情理、無刑衝、行運一路清澈爲妙。勿見柱止兩神。遽稱上格也。

論暗衝暗合

陳素庵曰、正格出於柱中、精推有準。用神在於柱外、變化無窮。局無一點官星、須尋暗貴。枝有三神同類、可動對宮。法或用衝、蓋取勢相激發。格或用合、則因理本和同。如丙日遇午多、衝癸官於子位。辛日遇亥衆、衝丙貴於巳中。用丙午丁巳之日者、喜生炎夏。用壬申癸亥之日者、妙產嚴冬。又如甲日辰多、合酉內辛金氣。協戊日戌衆、合卯中乙貴情通。用甲辰之日者、春時爲美。

用戊戌之日者、秋冬有功。更有庚日得申子辰、全逢潤下、對宮有寅午戌、可以相衝。總之、所衝所合之神、切忌柱中塡實。衝彼合彼之物、亦防他曜相攻。衝格果眞、鳳閣鸞臺赫奕。合格如確、玉堂金馬雍容。蓋衝則直衝、非午破卯破之迂迴尅出。而合則竟合、非子遙丑遙、而展轉相逢。故置彼而取此、實勢順而理從。

論暗衝

又曰、凡局中原無官星、又無他秀氣可取。始以日枝相同多者。暗衝對宮之官、其力與本局官星無異。倘止二枝相同、則力薄而不能衝。必須三枝、或四枝、方妙。法取丙午日午多衝子爲官。丁巳日、巳多衝亥爲官。生於夏月、其力尤大。又取庚子壬子二日、子多衝午中丁己爲官。辛亥癸亥二日、亥多衝巳中丙戊爲官。生於冬月、其勢更雄。若衝子午、而局有子午。或幹透癸丁己。衝巳亥而局有巳亥、或幹透丙戊壬、皆爲破格。行運亦然。更須生助其官、勿値

七殺相混、傷官相破、此爲緊要。其舊說諸喜忌、不必太拘。若飛天倒衝之名旣無其義、且費解說、故不用之。或曰、凡枝神同類者多、俱可衝官、何獨取此六日、不知六日所衝官星的確、內有兼衝財印者、絕無兼衝殺傷梟刼者、故足貴耳。且先以日枝爲主。故甲日卯多、亦可衝酉。乙日寅多、亦可衝申。緣不是日枝、皆不取用也。

論暗合

又曰、枝神六合、其氣相關。局無官星、則以日枝相同多者、暗邀合宮之官、其力稍遜於暗衝。然合之精當者、亦可取用。法取甲辰日辰多、暗合酉中辛金爲官。戊戌日戌多、暗合卯中乙木爲官。癸卯日卯多、暗合戌中戊土爲官。癸酉日酉多、暗合辰中戊土爲官。必須三四枝相同、其合方眞。甲辰癸卯日、喜生春令。戊戌癸酉日、喜生秋冬。其合有力、亦忌塡實衝破。餘日或入他格、或不合法、俱不取。或曰、凡舊格遙合、合祿、刑合、皆不用、何以復立暗合之格。不

知遙合諸格、皆迂迴附會、理不自然。暗合則以此枝合彼枝、直捷的當、豈可同論乎。

論外格用舍

沈孝瞻曰、八字用神、既專主月令、何以又有外格乎。外格者、蓋因月令無用、權而用之、故曰外格也。如春木冬水、土生四季之類、日與月同、難以作用。類象、屬象、衝財、會祿、刑合、遙迎、井欄、朝陽、諸格、皆可用也。若月令自有用神、豈可別尋外格。又或春木冬水、幹頭已有財官七殺、而棄之以就外格、亦大謬矣。是故幹頭有財、何用衝財、幹頭有官、何用合祿。書云、提綱有用提綱重。又曰、有官莫尋格局。不易之論也。然所謂月令無用者、原是月令本無用神、而今人不知、往往以財被刼、官被傷之類、用神已破、皆以為月令無取、而棄之以就外格、則謬而又謬矣。

論時說拘泥格局

又曰、八字用神、專憑月令、月無用神、始尋格局。月令本也、外格末也。今人不知輕重、拘泥格局、執假失眞、故見戊生甲寅之月、時上庚申、不以爲明殺有制、而以爲專食之格、逢甲減福。丙生子月、時逢巳祿、不以爲正官之格、歸祿幫身、而以爲日祿歸時、逢官破局。辛日透丙、時逢戊子、不以爲辛日得官逢印、而以爲朝陽之格、因丙無成。財逢時殺、不以爲生殺攻身、而以爲時上偏官。癸生巳月、時遇甲寅、不以爲暗官受破、而以爲刑合成格。癸生子月、酉日亥時、透戊坐戌、不以爲月刼建祿、用官通根、而以爲拱戌之格、塡實不利。辛日坐丑、寅年亥月卯時、不以爲正財之格、而以爲塡實拱貴。乙逢寅月、時遇丙子、不以爲木火通明、而以爲格成鼠貴。如此謬論、百無一是。此皆由不知命理、妄爲評斷也。

論雜格

又曰、雜格者、月令無取、取外格而用之、其格甚多、故謂之雜。大約要幹頭無

官無殺、方成外格。如有官殺、則自有官殺爲用、無勞外格矣。若逢財、尙可取格、然財根深、或財透兩位、則亦以財爲重、不取外格也。試以諸格論之。有取五行一方秀氣者、取甲乙全亥卯未寅卯辰、又生春月之類。本是一派刼財、以五行各得其體、所以成格。喜印露而體純、如癸亥、乙卯、乙未、壬午、吳相公命是也。運亦宜印綬比刼之鄉、財食亦吉、官殺則忌矣。有從化取格者、要化出之物、得時乘令、四枝局全、如丁壬化木、地枝全亥卯未、寅卯辰、而又生於春月、方爲大貴。否則亥未之月、亦是木地、次等之貴。如甲戌、丁卯、壬寅、甲辰、一品貴格。運喜所化之物、與所化之印綬、財傷亦可、不利官殺。

按、元理賦云、不從不化、淹留仕路之人。得化得從、顯達功名之士。原註云、不通月氣、時無所歸、不從不化也。若通月氣、時有所歸、則以從化論。又云、先論從化。後論財官。玉井奧訣云、財官欲眞致妙兮、須理化氣。如丙辛見

戊癸爲財甲己爲官此爲眞造化、秀氣不可言。證以以上二說具見化氣五行之財官食傷均與正五行之財官食傷不同。至於財官食傷之孰宜孰忌化氣之是否得時失令均詳見本書論十幹化氣篇、及素庵先生論化局篇、可參觀之。

有倒衝成格者、亦四柱無財官、而對面以衝之。要枝中字多方衝得動、譬如以弱主遇强賓、主不衆則賓不從。如戊午、戊午、戊午、戊午、是衝子財也。甲寅、庚午、丙午、甲午、是衝子官也。運忌塡實、餘均可行。

有朝陽成格者、戊去朝丙辛日得官、以丙戊同祿於巳、卽以引汲之意、要幹頭無木火、方成其格。蓋有火則無待於朝、有木則觸戊之怒而不爲戊朝。如戊辰、辛酉、辛酉、戊子、張知縣命是也。喜土金運、水木運平平、火則忌矣。

有合祿成格者、命無官星、借幹枝以合之。戊日庚申、以庚合乙、因其主而得其偶。如己未、戊辰、戊辰、庚申、蜀王命是也。癸日庚申、以申合巳。因其主而得

其朋。如己酉、辛未、癸未、庚申、趙丞相命是也。運亦忌塡實、不利官殺、更不宜以火尅金使彼受制而不能合、餘則吉矣。

有棄命從財者、四柱皆財、而身無氣、舍而從之、格成大貴。若透印、則身賴印生而不從也。有官殺、則亦不從財、而兼從官殺之理、其格不成。如庚申、乙酉、丙申、己丑、王十萬命是也。運喜傷食財鄉、不宜身旺。

有棄命從殺者、四柱皆殺、而日主無根、舍而從之、格成大貴。若有傷食、則殺受制而不從。有印、則印以化殺而不從。如乙酉、乙酉、乙酉、甲申、李侍郎命是也。運喜財官、不宜身旺、食傷則尤忌矣。

按、四柱皆財、八字中既無印綬、又無比刼、始爲棄命從財。若王十萬之造、正印幹逢、非眞從財格也。四柱皆殺、八字中既無比印、又無食傷、始爲棄命從殺、若李侍郎之造、比刼林立、印綬居時、非眞從殺格。原書如此、姑且仍舊。

有井欄成格者，庚金生辰申月，方有此格。以申子辰衝寅午戌，財官印綬，合而衝之。若透丙丁、有巳午，則現存官殺，而無待於衝，非井欄之格矣。如戊子、庚申、庚申、庚辰，郭都統制命也，運喜財，不利塡實，餘皆吉矣。

有刑合成格者，癸日甲寅時，寅刑巳而得財官，格與合祿相似，但合祿則善以合之，而刑合則硬以致之也。命有庚申，則木被衝尅而不能刑，有戊己，則現透官殺而無待於刑，非此格矣。如丁未、癸卯、癸卯、甲寅，十二節使命也。運忌塡實，不利金鄉，餘則吉矣。

有遙合成格者，巳與丑會本同一局，丑多則會巳而辛丑日得官，亦會祿之意也。如辛丑、辛丑、辛丑、庚寅，章統制命是也。若命中有子字，則丑與子合而不遙；有丙丁戊己，則辛癸之官殺已透，而無待於遙，別有取用，非此格矣。至於甲子遙巳，輾轉求合，似覺無情，此格可廢。因羅御命聊復存之，如甲申、甲戌、甲子、甲子是也。若夫拱祿、拱貴、趨乾、歸祿、夾戌、鼠貴、騎龍、日貴、福祿、魁

罡、金神、時墓、兩幹不雜、地枝一氣、五行俱足之類、一切無理之格、概置勿取。即古人格內、亦有成式、總之意爲遷就、硬塡入格、百無一似、徒誤後學而已。乃若天地雙飛、雖富貴亦自有格、不全賴此、而亦能增重其格、即用神亦不甚有用、偶有依以爲用、亦成美格。然而有用神不吉、即以爲凶、不可執也。其餘傷官傷盡、謂之傷盡、不宜見官、必盡力以傷之、使之無地容身、更行傷運、便能富貴。不知官有何罪、而惡之如此、況見官而傷、則以官非美物、而傷以制之、又何傷官之謂凶神、而見官之爲禍百端乎、余用是說以歷試、但有貧賤、並無富貴、是未可輕信也。近亦見有大貴者、不知何故、然要之極賤者多、不得不觀其人物以衡之。

按傷官傷盡最爲奇。傷官見官禍百端。及傷官尤喜見財星。傷官用印宜去財。傷官不怕比刼逢。孰宜孰忌、種種理由、詳見本書論傷官宜忌篇、欲知傷官之吉凶者、可詳閱之。

論星辰無關格局

又曰、八字格局、專以月令配四柱。至於星辰好歹、既不能爲生尅、又何以操成敗之權。況於局有礙、即財官美物、尚不能濟、何論吉星。於局有用、即七殺傷官、皆爲美物、何謂凶辰乎。是以格局既成、即使滿盤孤辰八殺、何損其貴。格局既破、即使滿盤天德貴人、亦難爲功。今人不知輕重、見是吉星、遂至拋却用神、不觀四柱、妄論貴賤、謬談禍福、甚可笑也。況書中所云祿貴、往往指正官而言、不是祿堂貴人。如正財得傷貴爲奇、傷貴者傷官也。傷官乃生財之具、正財得之、所以爲奇。若指貴人、則傷貴爲何物乎。又若因得祿而避位、得祿者、得官也。運得官鄉、宜乎進爵、然如財用傷官食神、運逢官則格雜正官、官露運又遇官則重。凡此之類、皆可避位也。若作祿堂、不獨無是理、抑且得祿避位、文法上下不相顧、古人作書、何至不通若是。又若論女命有云、貴衆則舞裙歌扇、貴衆者官衆也。女以官爲夫、正夫豈可疊出乎。一女衆夫、舞

裙歌扇、理固然也。若作貴人、乃是天星、並非夫主、何礙於衆、而必爲娼妓乎。然星辰命書亦有談及、不善看命書者、執之也。如貴人頭上帶財官、門充駟馬。蓋財官如人美貌、貴人如人衣服、貌之美者、衣服美則愈顯。其實財官成格、卽非貴人頭上、亦當門充駟馬。又如論女命有云、無殺帶二德、受兩國之封。蓋言婦命無凶殺、格局淸貴、又帶二德、必受榮封。若專主二德、則何不竟云帶二德、受兩國之封、而必先曰無殺乎。若云命逢險格、柱有二德、逢凶有救、可免於危、則亦有之。然終無關於格局貴賤也。

(12)

先賢名論

子平源流考 明萬育吾撰

今之談命者、輒以子平爲名、子平何所取義。蓋以天開於子、子乃水之專位、爲地枝之首、五行之元、生於天一、合於北方、遇平則止、遇坎則流、此用子之

義也。又如人世用秤稱物、以平爲準、稍有重輕、則不平焉。人生八字爲先天之氣、譬則秤也。其年爲鈎、時爲權、月爲提綱、日爲銖兩、八字以日爲主、若財官印食旺相、日幹亦値旺相之地、如鈎綰物與權相應、其命則富而貴。若財官印食旺相、日幹値於休囚、如以鈎綰物與權自不相應、其秤則不平、其命則貧而賤。若財官印食休囚、日幹値於旺相、亦若鈎綰輕物、與權自不相應、其秤自不平、其命亦蹇滯。設使三物無氣、日主休囚、非貧賤則夭亡。此用平之意也。經云。先天太過、後天減之、先天不及、後天補之。先天後天、無太過不及、然後爲能平焉。運限者後天也、且如先天八字、日幹旺相太過者、宜行休衰之運、發洩其氣。如日幹休囚不及者、宜行旺相之運、生扶其氣。二者合宜、則福壽兼全矣。譬之醫家用藥、補瀉合宜、則疾病自瘳矣。若日幹太旺、又行旺運、日幹太衰、又行衰運、太過不及、有不災害叢生者耶。夫運者轉也、十年一轉、窮通可知、皆由大運之興衰、以驗歲君之禍福、是故觀貴賤榮枯者、觀

於子平可見矣。觀子平者、觀先後天之論可見矣。但子平係徐居易之字、今之談命者、遠宗其法、故稱子平。考濯纓筆記、子平姓徐、名居易、子平其字也、東海人、別號沙滌先生、又稱蓬萊叟、隱於太華西棠峯洞。子平之法、以人所生年月日時、推其祿命、無有不中、其源蓋出於戰國珞琭子、世有三命消息賦一篇、謂其所作、然觀其文、殆後人僞撰、非珞琭子之本眞也。珞琭同時、有鬼谷子、漢有董仲舒、司馬季主、東方朔、嚴君平、三國時有管輅、晉有郭璞、北齊有魏定、唐有袁天綱、僧一行、李泌、李虛中之徒、皆祖其術。泌嘗出遊、得管輅書天陽訣、又得一行所授銅鈸要旨占人吉凶極驗、泌以是傳之李虛中、推衍以用之、珞琭以年、虛中以日、其法至是一變。五代時、有麻衣道者、希夷先生、及子平輩、子平得虛中之術、而損益之、專主五行、不主納音、至是則其法又有一變也。子平歿後、宋孝宗淳熙有淮南術士、號沖虛子者、精於此術。當世重之。時有僧道洪者、密受其傳、後入錢塘、傳布其學、世俗不知其所由

來、直言子平耳。後道洪傳之徐大升、今世所傳如三命淵源、定眞論等、皆其所著、以是本書變易盡矣。觀五行精紀、蘭臺妙選、三車一覽、應天歌等書、與淵源淵海不同、蓋觀文察變、治歷明時、皆隨其時而改革、故雖百年之間、數術之說、亦不能不異。矧自大升之時、上距子平已三百餘年、其法不知經幾變矣。或謂大升得子平之眞傳、觀繼善等篇、不外明通賦、但更易其詞、而元理賦則大升之獨得也。今人推命之術、乃元人復由子平大升二家之法、演繹而出、顧今之談命者、輒稱子平、而莫知其源流、故考而論之。

按、五代後梁紀丁卯起、至後周紀庚申止、共五十四年、北宋紀庚申起、至丁未止、共一百六十八年、南宋紀丁未起、至孝宗癸未隆興元年、不過三十七年、自五代丁卯至南宋癸未計之、共二百五十九年、（新陳交遞、尚虛算三年、）當孝宗時、沖虛子傳之道洪、道洪又傳之徐大升、時期必不過遠、今此考原文載明大升之時、上距子平已三百餘年、以此推之、徐大升非五代時人、乃

唐人也。質之考據家以爲如何。至子平論命、專主正五行、不主納音之說、亦未必盡然、詳見納音篇。

珞琭子三命指迷賦 據讀畫齋叢書本

一氣肇判兮、兩儀定位。五行周流兮、萬物從類。其麗乎天也、爲星爲辰。其爲乎人也、立常立事。在物之靈、惟人爲貴。粤自枝幹、論其貴賤、以逆氣定其否泰。盛則復衰、窮則更生。有純有雜、有濁有清。相養所以相助、有擊所以相成。得者君臣之義、以尅而推夫婦。和者剛柔相濟、以類而求兄弟。二陰和柔、兩陽爭競。太過者暴、不及者徐。莫若壽而長生。莫若夭而喪命。不刑不起、不衝不發。以衝則動。以破則賤。合則少兮、受寡助之力。鬼則多兮、招毀謗之端。粤自三元主本、五行是先、天地合兮分貴賤。兄弟和兮類金鞍。祿生旺兮則分節鉞。馬交馳兮掌握兵權。滿堂金玉、定見財官之庫。盈門冠蓋、須知官貴之餘。學堂多合兮登上甲之第。貴科有助兮、爲館閣之儒。疊鳳池則佩三公之

印。官印全、則乘使者之車。金殺夾貴兮、有兵有權。旺祿得地兮、爲富爲壽。得印綬者、可論爲官。多破官者、宜求避位。三奇遇貴、而推順逆之詳。天乙最吉、而分晝夜之主。攀鞍主積財巨萬。偏官必出於雜流。夾祿夾馬、重職高官。拱庫拱印、既富且貴。財居八敗、則官爵歇滅。運入陽刃、則財物耗散。禍敗發於元亡。妨害生於孤寡。孰謂大車屈路、莫入溝壑之深。芳草連天、不居狼藉之地。既愛尅害之餘。又忌破刑之厄。伏喪榮慶、因運遇於孤宮。拜命號咷、蓋生逢於鬼馬。劫殺兼凶兮、成寇盜徒死之流。空亡無氣兮、聚僧尼吏曹之舍。觀旁合之遠近。究祿馬之向背。奇食衝破兮、虛則無財。祿馬同位兮、官崇位顯。權柄重兮、驛馬之交合。孝服多兮、白衣之有氣。枝幹掩擊、敗於天乙之方。神殺合併、發於空亡之地。凶衰者招禍殃。吉旺者招喜慶。吉凶相半、進退流滯。力微則徐行。氣盛則旋蹶。別生衰於三主。定根本於四柱。短夭者命帶尅刑。遐齡者身居庫墓。宅舍莫居衰敗之方。田園要臨吉祥之地。奇暗合之吉神。

喜生成之旺相。承旺相、則貴中有貴。歷空虛、則遇如不遇。復推陰錯陽差、天羅地網。天衡地擊。伏吟返吟。又取於枝幹喜厄。必辨其神將扶持。六害四殺之中。五鬼三刑之上。陰刃爲妨夫之煞。陽刃爲兵傷之神。交六虛爲敗絕之方。入空亡、爲困鈍之地。天祿刑破、定分厄兆。太歲衝壓、所爲不成。逢眞官者、則遷位臺省。重天乙者、則置身廟堂。劫主凶暴。元主敗亡。多動搖者、臨二八之門。多哭泣者、臨喪弔之歲。財在長生、自營卓立。印臨天乙、累世邑封。乙干土多兮、死於正祿之地。己人水盛兮、夭於建命之宮。金主困於盛夏。丙祿絕於孟冬。時傷日月、家財自破。祿畏歲運、禍殃併至。三刑全、則僕馬驚蹶。七殺聚、則爲官貶剝。更怕逢納甲之災。幹遇是臨頭之殺。宅墓逢鬼兮、難免其禍。絕處遇墓兮、上保扶持。財命竝死、遇冥司之限。主本俱弱、爲陰使之追。沐浴衰徹、親姻哭送。骨肉顛倒、親戚分離。五鬼多而乘勢兮、麾旌前引。三元衰而殺旺兮、喪車疾馳。將喜不喜、而爲迎運之休。欲徹未徹、而有未交之福。初臨

沐浴、却延福慶崢嶸。乍入長生。尚自心憂坎坷。眞所謂丙丁有貴兮遇酉亥以當榮。戊己無財兮、歷巳午而不遇。武須持於金土。文欲兼於水火。奇儀重犯、須防六甲之刑。祿馬同鄉。更忌五行之破。貴於引從兮、豈怕祿刑。祿是庚辛兮、不愁金殺。水火逢土以傷、木遇金而擊發。輿庫乃畏於刑衝。財印最嫌於衰絕。以旺絕爲死生之基。以刑合爲愛憎之候。月凶衰兮、早歲寒儒。胎貴旺兮、生於世胄。刑傷於胎則害母。鬼戰其息則異母。更分四柱於枝幹。取驗一時之休咎。男宮當殺、定招年夭之災。妻位多凶、慮見鼓盆之嘆。火人金盛、須保鞠子。水命土繁、定爲孀婦。食印長生、則値鸞鳳之儀。祿馬互換、則喜芝蘭之秀。詳其吉會乃喜。運併防災。寡宿宜避、孤神可懼。從刼殺兮、思慮之寡。守將星兮、權謀之深。膽怯者下有不順。性凶者干來上侵。文章明敏兮、定須火盛。威武剛烈兮、乃是金多。木盛則讓、惻隱之心。水多則聰、機巧之智。蓋土之性最重爲貴。或居三舍之方。或占一生之地。既生則和。既尅以制。四殺乃

凶暴之象。六衝爲不定之勢。噫、李廣不侯。叔敖爲相。皆天命之有定。每人事之不測。通變有神、執方爲過、略得古人之遺蹤、約以今賢而孰敢。博乎管窺、庶幾一悟。

按四庫全書總目云、三命指迷賦一卷、舊本題岳珂補注、原本久佚、今從永樂大典錄出、其書宋志不著錄、而元明人命書多引之、當猶宋人所作。讀此、可見此賦世少傳本、珊偶閱讀畫齋叢書、得見斯篇、如獲鴻寶、茲特備錄珞琭子原文、以公同好。至相臺岳珂補注、因限篇幅、未及具載、識者諒之。

明通賦

唐東海徐居易子平撰　據陳素菴命理輯要本

太極判爲天地、一氣分爲陰陽。流出五行、化生萬物。凡人稟命、貧富貴賤出之。哲士知幾、吉凶禍福定矣。看命以日干爲主、統三元而配合八字干支。論運以月支爲首、分四時而提起五行消息。向祿旺以成功、入格局而致貴。

官印財食爲吉、無破乃良。殺傷梟敗爲凶、轉用爲福。全備藏蓄於辰戌丑未。長生鎭居於巳亥寅申子午、則成敗相連。卯酉乃出入交互。支干有不見之形、無中生有、節氣存有餘之類、混處求分、善惡相交、却喜化惡從善、吉凶混雜、最畏害吉添凶。是故得局朝元、非富則貴。犯垣破局、非夭則貧。得失均兼。進退反覆。神煞相絆、輕重較量。　內有雜氣財官、相兼偏正兩印。同宮祿馬、號爲內外三奇。眞官時遇、命强（此時字、指春夏秋冬之四時言、非謂生時也、）早受金紫之封。良馬月乘時健、（馬者財也）末遷銀靑之職。月印附日、無財氣、爲黃榜招賢。日祿歸時沒官星、號靑雲得路。月令七殺、而殺身俱强、當爲黑頭宰相。時上偏財、而財命並旺、須出白屋公卿。建祿、坐祿、或歸祿、遇財官印綬、富貴長年。月刃、日刃、及時刃、逢官殺榮神、功名蓋世。　月令專制七殺、身健鷹揚。運元生發二財、（元運即月令也）命强豹變。年見正官、正印、正財、無破、必承祖蔭傳芳。日坐眞官、眞印、眞財、有成、號曰福神治世。月內偏財、而無敗無殺、富出人間。日下正馬、而有助有生、名

揚天下。身淺坐殺、運行身旺之鄉、發財發福。獨坐臨官、（乃丁巳癸亥等日）運至主貴之地、加職加封。食神生旺、無印綬刑衝、乃母食子祿。本主臨官、無殺星克敗、爲弟襲兄班。倒食本宮臨官旺、乃侍臣叨祿之名。胎生元命無財星、（此庚寅辛卯甲申乙酉等日）爲赤子承恩之寵。歲月正官七殺混淆、人多下賤。時日獨強專制、職重權高。月時七殺正官、雜亂病交侵。歲運衝開合去官、清名益顯。猶嫌過制、最忌爭強。天元無氣、却宜中下興隆。年本偏官、須忌始終克制。陽刃極喜偏官、削平禍亂。金神只宜制伏、降肅奸雄。陽德陰貴、旺則榮顯、而弱可保名。天罡地魁、衰則貧寒、而強當絕世。官庫財庫、衝開則榮封爵祿。塞閉則貧乏之貲財。傷官正官、傷盡則獨握高權。半殘則必遭蹇難。日月倒衝官祿、無塡無絆、而祿馬飛來。（此飛天祿馬格）天地制合殺神、不過不失、而名利驟發。惟官印最宜相會、德政加封。有祿馬極喜同居（祿馬者官財也）才能稱職。印綬逢殺則發、逢合則晦、逢財則災、破合去財亦發。建祿遇官則貴、遇財則富、遇印則秀、敗財破印

皆凶。官殺兩停、喜者存之、憎者去之、武能去正留偏、文能去偏留正、運逢身旺、必加封。財印交差、欲其進也、忌其退也、貴則取印捨財、富則取財舍印、歲遇命强而進爵。

十干背祿、喜見財豐、敗逢比刼、官殺得用、力能制刼存財。五行食神、福乘馬盛、禍起梟神、官殺一來、誤致助梟奪食。戊日午月、勿作刃看、時歲火多、轉爲印綬。丙日丑時、非爲背祿、支干金旺、反作貲財、官坐兩頭終被刑。貴壓三刑須執政。

德蓋七殺、必是安禪之士。花迎六合、豈非淫蕩之人。孤寡雙全帶官印、當膺住持、無則只爲道行。控邀隔角逢生旺、（控邀煞名）必過房舍、絕則終守鰥孀。呑啗全排、（呑啗煞名）家人消散。空亡偏見、親屬離傷。財印雙傷、斷其必無上下。官殺俱去、知其少失爺娘。純耗純刃、交差牛羊類斷。純陰純陽、排克猪狗徒看。

衰受衆梟、乃是長工服役。絕逢重食、宜作屠行牙儈。

純貴純財、身旺無雜、則官居極品。全印全食、命强無破、則祿享千鍾。日干太旺、無依若不爲僧、固宜爲道。天元羸弱、無輔若不爲技、則當爲巫。身弱

有印必發、忌財馬以相傷。食神逢梟則夭、喜財星而生救。甲子日逢子時、沒庚辛申酉丑午、謂之祿馬飛來。（此子遙巳格）庚申時逢戊日、無甲丙卯寅午丁、名曰食神健旺。（此專食合祿格）庚壬子冲午祿、切忌丙丁。（此正冲祿馬格）辛癸丑合巳官、須嫌子巳。（此丑遙巳格）丙午丁巳准此、最忌刑衝。壬子癸亥例同、亦防塡實。（俱倒冲祿馬格）六辛日而無午字、得戊子時、辛合丙官爲貴。（此六陰朝陽格）六癸日而無干土、得甲寅時、寅刑巳格尤奇。（此刑合格）癸無丙丁戊己庚申時合一巳之財。（此專印合祿格）壬有子午卯酉正氣、柱兼四季之祿。癸日同上、土曜莫侵、得之者利害相兼、官高身病。遇之者吉凶並見、職重家貧。甲曲直木、丙炎上火、官高克妻而不富。戊從革金、庚潤下水、職重嗣少而多貧。（甲丙二格規多　庚戊二格洩重）身犯休囚之地、併衝官貴何憂。身專强旺之支、同鈞財祿尤貴。陰木獨遇子時、沒官星、乙鎭鼠窠最貴。陽水疊逢辰位、無衝克、壬騎龍背非常。庚日全逢潤下、忌壬癸巳午之方。時遇子申、其福減半。（此井欄叉格）合官合財作公卿、防休囚克害之辱。拱貴拱祿爲將相、忌刑

衝墳實之凶。官印暗合天地、其貴可知。福德隱在支中、其德尤萃。五行正貴怕刑沖克害之神。（正貴者正官也）四柱吉神、喜旺相生合之理。 若乃沐浴逢殺、魄往酆都。元犯再傷、魂歸樂府。畏殺逢殺則夭。憂關落關卽亡。（甲乙逢辰爲關丙丁見未爲關庚辛見戌壬癸見丑皆爲關）引合關煞誤傷身。中下滅絕橫夭壽。傷官見官、禍患百出。逐馬逢馬、（此卽刼財逢財）勞苦千般。財逢陽刃而傷。印見財神而破。食神遇梟、無財則夭。制殺逢印、有沖則凶。身弱有財、重逢正印亦災。命強無官、單遇七殺尤勝。三刑對沖橫禍生。陽刃衝合非殃至。沐浴從生無家客。休囚見殺不歸人。月下刼財主無財、喜殺無印而有獲。暗中破印親壞印、喜官無食以加封。官殺混雜兮、兄弟太多兮、喜印無制能文。喜制無印能武。若制印俱有、碌碌難成。祿馬背逐兮、財印相破兮、喜官帶殺爲權。愛殺帶官爲貴。若官殺單見、瑣瑣不遂。梟印相雜兮、財馬太多兮、喜身旺而爲福。忌運弱以生災。官祿克破兮、庫墓衝散兮、忌重破而無依。喜比肩而可救。 刼財陽刃、切忌時逢。歲運併臨、（併臨者刼刃併臨也）災殃立

至。歲衝運則崩。運衝歲則晦。干支俱冲尤凶陰氣終而陽氣斷、未死堪嗟。陽數極而陰數迫、不殂何待。五行有救、當憂不憂。四時逢空、聞喜不喜。至若女人之命、一貴爲良。食傷重而孤單。貴合多而淫賤。三奇得用、國號可加。二德呈祥、誥封自至。金木堅心貞淑。水火亂性虛花。五行偏喜休囚。四柱不宜生旺。貴賤貧富。全憑夫子之星。喜忌吉凶、不外扶抑之理。總之陰陽罕測、不可一例以推。休咎難分、須執兩端而斷。考諸往哲之說。參以今賢之言。悟理果能貫通。鑒命庶無差忒。

陳素庵曰、徐子平命理所宗、僅傳此賦、而世術罕覯。又爲喜忌篇、剽取割裂。余故表而出之。其間亦有爲余集所辨駁者、意在窮理、不取苟同。然仍存原文、以聽哲者參考云。

元理賦 唐徐大升撰

元一氣。生五行。統三才。周萬物。發乾坤之妙用。剖陰陽之樞機、明其生尅。察

其制化。辨其淸濁貴賤。決其壽夭賢愚。此原造化之始金賴土生、我生土多金埋。土賴火生、火多土焦。火賴木生、木多火熾。木賴水生、水多木漂。水賴金生、金多水泪。金能生水、水多金沉。水能生木、木多水縮。木能生火、火多木焚。火能生土、土多火晦。土能生金、金多土弱。金能尅木、我克木多金缺。木能尅土、土多木折。土能尅水、水多土流。水能尅火、火多水灼。火能克金、金多火熄。金衰遇火、必見銷鎔。火弱逢水、必爲熄滅。水弱逢土、必遭淤塞。土衰遇木、必遭傾陷。木弱逢金。必爲斫折。以上言太過不及各有其害如此　强金得水、方挫其鋒。强水得木、方殺其勢。强木得火、方化其頑。强火得土、方歛其焰。强土得金、方宣其滯。剛金得火、方成其器。熾火得水、方濟其性。旺水得土、方止其蕩。濁土得木、方疏其壅。頑木得金、方適其用。以上言五行克制、要得中和、而太過不及胥失之矣　其爲體也、至微。其爲用也、多變。木盛多仁。土薄寡信。水旺居垣、須有智。金堅主義、却能爲。火土混雜、必多愚。金水聰明而好色。陽金旣煉、行火必至災生。陰木歸垣、失令終爲身弱。水泛木浮者陰木。土重

金埋者陽金。金實無聲。火虛有焰。火太炎則滅。金太剛則折。是以五行不可過極。八字須得中和。官遇長生命必榮。財居旺地人多福。去殺留官方論吉。去官留殺不爲卑。印衛官、官衛印、貴格可稱。陰尅陰、陽尅陽、財神較勝。大抵官多無官。鬼多無鬼。印多無印。財多無財。大貴者用財而不用官。當權者用殺而不用印。官因財旺。印賴殺生。殺無印不顯。刃無殺不威。殺刃雙顯均停、位至侯王。殺印偏輕無制、身爲胥吏。生平既富且貴、殺重身柔中途忽死或危、運扶干旺。此指從殺格言食居先、殺居後、功名兩全。酉破卯、卯破午、財官雙美。棄印就財明偏正。棄干從殺論剛柔。貧賤者、皆因官曜遭傷。孤寡者、只爲財神被刼。天干殺顯、無制者賤。地支財伏、暗生者奇。正官乏財、却無俸祿。七殺得制、乃有聲名。偏正錯亂而必傷。財印混雜而受困。傷官無財可恃、雖巧必貧。食神制殺逢梟、不窮則夭。因財致禍、陽刃與歲運併臨。貪食生災、梟神帶刑衝爲禍。歸祿得財而獲福。無財歸祿必須貧。男逢陽刃必重婚。女犯傷官須再

嫁。逢傷官而見夫、財神有氣、遇梟神而喪子、日主無依。兩干不雜利名齊、三
戌衝辰災禍重。魁罡尅戰、貴豪亦犯刑名。子卯相刑、門戶全無德禮。丁生卯
日遇己土、饕貪之人。亥乃漿神、逢酉金、嗜杯之客。借梟養育、富家榮幹之徒。
用殺輕微、方外僧道之首。日時衝卯酉、始生必主遷移。造化逢戌亥、平生敬
信神祇。丙子辛卯相刑、荒淫滾浪。子午卯酉全備、酒色沉迷。要之、富貴得於
中和。貧夭由於偏駁。享福五行歸祿。上壽八字相停。得局失垣、平生不遂。歸
垣得局、早歲軒昂。局旺而生地相逢、少年不祿。命好而時歸敗絕、老景無終。
至於得化得從、顯達功名之士。（先論從化後論財官）不從不化、淹留仕路之人。（不通月氣、時無所歸、又犯孤神、不從不化也、）
化行祿旺者生、化歸祿絕者死。（此言得化得從要得祿旺、不要死絕、）八字干支同類、殺年殺
運多凶。六神格局既成、破運破年必敗。人命此其大略、推詳貴在精心。
陳素庵曰、徐大升命家之表表者、此賦傳習既久、雜亂無倫、往往錯舉數
端、罕標全理。重訂正之、義理易曉、不註。

六神篇 據命理輯要本

五行妙用、難逃一理之中。進退存亡、要識變通之道。正官佩印、不如乘馬。七殺用財、豈宜得祿。爭正官不可無傷。歸七殺最嫌有制。官居殺地、難守其官。殺在官鄉、豈能變殺。衆殺混行、一印可化。一殺創亂、獨食可擒。印居殺地、化之以德。殺居印地、齊之以刑。印逢財而罷職。財逢印以遷官。印解兩賢之厄。財鈎六國之爭。貪財壞印擢高科、印分輕重。遇比見財纏萬貫、比亦幫扶。祿到長生原有印、清任加官。馬行帝旺舊無傷、宦途進爵。財不顯傷、還忌陰謀之賊。殺無明制、當尋伏敵之兵。財旺身衰、逢生即死。刃強財薄、遇殺生官。合刃兄弟破財、財得用殺。官欺主主須從。運到旺鄉身反弱。財逢刼處禍尤輕。一馬在厩、人不敢逐。衆馬在野、人爭逐之。貴人頭上戴財官、門充駟馬。生氣宮中藏亡刼、勇冠三軍。命當夭折、食神子立逢梟。運至凶危、陽刃重逢破局。入庫傷官、陰生陽死。幫身陽刃、喜合嫌衝。權刃復行權刃、刀藥亡身。財官再行

財官、貪汚罷職。爲跨馬以忘身。因得祿而避位。財臨生庫破生宮、兼祧兩家宗祀。身坐比肩成比局、當爲幾度新郎。父母一離一合、須知印綬臨財。夫妻隨娶隨傷、蓋爲比肩伏馬。子位子填、孤嗟伯道。妻宮妻守、賢齊孟光。茲法元妙、習而成章。少助愚蒙、開明萬一。

陳素菴曰、此篇專論官殺財印食傷六神、理微而顯、言簡而該、宜其自稱元妙。惟陰陽生死、及父母妻子、皆沿舊法、以其通篇朗澈、亦不復删。但辭無倫次、閱者心目不爽、故以類相從、分段詳釋。若篇中有云、殺官欺主主須從、則知從官非臆說矣、 按、以其通篇朗澈、是以未載釋文。

論三才 京圖撰 明劉基註 潘子端釋義

天道 欲識三元萬法宗。先觀帝載與神功。（釋）三元者、天元、地元、人元、是也。八字上一排天干爲天元、下一排地支爲地元、地支所藏之天干爲人元。萬法宗、謂一切休咎之推算、全以三元爲基礎也。帝載二字、與神功同其

意義、概指金木水火土。帝載、爲五行之本體、神功、謂五行之應用也。（原註）故春木、夏火、秋金、冬水、季月土、得時顯其神功。

地道　坤元合德機緘通。五氣偏全定吉凶。（釋）星命家謂天干言氣、地支言質。實則天干何嘗不言質、甲與乙、卽木之氣與質。地對天言、天固屬陽、地固屬陰。就天或地之本身言、亦自有其陰陽。是故無極能生太極、太極能生兩儀也。近世學者、謂地球由於日中火汁爆發、飛散太空、冷而凝結、形如球狀、再受日光長久之蒸暴、生物乃能蕃殖而遍布。本乎此、萬物始於陽、而生於陰。先有氣、後有質、先有流液、後有固體也。本條坤元合德一語、蓋云陰陽相遇、氣疏以達、此卽是機。機者、陰陽遇合之機也。緘、言闔閉、通、指開闢。陰陽相遇、而有闔閉開闢之機能。故曰坤元合德機緘通。緘通開合、五氣流行、吉凶乃由此五氣之偏全强弱而定。故曰五氣偏全定吉凶。易言之、是卽告吾人應將四柱看作一個單元、或整個兒的個體、從陰陽相遇、而生開閉之

機能中、默察其五氣之偏全强弱、而定此命之吉凶也。（原註）地有剛柔、故五行生於東南西北中。與天合德、而神其機緘之妙用。

人道　戴天履地人爲貴。順則吉兮凶則悖。（釋）人指四柱之綜合體。四柱由天干地支合組而成、四柱卽人之代表。故曰戴天履地人爲貴。在天道中、明示吾人注意五氣之本體及應用。在地道中、示吾人察五氣之偏全。在人道中、示吾人識五氣流行之順逆偏全、乃靜態的本體的順悖、乃動態的。四柱既定由干支配合上、識其五氣之偏全、再看運行流動、爲順爲逆、以定吉凶。（原註）凡物莫不得五行。又云、惟人得五行之全、故貴。

論體用 據滴天髓輯要本

道有體用、不可以一端論也。要在扶之抑之得其宜。（註）有以日主爲體、提綱之食神、財官、皆爲我用。日主弱、則提綱有物幫身、以制其强神者、皆爲用。有以提綱爲體。喜神爲用者、日主不能用乎提綱矣。提綱財官食神太旺。

則取年月時上、印比生助爲喜神、而用之。提綱印比太旺、則取年月時上食傷財官爲喜神、而用之。此二者乃體用之正法也。有以四柱爲體、暗神爲用者、必四柱俱無可用、方取暗衝暗合之神。有以四柱爲體、化神爲用者、四柱有合神、無用神、卽以四柱爲體、而以化合之神爲用。有以化神爲體、四柱爲用者、蓋化之眞者、化神卽爲體、取四柱中與化神相生相尅者爲用。有以四柱爲體、歲運爲用者、四柱中太過不及、用歲運琢削滋助之。有以喜神爲體、輔喜之神爲用者、蓋所喜之神、不能自用、則以爲體、而用輔喜之神。有以格象爲體、日主爲用者、格局氣象、及暗神、化神、忌神、克神、皆成一個體段、却是一面氣象、與日主無干、或傷克日主太過、或幫扶日主太過、中間要辨體用、又無形跡、只得用日主自引生喜之神、別求一個活路。有用過於體者、如用食神、而財官盡行隱伏、則太發露浮散。有體用各立者、體用皆旺、不分勝負、行運又無輕重上下、則各立之。有體用俱滯者、如木火俱旺、不遇金土、則俱

滯之不可一端定也。然體用之用與用神之用有分別。若以體用之用爲用神、固不可舍此別求用神、亦不可只要斟酌體用眞確、而取其最要緊者爲用神、卽二三用神亦得須抑揚其輕重毋使有餘不足可也。

論剛柔同上

剛柔不一也、不可制者、引其性情而已矣。（註）剛柔相濟、不必言也。若夫剛者濟之以柔而不得其情反助其剛矣。譬之武人而得士卒、則成殺伐。如庚辛生於七月、遇丁火而激其威、遇乙木而助其暴、遇己土而成其志、遇癸水而益其銳、不如以柔之剛者濟之可也、壬水是也。蓋壬水有正性、能引通庚之情故也。若以剛者激之、其禍可勝言哉。柔者濟之以剛、而不得其情、反益其柔矣。譬之婦人而遇恩威。則成淫賤。如乙木生於八月、遇甲丙壬而喜則輸情、遇戊寅庚而畏則失身、不如以剛之柔者濟之可也、丁火是也。蓋丁火有正性、能定乙木之情故也。若以柔之柔者合之、其弊何所底乎。餘倣此。

論順逆同上

順逆、不齊也。不可逆者、順其氣勢而已矣。（註）剛柔之道、可順而不可逆也。源遠流長、可順而不可逆也。其勢已成、可順而不可逆也。權在一人、可順而不可逆也。二人同心、可順而不可逆也。

論寒煖燥溼同上

天道有寒煖、發育萬物。人道得之、不可過也。（註）陰枝爲寒。陽支爲煖。金水爲寒。木火爲煖。得氣之寒、遇煖而發。得氣之煖、遇寒而成。寒之甚、煖之至、內有一二成象、必無好處。若五行陽遇子月、則一陽之候、萬物懷胎、陽乘陽位、可東可西。陰逢午月、則一陰之候、萬物收藏、陰乘陰位、可南可北。

地道有燥溼、生成品彙。人道得之、不可偏也。（註）過於溼者、滯而無成。過於燥者、烈而有禍。水有金生、遇寒土而愈溼。火有木生、遇寒土而愈燥。皆偏也。木火而成其燥者、言木火傷官要溼也。土水而成其溼者、言金水傷官要

燥也。間有火土而宜燥者。用土而後用火。金水而宜溼者、用金而後用水。

論清濁 同上

一清到底有精神。管取平生富貴眞。澄濁求淸淸得去。時來寒谷也生春。（註）淸者、不必一氣成局之謂也。如正官之格、身旺有財、身弱有印、並無傷官七殺。縱有比肩食神財殺印綬雜之、皆循序得所、有安頓。或作閒神、不來破局、乃爲一淸。又要有精神、有氣勢、不枯不弱、方佳。濁非五行並出之謂也、如正官格、身弱殺食雜之、不能傷我之官、反與官生不和。印綬雜之、不能扶我之身、反與財星相伐、俱爲濁局。或得一神有力、或行運得所、掃其濁氣、皆爲澄濁求淸、亦富貴之命。

滿盤濁氣令人苦。一局淸枯也苦人。半濁半淸無去取。多成多敗度晨昏。（註）柱中尋他淸氣不出、行運又不能去其濁氣、必是貧賤。若淸而枯弱而無氣、行運又不遇生地、亦淸苦之人。至於濁氣又難去、淸氣又不眞、行運又

不遇淸氣、又不脫濁氣、此則成敗不一。

論眞假 同上

令上尋眞聚得眞。假神休要亂眞神。眞神得用平生貴。用假終爲碌碌人。（註）如木火透者生寅月聚得眞、不要金水亂之、則眞神得用、不爲忌神所害。必然發貴。如金水猖狂、而用金水、是金水不得令、徒與木火不和、乃爲碌碌人矣。　眞假參差難辨論。不明不暗受邅迍。提綱不與眞神照。暗處尋眞也有眞。（註）命之眞神得令、假神得局而黨多、或假神得令、眞神得局而黨多、不見眞假之迹。或眞假皆得令得助、不能辨其勝負、雖無大禍、一生屯否、而少安樂。寅月生人、不透木火、而透金水爲用神、是爲提綱不照也。得巳丑暗邀、戊己轉生、酉多衝卯、乙庚暗化、運轉西方、亦爲有眞、亦或發福。以上特舉一端耳、其會局合神、從化用神、精神形象、才德邪正、緩急生死、進退之例、莫不有其眞假、最宜詳辨。

論形象同上

兩氣合而成象、象不可破。（註）天干屬木、地支屬火、天干屬火、地支屬木、若見金卽破、餘倣此。　五行聚而成形、形不可害。（註）如木必得水以生之、火以行之、土以培之、金以成之、五者聚而成形、或過或缺則害、餘倣此。獨象喜行化地、而化神要昌。（註）一氣者爲獨、曲直炎上之類、是也。所生者爲化神、化神昌旺、則其氣流行。　全象喜行財地、而財神要旺。（註）三合者爲全、土旺喜行財旺之地。形全者宜損其有餘、形缺者宜補其不足。

論方局同上

方是方兮局是局、方要得方莫混局。（註）如寅卯辰、東方也、雜亥卯未則太過、豈不爲混。　若然方局一齊來、須是幹頭無反覆。（註）如木局木方齊來、須要天干順序、行運不悖。　成方幹透一元神、生地庫地皆非福。（註）如寅卯辰全、而又幹透甲乙一元神、復又遇亥之生、未之庫、決不發福。方不可

混以局也。成局干透一官星。左邊右邊空碌碌。（註）如甲乙日遇亥卯未全、而又幹透庚辛一官星。又見右寅左辰、則名利無成、局不可混以方也。

論蓋頭　明張楠神峯撰

何以謂之蓋頭、蓋人之一身、以頭爲主。頭與面相連、耳目口鼻繫焉。視聽言動亦繫焉。若頭部稍有損傷、則抱恨終天。非比腹背四肢、可以衣服掩飾其不善也。人之八字、何獨不然。蓋天幹四字如頭面。地枝四字如腹背。若幹枝皆吉、如人頭面腹部、俱臻盡美、上格也。若幹吉枝凶、如人腹背雖有點污、而頭面尚無殘缺、中格也。若枝吉幹凶、如人腹背雖清潔、而頭面已有殘缺、不能掩飾、下格也。假如命中畏見傷官、而傷官藏於地枝、斷無妨礙。若透出天幹、卽是頭面殘缺、其害不可勝言。行運吉凶、亦如是觀。此余數十年經驗之法、學者愼毋忽之。

論陰陽生尅　淸乾隆己未進士山陰沈燡燔孝瞻撰

四時之運、相生而成、亦有相尅而成。生而不尅、何以能循環迭運而不窮。尅者、所以節而止之。使之收斂、以爲發洩之基。故曰、天地節而四時成。卽以木論、木盛於夏、殺於秋、使外之所發洩者、收藏於內、是殺正所以爲生也。大易以收斂爲性情之實、以兌爲萬物所說、至哉言乎。譬如人之養身、固以飲食爲生、然使飲之食之、而不使稍饑以有待、人壽其能久乎。是以生與尅同用、尅與生同功。然以五行而統論之、則水木相生、金木相尅。以五行之陰陽分配之、則生尅之中、又有異同。此所以水同生木、而印有偏正。金同尅木、而局有官殺也。印綬之中、偏正相似、陰陽相生之殊、可置勿論。而相尅之內、一官一殺、賢愚判然、其理不可不細詳也。卽以甲乙庚辛言之、甲者陽木也、木之生氣也。乙者陰木也、木之形質也。庚爲陽金、秋天肅殺之氣也。辛爲陰金、人間五金之質也。木之生氣、寄於木而行於天、故逢秋令肅殺之氣、而銷尅殆盡。而金鐵刀斧、反不能傷。木之形質、遇金鐵刀斧、斬伐無餘、而肅殺之氣。只

可外掃落葉、而根柢愈固。此所以甲以庚爲殺、以辛爲官、而乙則反是也。火與金亦然。丙爲陽火、融和之氣也。丁爲陰火、薪傳之火也。秋天肅殺之氣、逢陽和而融之、而五金不畏陽和。人間金鐵之質、逢薪火而鎔之、而秋氣不畏薪火。餘可類推矣。

論十幹有得時不旺失時不弱同上

書云、得時便作旺論、失令卽作衰看、固屬至論、然亦要活着。蓋五行之氣、流行於四時、猶十幹各有專令、亦有並存者在。如甲乙在春雖旺、此時休囚之戊己、亦未嘗絕於天地也。特時當退避、不能爭先、而實則春土何嘗不生萬物、故八字雖以月令爲重、而旺相休囚年日時、亦有損益之權、不可執一論也。如春木雖強、金太重而木亦危。幹庚辛而枝酉丑、無火制而不富。逢土生而必夭。是以得時不旺也。秋木雖弱、根深而木亦強。幹甲乙而枝寅卯、遇官透而能受、逢水生而太過。是失時不弱也、是故日幹不論月令休囚、只要四

柱有根、便能受財官食神、而當傷官七殺。長生祿刃、根之重者也。墓庫餘氣、根之輕者也。得一比肩、不如枝中一墓庫、如甲逢未、丙逢戌之類。乙逢戌、丁逢丑、不作此論。以戌中無藏木、丑中無藏火也。得二比肩、不如得一餘氣、如乙逢辰、丁逢未之類。得三比肩、不如得一長生祿刃、如甲逢亥寅卯之類。陰長生不作此論。然乙逢午、丁逢酉之類、亦爲有根。蓋得一餘氣、如朋友之相扶。通根如室家之可住。幹多不如根重、理固然也。今人見夏木冬火、不問有無通根、便謂之弱。更有陽幹逢庫、如壬逢辰、丙坐戌、不以爲水火通根身庫、甚至求刑衝以開之、謬甚。

論納音五行

子平集腋云、壬子得甲午、甲午得壬子。陰陽專位、炳靈可喜。己亥乙卯、丁未癸未、自生秀拔、得時清貴。己未庚辰、戊辰丁丑、丙戌尤異、爲福隆厚。乙卯癸巳、丁酉乙亥、水火死絕、清明可繪。壬寅之金、事君不逆。庚申之木、爲臣不强。

金木生旺、官難入閣。卽入不久、臺諫可作。生處受制、得者夭壽。死處得生、壽元可久。戊子水位、納音屬火、水中之火、神龍之顆。丙午南方、納音屬水、火中之水、天河有此。戊子丙午、丙午戊子、水火旣濟、貴無與比。辛丑之土、不嫌於木、丑中金庫、木鬼自伏。戊戌之木、不怕於金、戌中有火、金不能侵。二土在上、一木在下、戊戌之木、未萌芽也。庚寅丁巳、不嫌金木。庚寅壬申、衝尅禍促。庚子戊申、庚午土强、木死絕敗、鬼殺何傷。壬申癸酉、庚戌辛亥、四金氣壯、鬼難爲害。丁巳癸亥、壬子戊午、支干受傷、始富終苦。戊午庚申、天馬相資、十干專位、神頭祿奇。丙午壬子、丁巳癸亥、不爲破衝、坎離交泰。丙午癸亥、丁巳壬子、男女精神、明良喜起。庚申辛酉、甲寅乙卯、東震西兌、夫婦合巧。戊辰戊戌、魁罡相會、不爲返吟、乾坤德大。己丑己未、貴守忠貞、此四眞全、令德名成。己丑天乙、己未太常、解脫百煞、橫財無殃。戊辰勾陳、戊戌天空、神多遷改、出鎭藩封。丁巳騰蛇、滑稽之性、凶以凶用、吉承吉令。丙午朱雀、離宮火厲、象應陽明、

文詞藻麗。甲寅靑龍、博施濟衆。乙卯六合、榮華發用。壬子一辰、天后神傳、陰隲天德、容美多權。癸亥玄武、陰陽終極、潛伏之氣、從下是亟、雖有大智、非軒昂士。順則安平。逆則奸宄。庚申白虎、棄文利武、色厲內荏、幽僻爲伍。辛酉太陰、肅殺淸白、能爲文章、利口長舌。

廖冀亨曰。子平專用正五行、不用納音、今世星家、莫不皆然。但納音取象出自黃帝、故術家宗之。郎虛中創立八字、而納音亦多註解。徐子平雖專用正五行、亦未闢納音。自徐大升作定論、有婁景以前、未知金在海中之論。而元之星士、遂有納音空自失天眞之句。故今之談命者、只論正五行、而納音概不取焉。豈知納音之理、取象之精、正造化之所以爲妙耶。余論子平、亦專用正五行、乃論格取用、知其貴而不知其貴居何品、知其貧而不知其貧作何人間、以納音專論之、往往深有合焉。始知古聖相傳之學、理甚玄微、不可不詳究也。

按、納音五行、世多不講、特錄此篇、以見大意。三命通會云、談命者本之以五行爲經、參之以納音爲緯、庶足以盡命數之理、而造化無餘蘊矣。安東杜謙玉井奧訣註云、大撓造納音之法、隔八有用之具、如何竟爲棄物、缺氣處仍要納音補借、如欠土、納音有土、則補其不足、休囚稍慢、此二說堪爲運用納音之捷訣。珊嘗本此旨論命、每多奇驗、大概看日元之强弱、定用神之得失、皆以正五行爲主。若欲補偏救弊、酌盈劑虛、又當參看年月時之納音、孰爲抑强、孰爲扶弱、孰爲喜神、孰爲忌神、始可絲絲入扣、左右逢源。至廖氏謂子平專用正五行、不用納音、殊爲失實、觀於徐東齋所編淵海子平卷二載有乙酉年水、壬午月木、辛未日土、丙申時火、癸酉胎金、評爲五行俱足格、卽知子平亦有用納音者、惜讀者未詳察耳。

(13)

雜說

論雙生

錢塘舒繼英乾元秘旨云。雙生之別。命主太旺、幼者勝。命主太弱、長者勝。命主不旺不弱、長幼略同。

論平常命

乾元秘旨云。大吉大凶之命。一望而知。易於推算。若中庸之輩。只可斷其大概。必謂富爲某等人。不作某等業。抑知士農之子。長爲士農。工商之子。長爲工商耶。

論富貴命

乾元秘旨云。一日不過十二時。所產何止數萬人。雖五方風土不齊。要亦大率相類。凡大富大貴之命。往往世不偶生。而貧賤者恆層見疊出。何歟。蓋天地之精華。獨醞釀於此一日。發洩於此一時。譬諸祥麟彩鳳。原不多見。若泛泛化生於陰陽五行之內。不啻吠犬鳴鷄。何地無之。

按大富大貴之命。往往世不偶生。而貧賤者恆層見疊出。此數語誠爲確論。足補古說之不逮。然間有同一八字。而富貴貧賤迥異者。此變格也。不可以常法衡之。其理由備列星家十要常變篇。茲再節錄先賢所記事實二條於後。俾可參考。

福山王緘凝齋秋燈叢話云。兩粵制軍某公、與中軍同造。有日者某寓海珠寺。以星命自詡。制軍召詢之曰。人生賦命不同。以其爵秩有異。余庚造與中軍不爽毫釐。而官階迥別。其故安在。日者無以應。歸寓推尋。亦莫解其由。夜分不寐。繞階沉吟。有火頭僧見而問焉。日者嘆曰。爾何知。亦來饒舌耶。僧曰。第言之。安知不能効愚者之一得乎。日者告以故。僧笑曰。是日生人皆貴。若得貫索星對照命宮。更主榮顯。制軍得無產自獄中乎。日者大駭。詰朝謁制軍。問生自何地。制軍曰。先人緣事獲譴。久羈囹圄。余實產自獄中。日者拜曰。若然。公貴顯宜矣。因舉僧言以對。又河中太守某、未

遇時一同研友談命多中每謂曰細推君造有官無祿雖奮志芸窗終歸乞丐。守以爲誕。力學不怠。聯掇科第由縣令擢至郡守。友自慚疏於術。乃赴都遍訪異人。皆以乞兒命斷。一日詣欽天監。遇精於算者云。是日有文曲高照。天廚化解。若產於文明之地。必貴。友回謁。守語其故。太夫人聞而謂曰。昔年避難他鄉。値日暮。將欲分娩。而棲止無地。因於櫺星門左產焉。兒之貴果爲是歟。命之理微矣。

德清蔡翁精子平之學。一日史胥司夔過訪。蔡告以南中生一孫。推其命頗富厚。若遲一時則大貴。史叩其日時。大驚曰。予今歲得子。正其月日時也。蔡曰。此兒必入閣。卽令文靖公貽直也。京師傳爲佳話。康熙辛酉。胥司攜眷入都。泊舟水驛。生子。家人往來岸上。聞一鐵工家亦生一子。問其時正相同。歸告胥司。心識之。字之曰鐵厓。後二十餘載。文靖已官清禁。胥司南歸。復經其地。欲驗舊事。親行訪之。則門宇如故。一少年持斤斧操作甚

勤問之則辛酉某日生者也。公歸。竟夕不寐。既乃悟。語客曰。此四柱惟火太盛。惜少水制。幸生舟中。得水氣補其缺。若生於鎔冶之地。則以火濟火。全無調劑矣。

論時刻及夜子時與子時正不同

萬育吾曰。晝夜十二時。均分百刻。一時有八大刻。二小刻。大刻總九十六。小刻總二十四。小刻六。準大刻一。故共爲百刻也。上半時之大刻四。始曰初初。次初一。次初二。次初三。最後小刻爲初四。下半時之大刻亦四。始曰正初。次正一。次正二。次正三。最後小刻爲正四。若子時則上半時在夜半前。屬昨日。下半時在夜半後。屬今日。亦猶冬至得十一月中氣。一陽來復。爲天道之初耳。古曆每時以二小時爲始。乃各繼以四大刻。然不若今曆之便於籌策也。世謂子午卯酉各九刻。餘皆八刻。非是。

古越沈義方塗山星平大成云。余初不明一夜字。詢諸監中友人。始知。子正

者。今日之早。非昨日之晚也。夜子者。今日之夜。非今日之早也。觀十二肖陰陽可知。牛兔羊鷄猪屬陰。其蹄爪雙偶。蛇陰甚不見足。虎龍馬猴犬屬陽。其蹄爪單奇。獨鼠前兩隻脚屬陰四爪。後兩隻脚屬陽五爪。故夜子時屬陰。而子時正屬陽。如康熙辛未年十二月十七夜子時立春。十七亥時末刻。尚未立春。若不知此。必差訛一年矣。

按、顧炎武日知錄云。一日十二時。計刻則以百刻爲日。今曆家每時有十刻。則一百二十刻矣。何以謂之百刻乎。曰。曆家有大刻。有小刻。初一。初二。初三。初四。正一。正二。正三。正四。謂之大刻。合一日計之。得九十六刻。其不盡者。置一初初、於初一之上。置一正初。於正一之上。謂之小刻。每刻止當大刻六分之一。合計之。爲初初者十二。爲正初者十二。又得四大刻。合前爲百刻。萬氏謂小刻爲初四。爲正四。顧氏謂小刻爲初初。爲正初。次序雖異。其爲百刻則同也。

又按、三才發秘云、夜子時、爲日尾者、陰極之義也。正子時、爲日首者、陽起之機也。此說最爲明白。

又按、假如民國甲寅年正月初十日辛酉夜子時立春。其人是年正月初十日。下午九點鐘後。十一點鐘前。亥時生。卽作癸丑年。乙丑月。辛酉日。己亥時推。如在初十日。下午十一點鐘後。十二點鐘前。夜子時生。卽作甲寅年。丙寅月。辛酉日。庚子時推。（用壬日起庚子時。）所謂今日之夜。非今日之早也。如在初十日。下午十二點鐘後。一點鐘前。子時正生。卽作甲寅年。丙寅月。壬戌日。庚子時推。所謂今日之早。非昨日之晚也。若夫推行運之零借命宮之過氣。尤當知此。

定寅時法

古歌云。正九五更三點徹。二八五更四點歇。三七平明是寅時。四六日出寅無別。五月日高三丈地。十月臘月四更二。仲冬纔到四更初。便是寅時君記

切。

定日出日没時法

揚州石天基傳家寶云。日出卯時日入酉。五十前後不同輪。出茶齊正斜角落。萬載千年此是眞。

日出卯時。日入酉時。惟五月晝長。則日出寅時。日入戌時。十月晝短。則日出辰時。日入申時。所以前後不同。其各省增減刻數。每年曆書內。算載明白。後二句乃看日定時法。備悉後條。

定月出月入時法

傳家寶云。三辰五巳八午升。初十出未十三申。十五酉時十八戌。二十亥上記其神。廿三子時念六丑。廿八寅時終卯輪。出茶齊正斜角落。萬載千年此是眞。

每月初三日係辰時出月。初五日則巳時出月。初八日則午時出月。餘例

此。末二句是看月定時法。

看日定時法

傳家寶云。每日太陽在天七時。乃卯辰巳午未申酉是也。惟五月夏至前後。月餘之內。在天九時。十月冬至前後。月餘之內。在天五時。

看日定時之圖

斜角落

正

齊茶出

面向南坐。照此圖看。且如日出卯時。日出曰出。言此時日始出也。至辰時名曰茶。茶者言此時如早茶時候也。至巳時名曰齊。齊者日斜東南也。至午時名曰正。正者日在正南也。（夏月則在正中頂。）至未時名曰斜。斜者斜西南也。至申時名曰角。角者在屋角也。至酉時名曰落。落者日落入也。五月則重一出字、落字、二時。十月則減去出字、落字、二時。凡看日月定時。以一正字在

頭頂正中、作爲準則。將出落二字。作兩邊。纔好分七字。

凡看日月定時。須在空闊地方。纔準。若在街巷牆屋遮蔽之處。則不驗。

看月定時法

傳家寶云。出茶齊正斜角落。照日出歌一字一時順數。假如每月初三日辰時出月。至巳時曰茶。至午時曰齊。至未時曰正。至申時曰斜。至酉時曰角。至戌時曰落。初五日則巳時出月。十五日則酉時出月。月盡則卯時出月。皆從出、茶、齊、正、斜、角、落七字順數去。即是。

論男女合婚法

西溪逸叟曰。男女合婚之說。由來久矣。男家擇婦。八字貴看夫子二星。蓋夫興子益。其福必優也。女家擇夫。八字貴得中和之氣。蓋不偏不倚。其壽必長也。若男命比肩劫財重者。必擇女命傷官食神重者以配之。女命傷官食神重者。必擇男命比肩劫財重者以配之。始可琴瑟和偕。子嗣蕃衍。若泥於俗

書所載。不論命之何如。僅觀男女生年之三元九宮。而謂生氣、天醫、福德、爲上婚。絕體、游魂、歸魂、爲中婚。五鬼、絕命、爲下婚。牽合非倫。毫無義理。豈不誤人良緣耶。至骨髓破、鐵掃箒、六害、八敗、狠籍、飛天、大敗、狐寡等煞。但以人之所生年枝硬配月枝一字。尤爲謬妄。夫以年月日時幹枝八字。及五行生尅。論人吉凶。猶虞不足。豈可棄日時等六字。只論年月二字。卽可判斷災祥乎。他如進財、退財、望門鰥、望門寡、夫多厄、妻多厄、種種名目。只以生年納音所屬之金木水火土、硬配月枝一字。卽爲某煞。荒誕不經。更無庸深辨矣。

按男家擇婦。貴看夫子二星。女家擇夫。貴得中和之氣。此二語乃合婚之要法。然看夫星。不可泥正官七殺。看子星。不可泥食神傷官。若有官無殺。有殺無官。而日主平正者。固以官殺爲夫星。官殺盛而日主衰弱者。又當以傷食爲夫星。官殺缺如。或官殺衰而日主盛者。又當以財爲夫星。若食神傷官不弱。而日主有氣者。固以食傷爲子星。食傷盛。而日主衰者。又當

以梟印爲子星。食傷缺如。或食傷衰者。又當以比劫爲子星。參伍錯綜。其
法不一。豈可見傷官卽云妨夫。見梟神卽云尅子耶。至於中和之氣。尤難
辨別。卽能辨別矣。其義太狹。中選頗難。必須統觀命運。乃無遺憾。若但觀
八字。五行不缺。財官印食勢力平均。卽謂得中和之氣。吾恐壽元雖高。究
不免失之平庸。斷難顯揚。試問此等命擇夫壻者。亦何取焉。若夫日主衰
者爲不及。日主盛者爲太過。似皆失中和之氣矣。然日主衰而得比劫印
綬之大運者。不可以不及論。當以得中和之氣言也。日主盛而得財官之
大運者。不可以太過論。亦當以得中和之氣言也。人之命運。大都類此。其
清純者。則富貴壽考。其次者亦名利兼優。其最次者。亦身家俱泰。擇夫壻
者。能得此造。豈非大幸福耶。至於男命比肩劫財重者。擇女命傷官食神
重者配之。女命傷官食神重者。擇男命比肩劫財重者配之。似合正理。然
按之五行。每多抵觸。不若以男女命之五行。斟酌損益。以決從違。如男命

木盛宜金者。得女命之剛金補之。則爲盡美。得土生金者亦佳。得火者較次。得水木者則無取矣。如女命金剛喜火者。得男命之烈火助之。則爲盡美。得木生火者亦佳。得水者較次。得金土者則無取矣。餘倣此。若夫三元九宮。上中下婚及骨髓破鐵掃箒諸般惡煞之說。毫無義理。萬不可信。西溪先生闢之甚是。協紀辨方書載明刪除。亦本此說。學者宜參觀之。

古今地名異同歌訣

浦二田釀蜜集云。冀爲直北與山西。青兗山東國是齊。徐揚連跨兩江浙。湖廣荊州楚所基。豫屬河南洛陽地。梁爲滇蜀雍陝西。更增福建號八閩。百粵分作廣東西。貴州是漢牂牁郡。古今名號多參差。牂牁音臧戈。郡名、漢置。今貴州之北部。

按本書宜忌篇所言九州分野。曰冀青兗徐揚荊梁雍豫。乃夏制也。世歷千古。不能無變。按之今日地名。殊難畫分。熟讀此歌。可以知古今地名之梗概矣。然參考類書。謂冀州、卽今直隸山西及河南之彰德衛輝懷慶。奉

天之錦州等地。青州、卽今山東省之登萊青三府。及奉天之遼陽等地兗州、卽今山東之東昌濟南兗州直隸之河間大名等地。徐州、卽今山東之兗州東部。及濟寧沂州江蘇之徐州海州安徽之宿州泗州等地。揚州、卽今江蘇安徽浙江江西福建等地。廣東爲揚州徼外地荆州、卽今湖南湖北廣西及貴州等地。梁州、卽今四川雲南貴州等地。雍州、卽今陝西甘肅青海等地。豫州、卽今河南及山東之曹州湖北之襄陽等地。較之釀蜜集所云、略有異同。附錄於此。俟博雅君子詳之。

中氣解

釀蜜集云。二十四氣之有節氣有中氣者何也。蓋陽者天之氣。陰者地之氣。天氣先至、故十二月節氣、常先半月。地氣後至、故十二月中氣、常後半月。是中氣正天地交泰中和之氣。故古人制律管以候陰陽。必中氣始應也。閏月無中氣。故上半月作前月用。下半月作後月用。云交某月節是節氣。某節中

是中氣。

地枝字形辨

丑字。中下二畫。右旁宜出。而中長下短。俗作丑非。卯字。左邊應撇。俗作夘非。巳字上不缺。俗以有鉤挑爲戊己字。無鉤挑爲辰巳字非。戌字從戊含一。俗作戍非。學者於此似同實異之字。務宜留心。免致輕率落筆。貽譏大雅。按巳字上滿不缺。己字上缺不滿。

李虛中推命實兼論八字非不用時考

閱微草堂筆記云。世傳推命始於李虛中。其法用年月日而不用時。蓋據昌黎所作虛中墓誌也。其書宋史藝文志著錄。今已久佚。惟永樂大典載虛中命書三卷。尚爲完帙。所說實兼論八字。非不用時。或疑爲宋人所僞託。莫能明也。然考虛中墓誌稱其最深於五行書、以人始生之年月日所直日辰枝榦。相生勝衰死生。互相斟酌。推人壽夭貴賤利不利云云。按天有十二辰。故

一日分爲十二時。日至某辰。卽某時也。故時亦謂之日辰。國語星與日辰之位。皆在北維。是也。詩跂彼織女。終日七襄。孔穎達疏。從旦暮七辰一移。因謂之七襄。是日辰卽時之明證。楚詞吉日兮良辰。王逸註日謂甲乙。辰謂寅卯。以辰與日分言。尤爲明白。據此以推。似乎所直日辰四字。當連上年月日爲句。後人誤屬下文爲句。故有不用時之說耳。余撰四庫全書總目。亦謂虛中推命不用時、尙沿舊說。今附著於此。以誌吾過。（跂音器、賓韻、與企同、舉踵也。）

按詳觀此考。足可破世人虛中論命不用時之惑。

羊刃辨 清匡良杞字三吾別號南山老人撰

三才分類粹言云。甲丙戊庚壬、五陽幹皆順行。羊刃在卯午酉子。恰合祿前一位之說、人皆知之。乙丁己辛癸、五陰幹皆逆行、羊刃在寅巳申亥、亦正合祿前一位之說、諸命書竟謬以辰未戌丑當之。及算命無準驗、則謂陰幹無刃。其說更謬。獨羅氏通書、及乾元秘旨能辨之、然其說雖是。而其於刃之理、

尚未透澈。愚謂五行惟土不殺人、陽幹既然、陰幹豈有異哉。故乙生於午、旺於寅、卽以寅爲刃宮。丁己生於酉、旺於巳、卽以巳爲刃宮。辛生於子、旺於申、卽以申爲刃宮。癸生於卯、旺於亥、卽以亥爲刃宮。理本甚明。

按此篇於戊午正月、蒙湖南易夢桃先生見示、謂爲與拙集論羊刃篇微有異同、不妨載入雜說門中、以備一義。然就管見論之、陰陽萬物之理、皆惡極盛。陳希夷言之詳矣。夫寅巳申亥、爲五行長生之地、謙益時也、當然無刃。卯午酉子。乃五行帝旺之地、滿損時也。當然爲五陽幹之刃。辰未戌丑、乃五行墓地、由旺而墓、更爲滿損。且墓感暮氣、而近於陰、故爲五陰幹之刃。是否、還希知命嗜古之士正之。

論流年神煞及月建吉凶

古歌云。太歲、劍鋒、伏尸同。二曰太陽、並天空。三是喪門、及地喪。四爲勾絞、貫索同。五値官符、聯五鬼。六逢死符、小耗。從七見歲破、與大耗。八臨暴敗、天厄

宮。九應飛廉、白虎位。十來卷舌、福星宗。十一天狗、弔客患。十二病符、切莫逢。以生年爲主、每句一位、以次順排。假如今年甲子流年、卽以子起太歲、劍鋒、伏尸。丑起太陽、天空。寅起喪門、地喪。卯起勾絞、貫索。辰起官符、五鬼。巳起死符、小耗。午至亥、餘年同倣此推。

按、流年神煞古歌、共十二句、應十二枝、載在神峯通考、及星平會海等書。然凶煞有十之九、吉神僅十之一、其不適用可知。今人固執此說、輒謂人之命宮、如值流年吉神、其年則福。値凶煞、其年則禍。又謂小限起生月、逆行十二位、値吉神、其月則吉。値凶煞、其月則凶。舍幹枝五行生尅之至理、而惟務此虛文、宜其毫無效驗、貽譏大雅。故此篇不列於神煞門、而評斷門、又但論宮限之向背理由者、蓋欲革除此俗習也。茲因友人函詢、特補錄之。

幹枝五行之數學

瑞　讀星命諸書。見昔人之精於斯道者。類能知數。且有述算書。與星命諸作。並垂不朽者。予始疑星命家與數學相表裏焉。近觀虛數學。覺其循環往復之理。與幹枝之既周而更始。隱相契合。乃列五行幹枝爲等分角。以虛數運算之。果井然有條。用以解生尅合衝諸說。每能通貫。夫幹枝肇端於羲皇之上。而虛數創製纔二百年。相去幾千禩。乃能悉合若符節。亦奇祕也。秦火未及卜筮之書。然此道久廢。名著蕩然無存。吾先哲定五行幹枝之精意。渺不可得。而生尅合衝諸說。猶能以數釋之。斯非不源之道矣。近頃士子。試以科學闡發星命學者。常臻奇效。他日賸集既多。則星命學之自成科學可冀也。是以不慚非才。輒貢所得。海內　聖哲。祈鑒斯志。

先用極坐標作 $\sqrt[5]{1}$ $\sqrt[10]{1}$ $\sqrt[12]{1}$ 及 $\sqrt{1}$ 之圖解。次將五行十幹十二枝六十甲子、順次置之圖上。則五行十幹十二枝六十甲子。各得一雜數。以表示之。茲分圖以研究之於後。（爲便利計。命 $\phi(\bigcirc)=(\cos\bigcirc+i\sin\bigcirc)$）

第一圖　關於五行者

（圖註）始於木而繼以火土金水者。取其順次相生。而便於與第二圖配合故也。

（一）五行相比　五行相比則其雜數之商爲一。

例　金與金比。則$\frac{\phi(288^\circ)}{\phi(288^\circ)}=1$。

（二）五行相生。　五行相生則其雜數之商爲$\phi(\pm72^\circ)$。而其商爲$\phi(+72^\circ)$者。謂之我生彼。其商爲$\phi(-72^\circ)$者。謂之彼生我。（以除數爲我被除數爲彼。下倣此。）

例一　火生土。則$\frac{\phi(216^\circ)}{\phi(144^\circ)}=\phi(72^\circ)$

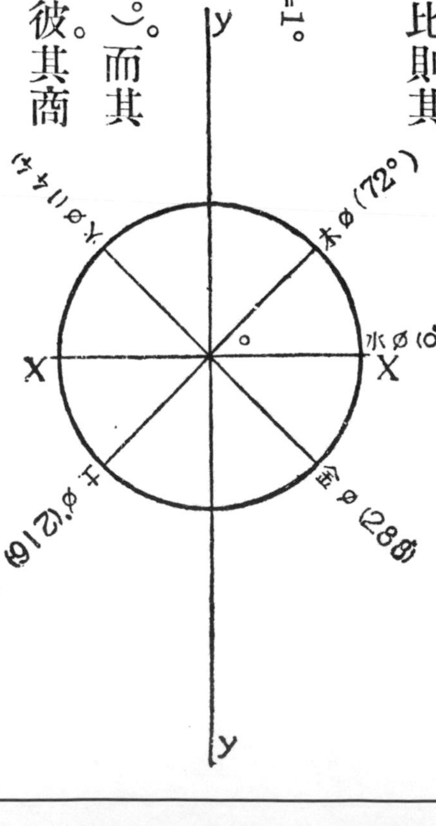

例二。 木被水生則 $\frac{\phi(0°)}{\phi(72°)}=\phi(-72°)$

（三）五行相剋 五行相剋則其雜數之商爲 $\phi(\pm 144°)$。而其商爲 $\phi(+144°)$ 者。謂之我剋彼。其商爲 $\phi(-144°)$ 者。謂之彼剋我。

例一 木剋土。則 $\frac{\phi(216°)}{\phi(72°)}=\phi(144°)$

例二 金被火剋。則

$\frac{\phi(216°)}{\phi(72°)}\ \phi(-144°)$

第二圖 關於天幹者

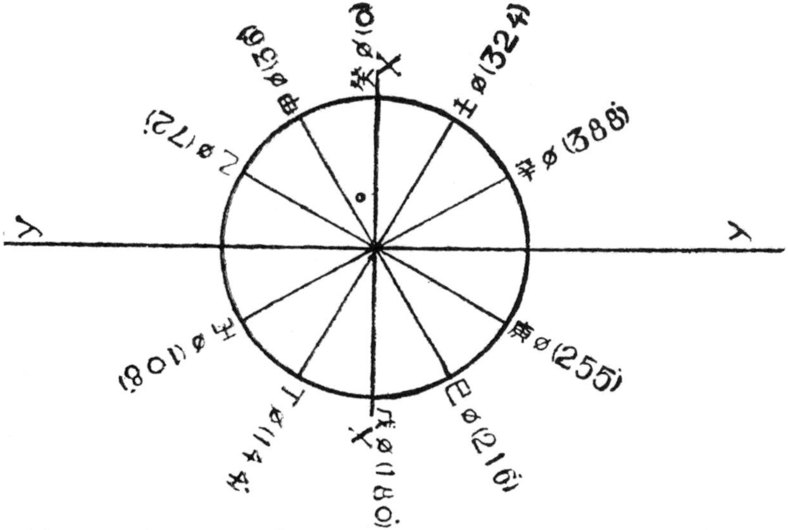

（圖註）不以戊己置之中央。著爲數學上之便利

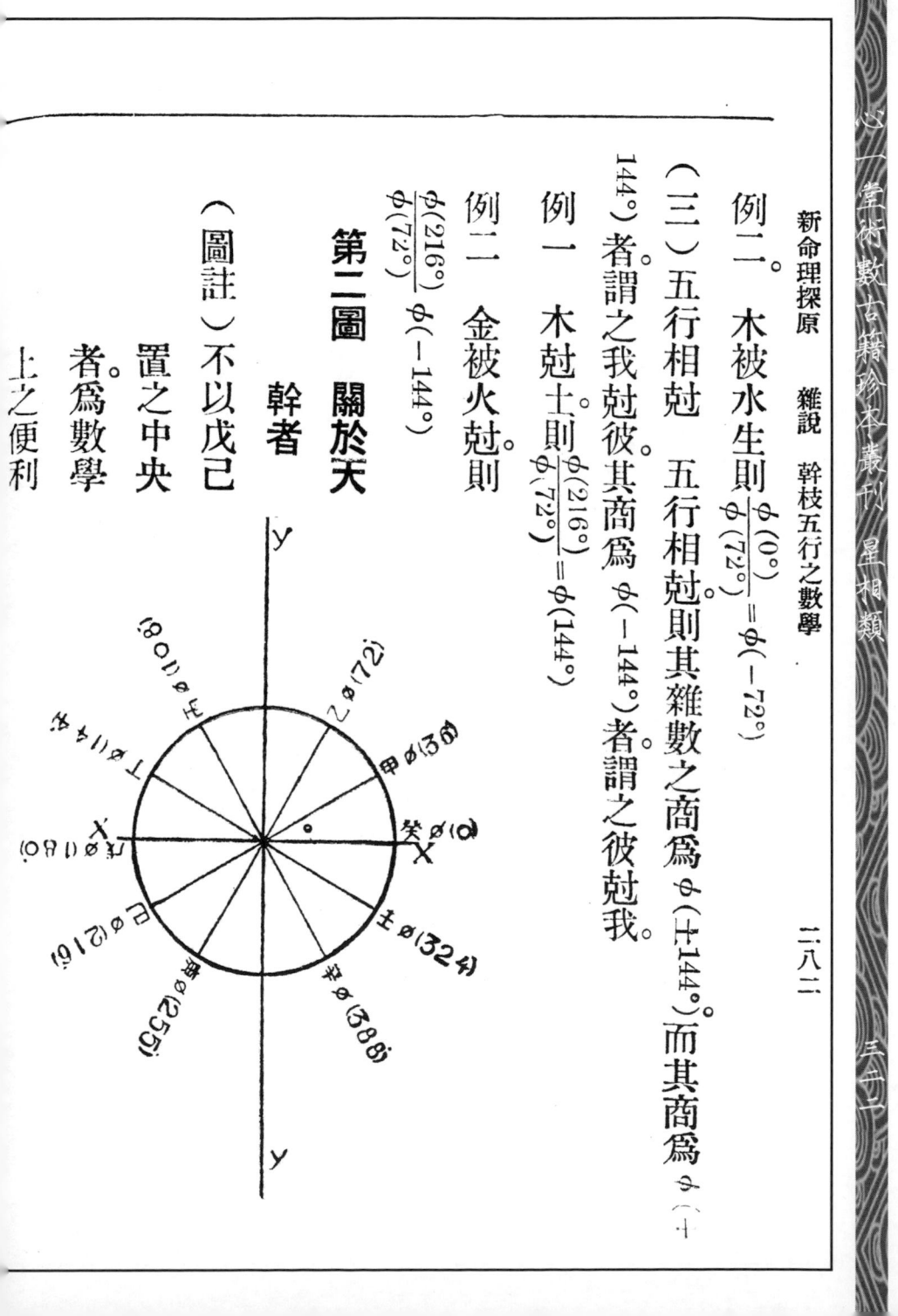

故也。

（四）五合五行　兩幹相合。則其雜數之和爲零。而其所化出五行之雜數。爲任一幹雜數之平方之所尅者。〔設任一幹之雜數爲 $\phi(x)$。則所化出五行之雜數爲 $\phi(x)\phi(144°)=\phi(2x+144°)$〕。（用六十分法下倣此。）

例　丙與辛合化水。則丙辛之兩雜和。爲 $\phi(108°)+\phi(288°)=0$。而其所化出五行之雜數。以丙求之。爲 $\phi(2x108°+144°)-\phi(0°)$ 卽水之雜數。以辛求之。爲 $\phi(2x288°+144°)=\phi(0°)$ 亦卽水之雜數。

（五）十幹配五行　設某幹之雜數爲 $\phi(x)$。配之五行。爲 $\phi\left[x+\left\{1-(-1)^{\frac{x}{30°}}\right\}x18\right]$

例　以戊配五行。爲 $\phi\left[180°+\left\{1-(-1)^{\frac{180°}{36°}}\right\}x18°\right]=\phi(216°)$。卽土之雜數。

（附記）用此條與第一二三條可推十幹生尅、茲固略之。

第三圖　關於地枝者

(圖註)四軸之上。置之四墓。蓋土乃五行中之最奇特者。如此排列。且符天開於子。地闢於丑。人生於

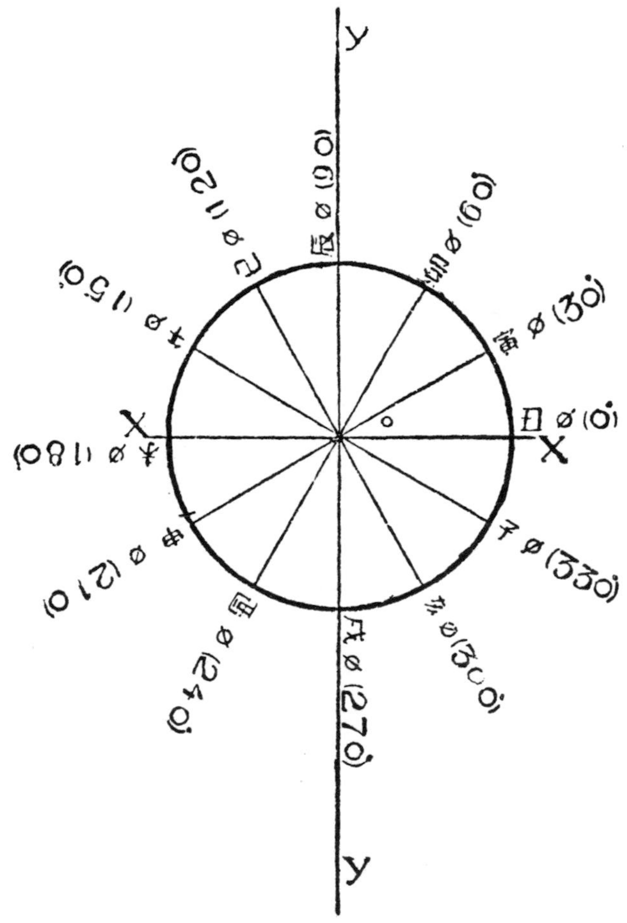

寅之意。

(六)六衝　兩枝相衝。則其雜數之和爲零。

例　卯酉相衝。則θ(60°)+(240°)=0°

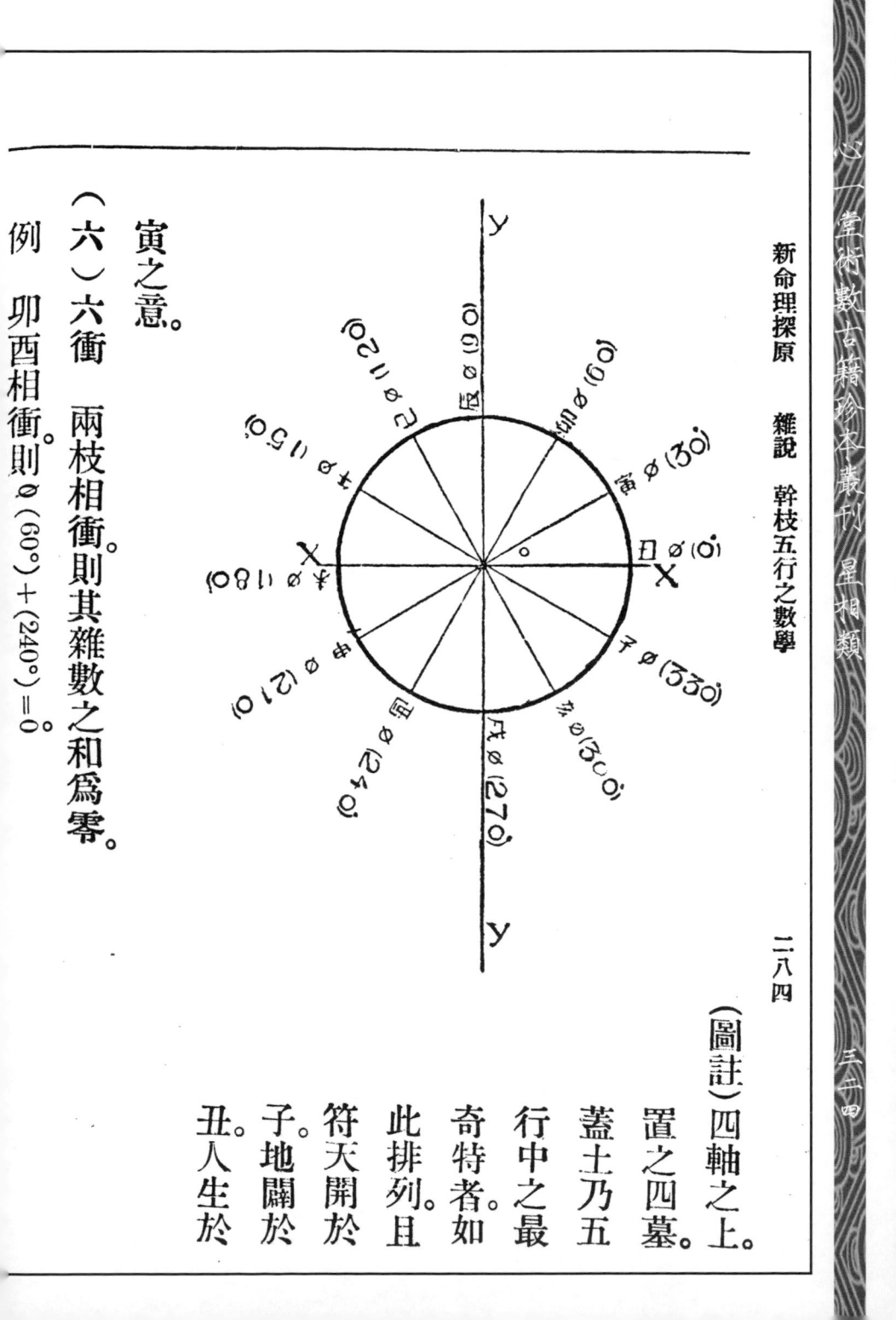

（七）六合

一。令經緯軸轉過。$(1-15^\circ)$。則相合兩枝之雜數成共軛。

二。兩枝相合。則其雜數之積爲 $\phi(-30^\circ)$。

例一　巳與申合。經緯軸轉過　(-15°)　後巳之雜數。由　$\phi(120^\circ)$ 變爲 $\phi(135^\circ)$。申之雜數。由 $\phi(210^\circ)$ 變爲 $\phi(225^\circ)$。其和爲 $\phi(135^\circ)+\phi(225^\circ)$

$= 2COS45^\circ =$ 實數。

例二　卯戌相合。則 $\phi(60^\circ)\phi(270^\circ) = \phi(1-30^\circ)$。

（八）六害

一。令經緯軸轉過 75°。則相害兩枝之雜數成共軛。

二。兩枝相害。則其雜數之積爲 $\phi(150^\circ)$。

例一　子未相害。經緯軸轉過 75°。後子之雜數。由 (330°) 變爲 $\phi(255^\circ)$。未之雜數。由 $\phi(180^\circ)$ 變爲 $\phi(105^\circ)$。其和爲 $\phi(255^\circ)+\phi(105^\circ) = -2COS75^\circ =$

一實數。

例二　寅巳相害則 $\phi(30°)\ \phi(120°) = \phi(150°)$

（九）三合五行　三地枝合局則其雜數之和爲零。而其所合成五行之雜數。爲 $\phi\left[\left(7-\frac{x+y+z}{90°}\right)x72°\right]$（x y 及 z 爲相合三地枝各雜數之幅。惟以小於一周天之正角爲限。）

例　亥卯未三合木局則其雜數之和。爲 $\phi(60°)+\phi(180°)+\phi(300°)=0$。而其合成五行之雜數。爲 $\phi\left[\left(7-\frac{60°+180°+300°}{90°}\right)X72°\right]=\phi(72°)$ 卽木之雜數。

第四圖　關於甲子者

（圖註）不始於甲子而始於甲寅者。爲謀與第二第三兩圖配合上之便利故也。

（十）幹枝雜數與甲子雜數之關係。

一。任何甲子之幹之雜數等於該甲子雜數之六次方。其枝則等於其五次方。（設某甲子之雜數爲 ø(x)。則其幹之雜數爲 φ6(x) = φ(6x°)枝之雜數爲φ6(x)=φ(5x°)

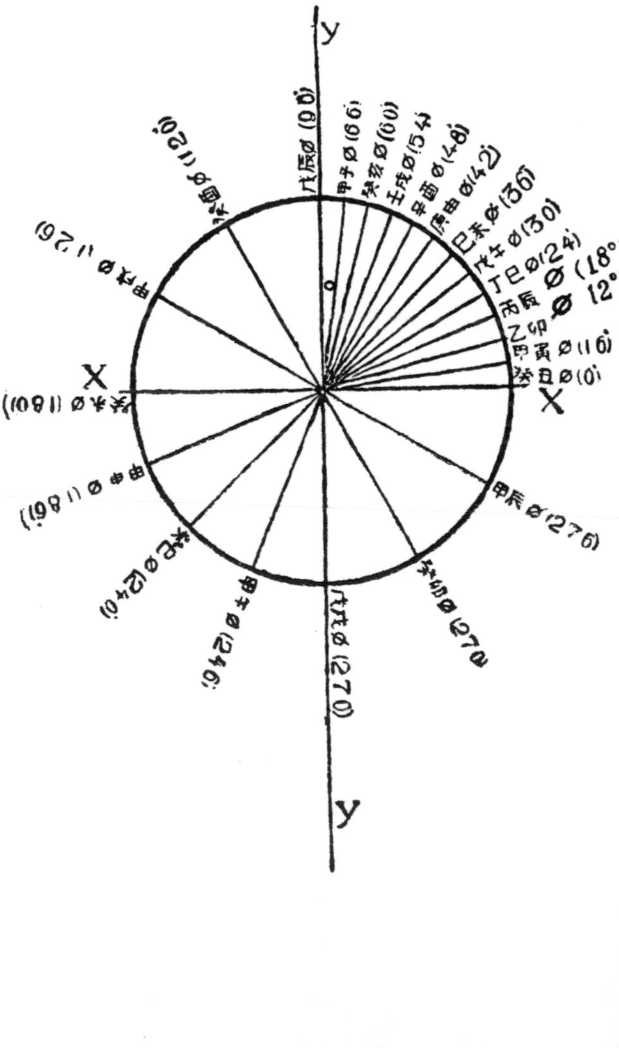

二。任何甲子之雜數。等於其地枝雜數。除天幹雜數之商。（設某甲子之雜數爲幹之雜數爲(x)。枝之雜數爲 $\phi(y)$。則得 $\phi(z)=\frac{\phi(x)}{\phi(y)}=\phi(x-y)$。此公式天幹在上。地枝在下。與書甲子之法適同。故頗易記憶。

例一　辛丑之雜數爲 $\phi(288^\circ)$。故辛之雜數爲 $\phi(6x288^\circ)=\phi(288)$。丑之雜數爲 $\phi(5x288^\circ)=\phi(0^\circ)$。

例二　丙之雜數爲 $\phi(108^\circ)$。午之雜數爲 $\phi(150^\circ)$ 故丙午之雜數爲 $(108^\circ-150^\circ)=\phi(318^\circ)$。

茲更就上之 $\phi(z)=\frac{\phi(x)}{\phi(y)}=\phi(x-y)$ 公式而討論之。設有人焉。別作幹枝一種。幹五枝十二。則其最小公倍數亦爲六十。以之紀年月日時。亦無所不便。然上之公式。已不復適用矣。然則如何方能適於上之公式乎。曰須具次之條件。

$$\frac{2r}{x}-\frac{2r}{y}=\frac{2r}{L} \text{ 或 } \frac{1}{x}-\frac{1}{x}=\frac{1}{L} \qquad \therefore L(y-x)=xy$$

（x＝所定天干數，y＝所定地支數，L＝x與y之最小公倍數）

以言語表示之。卽幹枝數之最小公倍數。與枝數減幹數之差之積。適等於幹數與枝數之積者。方能適用上之公式。易言之。如欲適用上之公式。則必枝數減幹數之差。適爲幹枝數之最大公約數者方可。今十幹十二枝之規定。具此條件矣。抑尤有進者。兩數之最小公倍數爲六十者。計二十三組。卽

(1,60)(2,60)(3,60)(4,60)(5,60)(6,60)(10,60)(12,60)(15,60)(20,60)(30,60)(60,60)(4,30)(12,30)(20,30)(3,20)(6,20)(12,20)(15,20)(4,15)(12,15)(5,12)(10,12)是也。其中惟(10,12)(12,15)(15,20)(20,30)(30,60)五組、具上之條件。而尤以(10,12)一組爲最小。今取之爲幹枝之數。似非偶然之事。此不過以數學方法。略加討論。已覺奇妙。至於先賢作十幹十二枝之眞義。則非末學所敢窺測矣。瑞年少才疏。於命數兩學。未能深造。本不敢妄言致毀。頃者以研究所得。求敎於 樹珊先生。 承先生之命。附驥於命理探原之作。就正

於海內明達。爰作是篇。尙有納音五行。六合五行十幹長生及三刑等。則以變化較繁。整理爲難。因付梓期近。請待異日。惟稿係急就。謬誤綦多。尙祈高明匡正之。　金聖瑞附識

按一二三四五。數也。幹枝五行亦數也。皆發源於河圖洛書。宋儒王伯厚三字經云。曰水火木金土。此五行。本乎數。要言不煩。中有至理。及讀書經。管子。春秋繁露。白虎通。漢書五行志。淮南子本經訓等書。有言數者。有言象者。要其大體。仍本乎數。江愼修河洛精蘊。言之綦詳。並引用啓蒙討論。勾三其積九。股四其積十六。弦五其積二十五。合之五十。是大衍之數。函勾股弦三面積云云。故論五行八卦。多以勾股法證明之。惜珊賦性椎魯。未能領會。是以拙著東塗西抹。依樣葫蘆。新義卒鮮。殊爲慙恧。金聖瑞雯琦先生。讀書敦品。設敎東吳。其於數學。尤有心得。辱承謬採。虛聲函示幹枝五行之數學研究一篇。其論生尅合衝。純粹以算術推演說明。公式自

然。不假造作。絲絲入扣。左右逢源。此誠有功命學之大著。茲特敬錄原文。附載拙著之中。以公同好。倘蒙海內 高明。不吝珠玉。多方賜教。爲命學開一新紀元。不獨金君之道不孤、而珊亦獲益匪淺。其欣幸爲何如哉。丙寅芒種後一日。樹珊記。

論相同之命補救法

星命之說。固有驗有不驗矣。然此非推測其五行論斷之誤也。緣自子平而後。胥以八字四柱爲基本。遂無復有超越此範圍者。蓋就八字命格論。周甲六十年。年十二月。月三十日。日十二時。則其數僅二十五萬九千二百。男女行運。順逆不同。則世間亦僅五十一萬八千四百不同之命格。今以現世界人口之數論之。已將及二十萬萬人矣。若統計之。同一八字之人。約有四千。其極少者。相同之數。亦必二三千矣。前人或謂貴格不常見。同時生者稀。普通之造。則同時生者衆。以統計之理論之。殊難盡信也。按此同一八字之每

數千人中。富貴窮通。每大懸殊。觀夫與達貴同造。而身處貧賤。沒世無聞者。固比比皆是。若僅以生降所値年月日時推斷。勢有所不能解釋矣。故精於斯道者。每欲彌補其缺點。然每多僅就八字四柱中論斷。旣在同一大前題下。欲得有不同之差異。勢所不能。茲擬補充之法數則。繕錄如次。

（一）八字四柱。僅論年月日時。其內容旣嫌廣闊。則命造相同者衆。而實際相異者多。故每有不合。補救之法。擬於生時之外。再增分秒兩柱。（時。亦擬改爲二十四小時計算。）則有九萬三千三百十二萬不同之造。男女行運。順逆不同。則共爲十八萬六千六百二十萬。（若將十二時。改爲二十四小時。則又倍之。）同造之人。以統計平均論之。已屬罕見。則此六柱旣各不同。本之理論。富貴窮通。當有不同。自無足異矣。

惟此法理論上固佳。而實際上則不無困難。蓋時間劃分至分秒。其數至細。降生之際。往往不能確定其分秒。而世人能記憶者。尤萬無一人。則此辦法

雖良。亦僅成其爲理論。恐未足付諸實施耳。

（二）在時間上補救之法。既有所未能付諸實施矣。則與命格有關者。厥惟所降生之地點。故精於星命者。往往推及所生之九州分野。而有得地失地之論。然其所分不過泛指四方。以符五行。未免失之過簡。而況當今世界情勢。瞭如指掌。中國一隅。實不足以代表天下。其所論四方。恐亦於理論未能圓貫也。竊認爲欲用此法彌補。可按地球經緯度數。東西南北。各劃爲六十周甲。每一周甲。再劃爲六十小周甲。（地球上人口分佈密疎不同。僅將經緯各劃六十。則同地同命者。仍多以上海等地論之。卽可看出矣。）則在生辰八字外。又增生地四柱。其積共爲一千二百九十六萬。則同時同地所生。勢所罕覯。自無造同實異之處矣。

然此法所困難者。劃分地球經緯各三千六百。爲前人所未言。一般平庸者流。率未敢自我創始。至其劃分之法。則緯度方面。其問題僅就以自南而北。

抑自北而南。作爲甲子之開端而已。經度方面。則是否以國際現行之經度爲依歸。而甲子開端。又在何地。自東而西。抑自西而東。均有待於方家之詳討也。（若劃分各人生地所屬幹枝。備有詳細地圖。卽足應用。此雖非星命家所可皆備。然問題旣小。殊不値討論矣。）

（三）劃分經緯地帶。亦旣有困難矣。此外又有一較良之法。蓋命運中往往論及六親之休咎。則影響我之命運者。六親亦必有力焉。故同一命造者。因其六親命運不同。故其窮通亦異。此理亦極完善。惟六親之中。父母生我。係先天者。影響造命必大。配偶一體。係後天者。關係行運亦深。至於兄弟姊妹。則爲六親中血統完全相同者。子嗣則爲自我生者。自亦不無力量。然關係或較少矣。故欲知命運之休咎。六親命造。亦需參考。此法世間固有行之者。竊認其爲最穩妥矣。然臚列六親命造。比照齊觀。亦未免過煩矣。欲求其簡。似可將六親之命。歸納列爲四柱。其法或以父母各列兩柱。（一以生日

幹枝。一以生年或生月幹枝。）或對已婚者父母生日幹枝各列一柱外以妻及長子女（皆取生存者）生日幹枝各列一柱以成四柱配合本命察其休咎。未婚者、則父母兩柱外可以年齡最近之兄弟姊妹爲兩柱。則於理亦通。至終鮮兄弟未有妻子者是否以父母各佔兩柱或用他法補充。均得商討。總之研究命數。必須就天地人三者合而觀之。今之八字。僅論天時同者既衆。實驗難符。若加以地理四柱人事四柱。比而論之則萬全矣若欲簡便則地理以經緯之幹枝各爲一柱。共爲四柱。於理亦通。管見如斯。質之樹珊先生以爲何如。己卯秋仲武原朱季華謹啓。

按。季華先生來書。謂爲命造相同者衆。而實際相異者多。故每有不合。特提出論相同之命補救法。遂謂生時以外。須再增分秒兩柱。又謂此法雖善。斷難實施。誠哉斯言。又謂生時擬改爲二十四小時計算。珊認爲此法。既簡且便。古人亦嘗用之。但未明言而少精義耳。本書雜說篇。引乾元

祕旨云。雙生之別。命主太旺幼者勝。命主太弱長者勝。命主不旺不弱。長幼略同。此指雙生同在一時者言也。珊爲人推命。雖非雙生。亦嘗採用此法。略事變更。如木強之命。生壬申時初刻者。(四點鐘前)申藏之庚金戊土。較爲得令。土能生金。金能制木。材堪大用。則以吉斷。生壬申時正刻者。(五點鐘前)申藏之壬水較爲得令。而時幹之壬水。又復助紂爲虐。水多木盛。滿溢高危。則以凶斷。如此之類。不勝枚舉。此與季華擬改二十四小時計算。實不謀而合也。季華又謂精於星命者。往往推及所生之九州分野。惟不免失之過簡。擬按地球經緯度數。東西南北。各劃爲六十周甲。每一周甲。再劃爲六十小周甲。又謂劃分之法。甲子開端。又在何地。自東而西。抑自西而東。云云。此種議論。非具有卓識大膽者。不能道出隻字。珊讀至此。欽佩之餘。不禁爲之鼓掌稱快。友人黃伯惠先生。(上海時報館主人)學貫中西。究心命理。特製木球一座。中分五方。繪爲五色。於球之上下左右。布列幹枝。然後以線環

繞觀之。或橫或豎。或側或斜。其幹枝生尅。及刑衝破害。無不脗合。伯惠當將此球。贈之吳靈園先生。靈園亦好談此道。復將此球贈珊。其球面所載數語。尤爲簡當。曰吾國排幹枝方位。卽認宇宙爲圓形。惜其後忘其立體。而劃爲平面。以致彷彿。要言不煩。足證古人確定幹枝方位。悉從立體入手也。珊摩挲此球。愈覺我國羅經定子午。排八卦。分二十四山。悉自北而東。自甲子而乙丑。（詳見協紀辨方書）俱從實驗中來。決非嚮壁虛造也。由是觀之。地球經緯度數。劃分甲子。亦當從北極而南極矣。若證以兪兪齋文稿所載。駁斥宋仁宗東家之西。卽西家之東之說。（原文載入本書星命叢譚中）但分五方而萬方在其中矣。然果如季華之詳細分晰。則更有裨於命學。洪君勉齋。乃輿地專家。亦頗贊成此議。珊雖不敏。竊願季華與後之賢者勉之。珊又憶及童致旋先生有云。（曩任江蘇省立圖書館館長）偶閱歐洲報章。載某國某某鑒於農夫力田。其選種施肥。土壤氣候。無不相同。而結果之收獲迥異。有一粒而蕃生百餘粒

者有一粒而蕃生數十粒者亦有一粒自行消滅而不能保其本體者因是有感遂發明一種儀器類似吾國羅經置諸居人室中卽可鑒別某房主吉某房主凶某房富貴壽考某房鰥寡孤獨珊聞斯語乃謂致旋曰此器果其發售吾當價購以補羅經之不逮致旋又謂珊曰彼西人因此發明其理安在憑君知識能答我否乎珊曰選種似同而遺傳之優劣必不能同施肥似同而灌溉所受之厚薄必不能同土壤似同而南北高低之方位必不能同氣候似同播種之先後落地之俯仰必不能同且自播種以至收獲其間風雨寒暑紛至沓來有利強而不利弱者有利弱而不利強者有利厚而不利薄者有利薄而不利厚者亦有宜南不宜北宜北不宜南者亦有宜低不宜高宜高不宜低者甚至前後俯仰其間亦有宜有不宜焉故結果榮悴迥乎不同季華論命謂爲欲增看分秒此卽鑒別補種落地之先後也又謂須按地球經緯度數劃爲六十周甲此卽方位之

南北。土壤之高低也。又謂須參考六親命造。此即鑒別選種之優劣及施肥所受之厚薄也。趙展如中丞云。或因山川風土而小異。或由門第世德而懸殊。亦即此意。本書澗德堂存稿及拙著命譜大都就天命地利人事三者合論論命者。果能如是一一精審。不獨吾國人四萬萬零之命不能相同。即地球各國之人。所賦之命。雖有恆河沙數。亦不能相同矣。惟參觀六親之造。還當看其整箇四柱。對於本造。孰宜孰忌。始爲萬全耳。

定命論與孿生子 華僑日報

堅復先生云、在科學昌明的現代、還有許多人、相信「定命論」的。中國的星相學、就是完全以定命論、來推斷人們的一生遭遇。歐西的定命論者、看來不及中國星相學家。(即命理家)以陰陽干支、來作極細微的分析、但對於定命的見解、也深信不疑。比如一個婦人、到帽店買帽子、翻來覆去選擇、花了許多時間、才決定買其中一頂、在定命論者眼中、則視爲庸人自擾、

以爲她在進入店門之前、已經冥冥中、肯定那一頂屬於她所有的了。按上說只個婦人、當是命定有金錢購帽、命定有知識選帽、否則必不能手持錢囊、步入帽店之門。語云、一飲一啄、莫非前定、況有金錢購帽、而又具知識以選帽乎。寄蝸殘贅云、人生富貴貧賤、悉由命定、卽身後榮辱、亦命中所註。世人羣尊關帝、設於在曹之日、或遇害或病歿、後世誰亮其心、烏知其忠肝義膽、冠絕古今哉。至秦檜之惡、萬世唾罵、然上書二帥千餘言、慷慨激烈、必欲立趙氏之後、卽令李若水輩執筆爲之、亦不過如此。設當時觸怒被殺、得不指爲宋室忠臣乎。關帝不死於曹、以成其忠、秦檜不死於金、以成其奸。命中早定、人自不知耳。

又如中東方面、許多伊思蘭教徒、也深信定命的認定一個人的窮通得失、命運是鑄定了、不能以人力爭的。這種觀念、可能造成英勇戰士、也可能造成奇懶的人。當你相信在戰場之中、每一炮彈槍彈、只打死該死的人、不該

死的不會遭危害、（這無異中國人所謂槍彈會拐灣的理論）你自然地會英勇向前無所畏懼。當你將一切委之於天命、餓死不餓死、都是命也、你自懶得去爲生活而奮鬥。英勇戰士、與懶人的分野、只差一線。

按、孔子曰、不知命、無以爲君子。程註、知命者、知有命而信之也。人不知命、則見害必避、見利必趨、何以爲君子。張文端公聰訓齋語云、人生禍福榮辱、自有一定命數、確不可移。審此、則利可趨、而有不必趨之利。害宜避、而有不能避之害。利害之見既除、而爲君子之道始出。上說只個戰士、不怕槍炮打死、見害不避、而能英勇作戰、固可算是君子。只個懶漢、不怕饑寒餓死、見利不趨、而能守分安貧、更可算是君子。如果戰士而見害必避、怕槍炮打死、勢必棄甲拋戈、望風披靡。懶漢而見利必趨、勢必寡廉鮮恥、强取詐騙。此非君子、直是小人、天地間又何取乎此類小人耶。中庸云、君子居易以俟命。小人行險以徼幸。所謂居易俟命者、素富貴、行乎富貴。行

乎富貴者、卽見義勇爲、濟人利物、在上位不陵下、在下位不援上也。素貧賤、行乎貧賤。行乎貧賤者、卽謹身節用、服勞謀食、正己而不求於人也。素患難、行乎患難。行乎患難者、卽造次不違仁、顚沛不違仁、臨財毋苟得、臨難毋苟免也。果能如是、上可不致怨天、下可不致尤人、尊尊卑卑、父父子子、小之則夢穩心安、大之則家齊國治、以視小人行險而徼必不可得之幸者、一安一危、一順一逆。豈可以道里計哉。

科學家、常常譏諷定命論者的種種槪念、認爲愚昧可哂的。

按、王淸穆先生、題命譜有云、科學名詞、吾國古所未有、由轉輾迻譯而來。解之者曰、凡爲有系統之研究者、是之謂科學。然則吾國專門技術、何一而非科學耶。潤州袁某、以所輯命譜見示、余曰、是亦科學也、或疑爲祕聞陋矣。聶雲臺先生、耕心齋隨筆云、命學直同於科學、凡按其方法以布算者、其所得程式皆同。余有親友數人、皆精此道、言多奇中、皆自閱書而

通其法、未嘗從師、能循定法以得其數、非科學乎。

科學家、甚至稍有常識的人、會反問定命論者、倘若是孿生子、其一生的際遇、是否相同呢、定命論者是很難解答的。因爲芸芸衆生中、差不多每一個人、有和任何人不同的遭遇、以及變遷的環境、不同的個性。照定命理論、孿生子、所走的人生途程、應該相同。但人類不比牲畜、一雙同日孵出的鷄雛、可以同時飼養、同蓄一籠、同日宰殺、人在社會的活動、就不能永受支配的了。然而世事無奇不有、以孿生子的遭遇來說、有如下的舉例。

聶伯拉斯卡、一雙姓納士托的孿生兄弟、愛雲和佛烈兩人、從孩提時候、分別在不同的地方居住、至到長大、也沒有往來、彼此互不認識、但後來發覺兩人所娶的妻、同樣重量、同樣高度、同樣膚色、而且同是一鎮居住的女子、他們兩兄弟同是執業爲電力工程師、又在同一年齡生子、後來有一個機會、兩兄弟相逢、彼此更篤友于之愛、而又無意之中、發覺彼此都養了一條

狗、而且同樣給牠改名狄里西。

馬薩秋實、一家醫院的醫生看見一個求診的七十歲木匠、是嚴重的腹病、那木匠的鼻子、曾經受傷而損折、並且患過疝氣症。不久、另外來了一個七十歲的木匠、鼻子也有損折的特徵、又患有同樣的舊病和新病。細查起來、原來兩個老木匠、是實在的孿生兄弟。這種舉例、在科學上是無可解釋的、當人由精蟲至成胎、以至離母體、事實上已經是異體。一雙孿生子、在同樣環境之下受教養、走上同樣的生活歷程、不足爲異、但在心理上總有差別的罷。

又一舉例、美國一雙女歌星、馬利安韋爾、和馬利韋爾、是孿生姊妹、他們各有各的一本日記、後來她們發覺彼此的日記上不謀而合、寫的是同樣的感想、他們索性慳點功夫、共用一本日記、彼此分日寫、感想相同、不太奇怪麽。

然而更有奇的、像舞星烈氏姊妹、簡直有（他心通）的事實、這一個心裏想的事情、另一個也想着、甚而相距很遠、日常意念也常常相同、要是事後記憶起來比對的話、有一夜、姊姊在芝加高表演、妹妹在別茨堡登台、相距六百英里、姊姊在休息當中、偶然研究到新的舞姿和步伐、第二天、寫信告訴妹妹、可是當她剛寄出的信、同時收到妹妹的來信、也是提供舞法的、和姊姊發明的一樣。

幾年前、一雙受人注意的軒士姊妹、馬佐利、和瑪打、他們常常同時患上同樣的病症、就醫之後、同時痊癒、卻是不先不後的。

此外孿生子、具有同樣的趣味趨向、以及同樣的職業選擇、更是慣見的事、如聖路易市的倫南金兄弟、在警署供職、同充交通警、當他們同時執行職務、但在不同地段時、常常使駕車的人們驚奇、以爲一個交通警、會有分身之術、在這一地出現後、迅卽又在另一地露面、決不會相信是兩個人、因爲他們的面目酷肖之極、一如他們所掛的襟章、其差異之點、只是號碼而已。

從犯罪心理學研究孿生子的心理、常有同樣的傾向、比方是犯罪的兩人、會可能有同樣的不良行爲、根據美國警方紀錄、不論搶刼剪綹或其他罪行、孿生子常是一雙搭擋、自然其中還有一個原因、是一個不好、極容易引誘另一個同流合污、孿生的兄弟姊妹、最好不過是當舞台藝員、常常易於成名。至於說到犯罪方面、孿生是絕對不利的、因爲警方的緝捕、可能多一個目標、多許多線索。

話說囘來、定命論在孿生子的印證上、確有許多奇妙的事。除了若干行爲、可以從生理與心理研究、得其原因之外、若干出乎常理的吻合、只有歸於造物主的奧妙手法而已。

按舒繼英乾元祕旨云、雙生之別、命主太旺、幼者勝。命主太弱、長者勝。命主不旺不弱、長幼略同。又云、一日不過十二時、所產何止數萬人。雖五方風土不齊、要亦大率相類。凡大富大貴之命、往往世不偶生。而貧賤者

恆曆見疊出。何歟。蓋天地之精華、獨醞釀於此一日、發洩於此一時。譬諸祥麟彩鳳、原不多見。若泛泛化生於陰陽五行之內、不啻吠犬鳴鷄、何地無之。上說孿生之兄弟姊妹、有同爲電力工程師者。有同爲木匠、同爲警署交通警者。有同爲女歌星、同具思想者。有同時患同樣病症、同時痊癒者。證以舒繼英、祥麟彩鳳、原不多見。吠犬鳴鷄、何地無之之說。信不誣也、

紀文達公閱微草堂筆記云、推算幹枝八字、貴賤貧富大概如是。其間乘除盈縮、略有異同。無錫鄒小山先生夫人、與安州陳密山先生夫人、八字幹枝並同。小山先生、官禮部侍郎。密山先生、官貴州布政使。均二品也。論爵、布政不及侍郎之尊。論祿、侍郎不及布政之厚。互相補矣。二夫人、並壽考。陳夫人早寡、然晚歲康強安樂。鄒夫人白首齊眉、然晚歲喪明、家計亦薄。又相補矣。此或有地有南北、時有初正也。余第六姪、與奴子劉雲鵬生時、祇隔一牆、兩窗相對、兩兒並落蓐啼、非惟時同、刻同、及至分秒亦同。姪

至十六歲而夭。而奴子今尚在。豈非此命所賦之祿、祇有此數。婣生長富貴、消耗先盡。奴子生長貧賤、消耗無多。盈虛消息理似如是。俟知命者更詳之。以此兩則證之、誠如堅復先生所云、除了若干行爲可以從生理與心理研究、得其原因之外、若干出乎常理吻合、只有歸於造物主的手法而已。或曰誰爲造物主。曰天命之謂性。率性之謂道。莫非命也。順受其正。孔孟言之詳矣。

(41)

潤德堂存稿

珊於命學未能深造。本不敢輕率問世。顧於古人五行生尅之理。稍窺堂奧。是以四方人士。往往下採芻蕘。當時楮墨紛繁。凡有委誣。從未留稿。茲爲便利初學起見。特將門人抄存之稿三十餘則。附錄於后。只以十幹爲次序。不以貴賤分先後也。乙卯五月二十八日自記。丙寅三月又增訂十三則

爲趙厚安先生推

癸丑　安
壬戌　命
甲子　戊
甲子　午

初五　辛酉
十五　庚申
二五　己未
三五　戊午
四五　丁巳
五五　丙辰
六五　乙卯
七五　甲寅

甲木參天。形勢雄偉。莫不曰藉斧鑿成棟梁。其實碧淵賦所謂木盛逢金。造作棟梁者。着重在一盛字耳。　尊造甲木生於霜降後。風勁霜凝。枝殘葉落。盛於何有。若謂木得水養。雖衰亦盛。不知水盛而木反漂流。卽證之以格致實理。雨水潤澤萬物。功用甚大。然若無太陽之火以鼓盪之。不特植物無以滋長。卽動物亦難以生存。故水火二者。不可須臾離。而尤不可輕重偏倚也。今八字年幹見癸水。月幹見壬水。日枝見子水。時枝又見子水。再增以年枝

丑中藏水。水勢氾濫。木受其災。何盛之有。木既不盛。雖丑中有金。戌中有金。亦不能取作用神。既不取金爲用神。可不必言棟梁。言貴顯矣。雖然棟梁不成。貴顯無望。然得月枝之戌。與命宮之午。遙合而爲火局。未嘗不可鼓盪甲木。使之發榮滋長。所恨者秋火力薄。必須先經失敗。後乃成功。先受摧殘。後乃發達。而尤必須大運逢火。助用神火局之勢。始可立鞏固之根基。遂丈夫之壯志。若早年所行金運。金能生水。轉使水來尅火。與用神反對。是以艱苦備嘗。及至中行土運。土去尅水。使水不能尅火。與用神之火、較爲有情。是以益多損少。晚行火運。直接與用神之火同氣相求。身名亨泰。事業維新。端基於此矣。此論初中晚運途喜忌之大綱。至於酉運、申運、未運、午運中尅者、破者、刑者、衝者、亦間有之。茲不細贅。若論印臨妻位主妻傷二氏。或可偕老。官藏殺沒主子遲。多育亦不盡美。然得一枝挺秀、亦可晚景娛歡。以上謹敍已往。下篇再判將來。下略

爲王友蘭先生推

癸酉　安
丁巳　命
甲戌　癸
甲子　亥

初六　丙辰
十六　乙卯
二十六　甲寅
三十六　癸丑
四十六　壬子
五十六　辛亥
六十六　庚戌
七十六　己酉

木有陰陽、用分喜忌。此固化學家所當知、尤爲推命理者。不可不曉也。甲木屬陽。乙木屬陰、故古人以喬木雄偉喻甲。灌木嬌姸喻乙也。夫木既雄偉。其枝幹多曲直。其體質多堅韌。其氣象多參天。其材料多豐富。較之其色嬌姸。其質柔脆。僅供玩賞者。迥不相同。故古人又以陽木喜金。陰木忌金、爲二大主腦。今觀　尊造。甲木雙排。木成林矣。巳酉聯合金會局矣。夫以會局之金。而制成林之木。豈非與生尅賦所謂棟梁材喜斧斤爲友者。遙相印合乎。孰

知時居夏令。火強金弱。雖八字中有三金、亦不勝一火之尅制、而況三火耶。明乎此。則知金雖爲喜神。而勢小難爲我用。火雖爲忌神。而勢大適爲我敵。所幸月枝之巳。與日枝之戌。均含土質、藉土生金。能使喜神弱者轉強。藉土晦火、能使忌神強者轉弱。用神賴以不缺。貴雖無望。富必可期。若再歲運逢土。歲運逢金。以助用神之不逮。則鴻圖大展。駿業宏開。有不期然而然者。總之木火有餘之命。光明是其天性。剛直是其本眞。惟光明太過。猶水淸則無魚。剛直太過。猶月滿則必虧。有此二弊。則與應世興利之前途。不無窒礙。曾湘鄉云。凡辦大事。須多選替手。可知凡事之成功。必非一人一力所能到也。君能本此義。而渾厚。而和平。而擇交共事。有不小往大來。名高財阜者哉。若夫印綬透。椿庭先背。而萱堂後喪。比肩逢。棠棣聯輝。而根基鞏固。日枝臨墓。妻難同偕。或硬配相抵。或常客異鄉。庶可永好。七殺不見。子難早存。遲育一枝。差堪告慰。下略

爲前清兩江總督魏午莊制軍推

丁酉　安
辛亥　命
甲戌　庚
辛未　戌

初七　庚戌
十七　己酉
二七　戊申
三七　丁未
四七　丙午
五七　乙巳
六七　甲辰
七七　癸卯

臺造。甲木屬陽。參天雄壯。生於十月。中含生意。較之朽木難雕者迥別。此時如逢斧鑿。卽成良材。孟子云。斧斤以時入山林。卽此義也。今推八字。幹透丁火。又透辛金。木得火暖氣候足。金逢火煉斧鑿成。一經匠石。卽作棟梁。此固五行生尅之至理。亦前賢所共認者也。再按之淸貴濁賤之法。四柱中有正官而無七殺混雜。有傷官而無食神參差。此淸而不濁之明證。滴天髓云。一淸到底有精神。管取生平富貴眞、此之謂也。如是觀之。其人之胸襟懷抱。有

猷有爲可知。其人之功業崇隆。利國利民更可知。惜早運蹇滯。未能科第聯輝。然中運火鄉。亦應扶搖直上。及至乙巳兩運。官兼憲府。職越諸侯。九重共慶風雲。四海咸沾雨露。此誠丈夫得志傑士揚眉之候也。六十八歲。五月二十日未時。交入甲運。是年太歲甲辰。與日主天比地衝。頗不寧靜。九月甲戌。又與日主幹枝犯比。如二物之相擊。尤應動搖破損。其餘四年浮雲流水。興味蕭然。七十三歲。交入辰運。與戌日相衝。使戌中辛金辰中乙木。躍然而出。似又有雄飛之象。詎料生年逢酉。與辰運聯合。欲衝不能。仍是雌伏。然爵錫公庭。情怡邁軸。雖間有傷耗。亦無他虞。七十八歲交入癸運。反尅丁火。殊非所宜。務望引養引恬。林泉珍攝。欣看而昌而熾。麟鳳飛騰。如能越過斯運。壽防八旬有五。至於財官有氣。當卜妻妾多子嗣盛。此亦毋庸贅述也。（邁音科、）

爲某武員推

甲申　安

初七庚午

十七辛未

己巳　甲子　己巳
命　辛未
二七壬申　三七癸酉　四七甲戌　五七乙亥　六七丙子　七七丁丑

甲己化土。兩見天幹。不以木言。當作土論。惜生於孟夏。土不當權。格局雖佳。究嫌失令。因是文章憎命。只可介胄進身。所妙者四柱清純。大運平正。他日親冒矢石。身先士卒。必可保家邦而遂壯志。禦外侮而奏膚功。如其不尙遠圖。而甘小就。則良材暴棄。殊爲可惜。願君毋自蹙驥步也。二十七歲前庚未二運。與化土反對。慈親早逝。顚沛流離。刻行壬運。暗地化木尅土。素位而行。毋求速達。三十三歲交申運。會子化水潤土有功。時機湊合。擔負不輕。此征夫捷捷。多士桓桓之候也。惟嫌中藏庚壬破氣。恐不免椿庭凋謝。棠棣摧殘矣。三十八歲交癸運。接酉運。甲運。戌運。與化土皆有裨益。威聲倍著。壯氣彌

增。快何如之。五十八歲交乙運。暗地化金。洩土之氣。早爲引退。以樂槃阿。是要。妻硬配偕。子三四枝。

爲傅先生推

丁亥	安	初十	八八	辛庚	丑子
壬寅	命	二三	八八	己戊	亥戌
乙丑	戊	四五	八八	丁丙	酉申
壬午	申	六七	八八	乙甲	未午

乙乃花木。古人以灌木喻之。言其非水灌溉不爲功也。然雨露太過。亦足以爲災。故古人又以水多木腐爲忌。如是觀之。灌木之爲物。似宜藉水滋潤。而又忌水多則腐。此中玄理。惟有識者能消息而裁判之。今觀　台造乙木春生。莫不曰枝葉敷榮。紫紅交錯。孰知其月幹見壬水。時幹亦見壬水。年枝逢

亥水。日枝又藏癸水。水多若是。而欲收灌溉之功。免木腐之害。其勢殊難。諺云。春雨如膏。霪雨如刀。誠哉斯言。所幸者幹有丁火。枝有藏土。藉火暄木、藉土制水。猶之久雨忽晴。陽光乍放。而萬物之生機。仍可恢復也。因此椿庭雖背。棠棣猶有雙雙。功名雖無。資財可占疊疊。他日若再歲運逢火逢土。爲用神之後盾。則揚眉吐氣。潤屋華身。定非庸庸碌碌者比。至於金運金年。則有得有失、若逢水木之歲運。則煩惱多矣。總之木主仁慈。爲人必心慈意輭。水主流通。舉止必豁達不羈。長此不已。吾恐吟風弄月之朋。問柳尋花之客。乘間而入。其始也不過偶合招邀。逢場作戲。其繼也必致信用損失。身軀斲傷。若能加之制裁。兼以沈毅。或相機因應。或擇友往來。保有限之精神。立無疆之事業。豈不美哉。若夫提綱帝旺。妻當刑尅。能於金石相配。亦可白首同偕。七殺暗藏。子應遲育。果能注意衛生、定卜三男有慶。下略

爲張先生推

辛卯　乙未　乙未　戊寅

安命丙申

初一　甲午
十一　癸巳
二一　壬辰
三一　辛卯
四一　庚寅
五一　己丑
六一　戊子
七一　丁亥

甲木屬陽。乙木屬陰。故古人以喬木雄偉喻甲。灌木嬌妍喻乙也。夫木既雄偉。其體質必堅靱。其氣象必參天。其喜斧斤造作。必無疑義。若夫嬌妍之木。其顏色雖美麗。其體質卻柔脆。其喜雨露潤澤。與喜斧斤造作者相較則不同。然間有花木繁蕪。蔓生遍野者。又不得不藉金翦裁。而施薅耘之力。蓋薅耘之器雖爲金質。乃柔金也。究與斧斤之剛金有別。故古人又以陽木喜見剛金。陰木忌見剛金。爲二大主腦。若不辨金質之剛柔。而但謂陽木喜金。陰木忌金。是直囫圇讀書。失之毫釐。差以千里。烏可與談命理哉。今觀　台造。

乙木日元。乃灌木也。生於小暑節後。時屆盛夏。赤帝司權。暑氣逼人。炎威炙手。似此嬌姸之花木。有不畏其蒸灼者乎。月幹見乙木。年枝見卯木。月日二枝之未、各藏乙木。時枝又帶寅木。木多叢雜。顯有繁蕪之弊。欲求爲園圃之珍。豈可得哉。惟今之計。只有禱彼穹蒼。降以甘雨。盡我人事。施以薅耘。乃妙。細觀八字。水無一點。是雨露潤澤之功。付諸闕如。所幸年幹特見辛金。薅耘之器。尙可適用。天時雖未得。人事已周全。亦可以羨補不足矣。因是、政權雖不獲。商業可振興。若再歲運逢水逢金。培補用神之不及。則信用遠孚。家聲振大。可必然者。若行火木等運。則不免困阨損傷矣。至於比劫重逢。嚴親已逝。昆仲聯雙。更不待言。祿元與帝旺齊逢。妻須二氏。子卜兩枝。先論大綱。後推行運。下略

爲陳先生推

乙未

安

初六 乙酉

十六 甲申

丙戌	命	二六 癸未 三六 壬午
乙巳	癸	四六 辛巳 五六 庚辰
丁亥	未	六六 己卯 七六 戊寅

乙木日元。乃花木也。古人以灌木喻之。言其非水灌漑。不足以滋長發榮也。今觀八字。幹見丙丁。枝藏丙丁。火勢炎炎。如焚如惔。似此情形。萬物行將枯槁。尙何灌木之可云哉。惟細按之。月建逢戌。中藏辛金。時枝逢亥。中藏壬水。得金以生水。不啻上天之同雲也。得水以潤木。不啻下澤之甘雨也。今旣得此爲用神。雖丙丁疊降。仍無乾暵之憂。雖生居九秋。猶有傲霜之骨。因是、靄靄吉人。謙謙君子。具有爲有守之才。懷立德立功之志。較之學慚智短。碌碌庸庸者。大有霄壤之別。所惜者、亥爲巳衝。美中不足。必須先經挫折。後乃升騰。至於究心岐黃。不過爲濟世救人之一種耳。十七歲前。酉運暇豫。近行甲

運次之二十一歲仍在甲運流年乙卯滿損堪虞但見小傷誠爲萬幸二十二歲。交申運。與日枝之巳聯合。藉解亥衝之圍。此五年。生機勃勃。不僅添丁獲益已也。二十七歲。交癸運。水勢有餘。堪補用神之不逮。海闊從魚躍。天空任鳥飛。斯運之美。可以彷彿似之。三十二歲。交未運。火庫刑開。殊非佳兆。內庭憂患。誧君預防。三十七歲。交壬運、接午運。辛運。十五年。聲名既振。恬淡彌佳。五十二歲。交巳運。屏絕交游。著書娛老。是其時也。壽防庚運。然亦花甲將周矣。妻須二氏。始借子卜三株成蔭。

爲某君推

甲午	安	初三	丙子
		十三	丁丑
乙亥	命	二十三	戊寅
		三十三	己卯
乙亥	己	四十三	庚辰
		五十三	辛巳
丙子	巳	六十三	壬午
		七十三	癸未

乙如花卉之木。嬌嫩非常。與雄偉之喬木有別。生小雪後六日。天寒風勁。草木玄萎。再逢月日二枝亥水。及時枝子水以濕之。安望桃花灼灼耶。所幸年枝逢午火。時幹逢丙火。以此二火。暖彼寒木。黍谷春回。雖枝葉彫零。而本實堅固。仍不可以等閒觀。詩云。東門之墠。不乏茹蘆。南山之顚。尙有薇蕨。此之謂也。因此、人材大雅。操守謹嚴。挫折先經。何必爭雄政海。經營得法。自可戰勝商場。若再謹守範圍。力戒矜張。小之則富及身家。大之則惠於桑梓。以視趨勢附炎。心勞日拙者。豈非天上人間乎。五行缺金。如寄跡於金融界中。必可事半功倍。若謀其他貨殖。反難見功。此又不可不知也。比劫臨於日枝。妻當刑尅。必須配命帶火土者。始可皓首同偕。七殺闕如。正官不見。子嗣稀少。盡人皆知。若住宅得坐癸向丁。兼丑未之門向。而臥室設置於乾兌之方。補偏救弊。未嘗不可遲獲雙麟。再參觀養生三要一書。則瓜瓞綿綿。更可先操左劵。歐陽文忠云。盛衰之理。雖曰天命。豈非人事。旨哉斯言。若論大運吉凶。

二十三歲前子丑二運最乖丙丁二運尚可自三十四歲交戊運左宜右有

采烈興高。二十九歲交寅運。三年以來。美中不足。蓋運雖暢達。而流年抵觸。故也。此皆已往陳跡。茲不贅言。未來何如。備列下篇。下略

爲某先生之子推

安	壬子	初四	癸丑	十四	甲寅
命	壬子	二四	乙卯	三四	丙辰
壬	乙亥	四四	丁巳	五四	戊午
子	庚辰	六四	己未	七四	庚申

乙木日元。生於冬月。似不及三春條達。再逢年月二幹壬水。二枝子水。及日枝亥水。時枝之辰藏水。其不以水氾木浮。缺火爲憾。言者幾希。殊不知時幹之庚。與日幹乙合。化而爲金。辨吉論凶。當以化金爲主宰。萬不能泥正五行

之木言。既不以正五行木言。更何有水氾木浮哉。既不以水氾木浮言。非惟不以缺火爲憾。而反以缺火爲喜也。蓋化金既成。猶金之已成器也。若再經火煆。反傷本質。不比頑鈍之金。必需火煉也。或曰三命通會云。乙庚化金。非巳酉丑月不化。其次七月亦化。今化金於冬至節後。豈得謂爲化之成哉。曰。萬育吾云。若不得月中旺氣。僅得時上旺氣者。亦可用。今時逢辰位。乃乙日之冠帶。何嘗非旺氣耶。且日枝之亥藏甲。又有化土生金之能力。謂爲化成。豈無故哉。不過較得月中之旺氣者。爲稍遜耳。然果得大運乙卯辰丁等。爲化金之喜神。安見其不學養功深。麒驥千里耶。五行缺火。取名字最忌補火。若從土從木則盡善矣。十四歲前癸運丑運均乖。十五歲交甲運接寅運。潛修十載。飽覽五車。捷徑終南。愼勿誤入。二十五歲交乙運。接卯運。時機湊合。事業維新。此誠莫之爲而爲。莫之致而致也。三十五歲交丙運。上下交征。公私叢脞。不貪爲寶。知止彌佳。四十歲交辰運。接丁運。十年好景。百禩勳名。

豈獨輔弼盛世。福利邦家已哉。五十歲交巳運後。早卸仔肩。毋庸戀棧。妻配士命乃偕子卜三枝濟美。

爲某校書推

乙未　安

己卯　命

乙亥　庚

乙酉　辰

初十	二二	庚辛	辰巳
二三	二二	壬癸	午未
四五	二二	甲乙	申酉
六七	二二	丙丁	戌亥

乙木如花。生於二月。地枝聯合木局。似乎仁壽格成。詎料時逢酉金。損傷木質。不能以入格言。既不入格。卽不忌金。而反喜金也。惜酉值空亡。金無效力。雖紫紅交錯。枝葉敷榮。未得薅耘修飾之功。不免野草閒花之誚。若欲與園圃家珍相提並論。豈可得哉。因是人雖伶俐。家必寒微。幸命宮庚辰。合乙合

西。藉可補金雖屬墮落靑樓。尙可歸從望族。但必須配年長金剛之命。位列小星。始可相安。並得一子之慶。二十歲前飛絮落花。令人歎息。二十一歲巳運。流年乙卯。仍宜耐煩。二十二歲。流年丙辰。小限己未。十二月辛丑。歲枝辰藏癸水。不畏丙火傷官。巳酉丑三合金局。堪助酉金空亡。此喜溢眉梢。身藏金屋之時也。二十三歲。交壬運。夫子增輝。門庭煥彩。二十八歲。交午運。二年猶妙。三十歲。甲子年。四仲全衝。用神破洩。恐不免有玉釵敲斷之感也。愼之愼之。

爲丁壽南先生推

壬午　安
丙午　命
丙戌　壬
己亥　子

初	七	丁	未
十	七	戊	申
二	七	己	酉
三	七	庚	戌
四	七	辛	亥
五	七	壬	子
六	七	癸	丑
七	七	甲	寅

嘗聞論天道者。首辨陰陽。論人事者。首辨順逆。論命理者首辨宜忌。若不知陰陽之至理。順逆之底蘊。宜忌之所在。而欲測天道盈虛。判人事進退。決命理休咎。豈可得哉。　台造丙火日元。乃陽火也、古人以太陽喻之。謂其麗乎中天。普照六合。有鼓盪萬物之功。此言其宜。然若無雨露陰水之潤澤。又不免有亢陽之害。欲求一木之發榮。一草之滋長。必不可得。而況於萬物乎。此言其忌。今觀八字。年枝午屬火。月幹丙屬火。月枝之午亦屬火。日枝之戌又藏火。此皆足以助丙火日元之勢。況又生於夏至左右。赤帝司權。炎威炙手之候耶。當是時也。彼蒼蒼者若不降以甘雨。則苗盡枯槁。尚何生意之可言。此又言其忌。幸也壬水年逢。亥水時見。墨雲乍起。時雨遠來。十分旱象頓消除。萬物生機漸恢復。此誠莫大之造化。此又言其宜。然四柱之中。火計有五。僅恃一壬一亥之水。而欲收既濟之功。遂成名之願。究不可得。惟有取戌藏辛金。藉助水氣。使水有生扶。而不易消灼。此卽子平金能生水之義。夫辛金

乃丙火之正財也。取財爲用神。此卽經營致富之佳兆。但一生得法之地點。當在西北。若欲於東南等區有所建設。勢必傍水臨江。君能於此留意。安命而往。素位而行。未有不迎刃而解。乘機億中者。他日若再歲運逢金。歲運逢水。以助用神之不逮。則聲名特達。事業擴張。尤非常人所能企及。惟嫌火勢炎上之人。光明是其天性。剛直是其本眞。若不稍加變易。吾恐弄巧成拙者有之。施恩反怨者有之。若能光明中參以渾厚。剛直中御以和平。或相時而動。或擇善而從。旣獲操縱裕如之益。又無往來負累之虞。豈不妙哉。至於日枝爲妻位。時枝爲子宮。乃先哲之定論。不可不察。今陽刃兩合於妻位。此斷紘再續之明證。如配金水之命。或可無妨。貴人獨蒞於子宮。此佳子承歡之明證。必須中年遲得。美蔭三槐。以上先論綱領。後再詳推歲運。第恐命理淵深。有非末學輇才。所能窺測者。尙待高明匡正之。下略

爲某君推

丁巳	丙午	丙子	丁酉
安	命	壬	寅

初四	十四	二四	三四	四四	五四	六四	七四
乙巳	甲辰	癸卯	壬寅	辛丑	庚子	己亥	戊戌

丙如太陽之火。生臨五月。如趙盾之可畏。取子水爲用神。乃不二之理。若謂子水犯忌者。此偏論也。何則。子宮藏癸。猶雨水也。當此酷暑久旱之天。忽見甘霖大雨。而猶謂犯忌。雖愚之甚者。亦知爲不然。僕觀前運之癸水得意而益信取子水爲用無疑也。壬水化木。是以不佳。辛金化水未成。是以多害。明年交丑運。三合金局。身財兩旺。必可盡釋愁腸。接後庚運十年。若不家肥金積。吾不信也。妻三。子一。

爲朱季華先生推

癸丑　安
乙卯　命
丙午　甲
己丑　子

初七　甲寅
十七　癸丑
二七　壬子
三七　辛亥
四七　庚戌
五七　己酉
六七　戊申
七七　丁未

台造。日元之丙。在五行屬火。日枝之午藏丁。在五行亦屬火。合計之。不過二火而已。年幹明見癸水。年時二枝之丑。與命宮之子。又各藏癸水。時幹特立己土。年時二枝之丑。與日枝之午。又各藏己土。合計之。水固有四。土亦有四。就數目論之。火占少數。水與土俱占多數。水多尅火。土多晦火。謂爲火衰水盛土盛火衰。誰曰不宜。其實證諸氣候。則又大不然矣。蓋誕生之際。適在仲春。火爲進化。水爲退化。卽土亦不當令。按照古法。進化者作倍數。退化者作半數論。是二火不啻四火。四水四土。直同二水二土而已。而況月逢乙卯。幹

枝屬木命宮之子。幹乘甲木。又復疊疊生火耶由是觀之不獨水土不旺而火亦決不爲衰矣。火既不衰。必須水濟。水既不旺。必須金生。否則亢陽爲害。萬物不生。饑饉頻仍。名利何有。所幸年時二枝之丑。各藏辛金生水濟火。莫多益寡。雨暘時若。禾稼豐收。仍在意中。因是爲人果決。賦性聰明。近利不貪。高名必獲。斷非折腰屈節。隨波逐流者所可相提並論。惟一生展達之地點。大都屬之西北。至於東南西南。只可暫作傳舍而已。日坐羊刃。妻遲兒喪。丑值時枝子三預卜廿六歲前甲寅二運。讀書順利者、此非木運之功。乃四柱坎離不偏之效果耳。癸丑二運。學與年進。竟能稍露頭角者。此癸能助癸丑能助丑。裨益用神之明證也。事屬已往。茲不贅言。未來何如。下篇再敍。下略

爲某兵士推

丙戌　安　初五　己亥　十五　庚子

戊戌　命　二五　辛丑　三五　壬寅

丙辰　乙　四五 癸卯　五五 甲辰

戊子　未　六五 乙巳　七五 丙午

二丙二戊。並列天幹。就表面觀之。乃兩幹不雜格。殊不知秋火力衰。不勝季土之盜洩。戊土雙排。不以喜言。反作忌論。所幸日枝之辰中藏乙木。命宮之未。上遁乙木。藉木制土。卽所以益火之氣。因是家雖貧乏。之人尚勇爲。不必以現充職務末微。而遽思改善。須知古之將帥。每多從兵卒中來也。但必須立志高超。不隨流俗。乃見雞羣鶴立。矯矯稱雄耳。三十歲前。無甚險虞。三十一歲辛運尾。丙辰年。堂上有憂。三十二歲正月初六日交丑運。除三十四歲己未年災驚外。其餘四年。守分皆佳。三十七歲交壬運。接寅癸卯甲等運。雖不榮稱國士。定可選備干城。較之昔日處屯苦之中。居困辱之地。判若兩人矣。六十二歲辰運後。以退守田野爲宜。妻遲配兒尅。子遲生有一。

爲某先生推

丙子	安	初四	戊戌	十四 己亥
丁酉	命	二四	庚子	三四 辛丑
丁酉	丙	四四	壬寅	五四 癸卯
辛亥	申	六四	甲辰	七四 乙巳

丁如燈火。盡人皆知。若詢其何以光明。何以熄滅之原理。則瞠目結舌。不能作一詞矣。珊學殖荒蕪。敢謂知命。偶於挑燈夜讀之時。恍然有悟。乃知膏油屬木。燈心亦屬木。同爲燈火之原料。故得之則光明。失之則熄滅。白虎通云。木能生火。徐大升云。火賴木生。劉伯溫云。丁幹屬陰。火性屬陽。得一甲木。則倚之不滅。而燄至於無窮也。以此證彼。益信古人著述。皆從實驗中來。非臆說也。

台造丁生八月。金盛火衰。取木生扶。毫無疑義。今時逢亥位。遁幹有甲。火得木生。此燈火獲膏油之明證。光輝發越。達旦通宵。一望可知。惜幹枝疊疊逢金。木爲金制。雖得膏油。猶虞不足。雖有光輝。究嫌不大。欲求政治光榮。豈非南轅北轍。惟有從事實利。放棄虛榮。俾可動靜咸宜。指揮如意。然欲求實利。須以田房產業之生利爲本。而以經營商業之生利爲末。蓋產業之生利雖微。而權操於己。商業之生利雖大。而權操於人。操權於己者。月計不足。歲計有餘。終必至於富饒。權操於人者。始雖獲利甚優。終必失敗到底。孔子曰。行有餘力。則以學文。珊謂產業有餘。始可經商。果其經商。必須獨立。寧可務實求己。不可蹈空貪大。若隨波逐流。因人成事。非惟太阿倒持。且恐干戈玉帛。我公明哲。以爲何如。至於二酉犯刑。妻當刑尅。如配木盛火炎之命。或可白首同偕。七殺不透。人皆謂子息稀疎。其實時逢印綬。乃正式之用神。雖無七殺。亦有佳兒。惟實存只一二耳。若論大運。四十九歲前。金水連環。與用神背

道而馳。益少損多。概可想見五十歲五月二十九日交入寅運與生時之亥遙相合木。此生平第一好運。發奮爲雄。成功必鉅。餘金生子。尤在意中。五十五歲交癸運。火畏水尅。不以佳言。知足守身。庶幾無恙。若再倡與義舉。慨解囊金。則更善矣。六十歲交卯運。接甲運十年。椿蔭方濃。蘭階多喜。詩晉九如之頌。書陳百福之疇。可以左券先操也。

爲前清丹徒縣張星五大令推

乙巳	安	初一	丁	亥	十一	丙	戌
戊子	命	二一	乙	酉	三一	甲	申
丁卯	己	四一	癸	未	五一	壬	午
甲辰	丑	六一	辛	巳	七一	庚	辰

丁乃燈光之火。生寒冬、得地枝子辰之水以生木。得天幹甲乙之木以生火。

生生不已。猶之燈火獲膏油。有剔燄搖紅之象。通宵達旦之光。此主福壽綿長。胸襟磊落。科舉一途。雖不桂杏聯芳。而功業所成。足可令萬家稱頌也。查前運木火皆佳。戌酉較次。六十歲午運。流年甲辰。雖犯自刑。亦不過小有風潮。決無顛覆。六十一歲流年乙巳。正三五月。餘波未靜。餘月、自在中流。六十二歲二月二十日。交入辛運。金剛尅木。似非佳兆。然所遇之流年。皆逢火土。不妨勉力從公。優游敷政。惟不可厭小而務大。忽近而圖遠耳。六十六歲流年庚戌。以歲幹庚金論。與時幹甲木犯尅。以歲枝戌論。與時枝之辰犯衝。再以大運辛金論。又與生年乙木犯尅。用神損傷。斷不平正。務宜及早退歸。以享林泉之福。爲要。妻正副。子稀疎。

爲王君推

壬辰　安　初八己酉　十八庚戌
戊申　命　二八辛亥　三八壬子

丁丑　癸　四八癸丑　五八甲寅
丙午　卯　六八乙卯　七八丙辰

丁火日元。生立秋節後。固不比盛夏當令。再逢年幹壬水。及辰申丑三枝藏水以尅之。火力不足。概可想見。幸命安卯宮。中藏乙木。藉木生火。猶之燈火獲膏油。光輝發越。仍在意中。惜卯木遁幹。剛逢癸水。與丁火日元極端反對。雖卯木有生火之功。其力究嫌不足。因是母喪父逝。均在幼年。名雖昆仲成行。實則單騎獨立。欲求富貴壽考。恐不可得。惟有屏戒浮華。經營實利。富貴雖無望。衣祿尙有餘。第經營實利。亦必須一步一趨。量力施爲。做一事。精一事。做一業。精一業。有頭有尾。能收能放。若得隴望蜀。西扯東挪。未獲鉅金。先受奇辱。竊期期以爲不可也。至於壽元修短。雖曰天命。亦關人事。君果節慾保身。輕財重義。未有不逢凶化吉。卻病延年者。昔人有云。少一分貪嗔。多一

分精神。多一分精神。少一分疾病。少一分疾病。多一分壽元。善因善果。絲毫不爽。顧力行何如耳。若夫財旺身衰之命。妻宮小配。尚可和諧。子息遲存。收梢兩位。三十一歲前。己運固見憂喪。酉運。尤多損失。庚運七枝八節。辛苦奔波。戌運勞勞碌碌。稍具成績。辛運外圓內缺。不盡言佳。事屬已往。茲不贅言。未來否泰。備列下篇。

爲某君推

戊子	安	初十	二二	丙丁	辰巳
乙卯	命	二三	二二	戊己	午未
戊戌	癸	四五	二二	庚辛	申酉
甲寅	亥	六七	二二	壬癸	戌亥

戊屬中央土。生二月。春氣透洩。萬物發生。土之功用。可謂大矣。惜甲寅與乙

卯齊逢。木盛又嫌土衰。必須火以生土。金以制木。然後乃臻上乘。今觀八字
金與火皆暗藏。其力太微。以致椿庭先逝。勳業難成。然棠棣聯三。利權早握。
亦幸事也。二十七歲前損益各半。二十八歲八月十六日交午運。第一二年
猶未盡佳。宜善處之。三十歲丁巳至三十二歲己未。外華美。內喜慶。快哉快
哉。三十三歲交己運。上層樓。開眼界矣。三十八歲交未運。災耗。四十三歲交
庚運。接申運。至樂無憂。五十三歲外。靜居爲是。妻遲子一。

爲李鴻澤先生推

辛丑	安
戊戌	命
戊辰	己
庚申	亥

初	三	丁	酉
十	三	丙	申
二	三	乙	未
三	三	甲	午
四	三	癸	巳
五	三	壬	辰
六	三	辛	卯
七	三	庚	寅

台造。土計有六。地大可知。若無金爲耒耜。從而耕耘之。非爲磽瘠。卽爲荒漠。何足取哉。今八字竟有五金。農具備矣。假使四柱無木。仍有耔種缺乏之虞。今日枝辰藏乙木。而生月戊戌。生日戊辰。及生時庚申。命宮己亥。納音五行。又皆屬木。其爲美種嘉生。年豐物阜可知。只須運入火鄉。藉火濟水。卽可行遠自邇。建業立名。三十九歲前。運不完善。雖曰薄有成績。未免挫折頻遭。四十歲午運。會戌合火。接行癸運。合戊化火。十四年先憂後樂。目送手揮。卽使煞費周章。亦應發抒懷抱。五十四歲後。壬運辰運。水多土澤。倍宜好義急公。壽逾六旬。自應蘭芳桂馥。晚年得此。幸福可知。妻淑子蕃。茲不贅述。

爲某婦推

乙亥　安　初五丁亥　十五戊子
丙戌　命　二五己丑　三五庚寅
戊午　乙　四五辛卯　五五壬辰

　　　　　六五　癸巳
壬戌　酉　七五　甲午

戊土日元。以年幹乙木爲夫星。以戌枝辛金爲子星。當此季秋。木落金藏。似應夫星不旺。子星不多。然得命宮乙酉爲夫子二星之臂助。仍卜夫興子盛。況時幹壬水。又遙生乙木耶。如夫星配水木較多之命。則琴瑟調和。子嗣三四。尤在意中。惟嫌陽刃會合。不免人巧多勞。三十歲前。煩惱不一。近來十年。喜氣盈庭。男兒繞膝矣。四十一歲交寅運。三合化火。不無燥土。肺肝血病。皆宜預防。向後除四十四歲戊午。四十七歲辛酉。又見損傷外。接至六十歲。大都爽健自如。壽逾花甲。

爲前清寶山縣竇甸膏大令推

壬寅　安　初三　丙午
　　　　　十三　丁未
乙巳　命　二三　戊申
　　　　　三三　己酉

戊戌　乙　四三庚戌　五三辛亥

戊午　巳　六三壬子　七三癸丑

戊土夏生。枝會火局。若無水潤。必成旱災。所幸壬水年逢。不啻上天甘雨。萬物賴以資生。人品因茲廉潔。惜枝無亥子。僅恃巳中庚金。究難爲壬水奧援。因此、文學雖佳。科名未捷。然晚運金水連環。足補用神之不逮。由儒生而作吏。自應德政覃敷。本經術以抒猷。定卜循聲卓著。三十八歲前。運多火土。未必顯揚。自三十九歲交酉運。除戌運挫折外。接至六十二歲。雖屬淸風兩袖。然已霖雨萬家矣。六十三歲亥運尾。流年甲辰。與日主正犯衝尅。功敗垂成。深爲浩歎。六十四歲交壬運。與用神之水、共表同情。此乃生平最得意之運。惟細按之。只有乙巳丙午兩年。精神煥發。名業崇隆。到六十六歲丁未年。丁壬化木。水失效力。巳午未全。火勢愈烈。如是而欲免災戾。恐不可得。能越夏

秋。則晚景黃花。又堪玩賞也。妻二氏子三枝

爲某孀婦推

丁丑　安
己酉　命
戊子　甲
丙辰　辰

初	十	二	三	四	五	六	七
九	九	九	九	九	九	九	九
庚	辛	壬	癸	甲	乙	丙	丁
戌	亥	子	丑	寅	卯	辰	巳

戊土以辰枝乙木爲夫星。以酉枝辛金爲子星。今木居墓地。而得命宮甲辰助之。金占提綱。而得丑年合之。似可以夫興子盛言也。孰知命宮之甲。與月幹之己化土。己失木之作用。丑酉合金。與木爲仇。不能視之爲子。因此夫難偕老。子難成立。二十三歲前猶可。二十四歲大運辛金。流年庚金同來戕伐甲乙。不啻拉朽摧枯。此夫喪子夭之痛。不禁而來也。所幸日元土厚。堪勝水

運。爲人志堅金石。節凜冰霜。行看德播鄉閭。名垂邑乘。可欽可敬。壽六旬外。

爲某君之子推

甲寅	安	初九 壬申
辛未	命	十九 癸酉
戊戌	辛	二九 甲戌
乙卯	未	三九 乙亥
		四九 丙子
		五九 丁丑
		六九 戊寅
		七九 己卯

戊屬土。生小暑後三日。赤帝司權。夏火當令。再逢年枝之寅藏丙火。月日二枝未戌。各藏丁火。火勢炎炎。土感燥氣。若無水潤。必呈旱災。今觀八字。壬癸亥子。同付闕如。卽使緯武經文。亦難幹家棟國。惟細按之生年甲寅。生時乙卯。納音爲大溪之水。藉此潤土。亦可以羨補不足。若再多方教育。力戒驕矜。使之潛心經史。肄業農林。或講學術於文壇。或話桑麻於隴畝。大之則上培

國本小之則下利民生豈不懿歟豈不懿歟至於命名固宜從雨補水即將來得法之地點。亦當瀕海臨江。不獨卜居應如是也。十二歲前關煞開通。逢凶化吉。十三歲壬運。流年丙寅。接至明年丁卯。不疾不徐。無憂無慮。十五歲交申運。加意衞生。勿求速達。二十歲交癸運。接酉運。甲運。十五年。幼學壯行。名滿海內。丈夫得此。何樂如之。三十五歲交戌運。骨肉災傷。精神痛苦。惟達人乃能善遺耳。四十歲交乙運。接亥運。丙運。子運。廿年。審時度勢。左右逢源。妻續子稀。

為張先生推

癸丑　安
戊午　命
己巳　己
丁卯　未

初八丁巳　十八丙辰
二八乙卯　三八甲寅
四八癸丑　五八壬子
六八辛亥　七八庚戌

尊造己土日元。生於夏至節後。赤帝司權。火能生土。土力充足。一望可知。再逢月幹戊土。年枝丑土。與夫月日二枝午巳藏土以助之。土勢雄厚。更屬顯然。子平有云。土厚喜木疏通。蓋土爲萬物之母。乃是概論。其實土所生者。以木質佔多數。若但見土、而不見木。非爲瘠壤。即是石田。既無生利之可言。安有相當之代價。此即有土之名。無土之實。人亦何貴有此土哉。若得木以疏通之。使土脈流動。則禾𥝩菽麥。莫不多稼如雲。如是觀之。土得木則貴。失木則賤。其理彰彰明矣。今推八字。時枝之卯屬木。命宮之未藏木。此土得木疏之明證。以地大物博富貴壽考言之。乃是開門見山之理。再細按之、生年癸丑。納音爲桑柘之木。生日己巳。納音爲大林之木。得此二者。爲卯未二木之臂助。其神妙有非常人所可測度者。因是、立功立德。垂千百年不朽之名。利國利民。造億萬世無疆之福。雖文潞富鄭。晏子相齊。亦未足以較短絜長也。

微嫌生月戊午。納音爲天上之火。生時丁卯。納音爲爐中之火。火勢炎炎。土

感燥氣必須幾經挫折備歷艱辛然而大運木水連環一可疏土一可制火
得道多助。履險如夷。因禍爲福。轉敗成功者。比比皆是。孟子有云。莫知爲而
爲。莫知致而致。此之謂也。若夫帝旺臨枝。水衰土盛。妻雖賢淑。亦難同偕。續
配命強。庶免早尅。七殺居時。巍然獨立。而又爲疏通土脈之用神。子星得所。
安用多爲。一男濟美。足可娛歡。若論運途休咎。丁巳丙三運。火炎燥土。無善
可言。辰運藏水潤土。較爲進益。乙運木疏旺土。英雄入彀。卯運用神顯著。應
接不暇。甲運陰土陽木。和合有情。名滿天下。豈偶然哉。寅運會午爲火。反不
相宜。癸運見戊化火。丑運逢巳化金。錯節盤根。筋疲力盡。若非發憤妄食。樂
以忘憂。其危殆爲何如哉。壬運與時幹之丁。遙相化木。飛黃騰達。大有一日
千里之勢。子運合年枝之丑。化而爲土。雖曰天乙帶財。未免美中不足。辛運
屬金。與用神之木。極端反對。滿損剛折。殊屬可憂。然生年之幹。明見癸水。堪
作木之屏障。仍無他虞。而況辛酉年、爲時犯太歲。癸亥年、爲日犯太歲。難關

俱過。又何害焉。此皆已往陳跡。茲不贅言。未來何如。下篇再敍。

爲某君之子推

辛丑	癸巳	己酉	己巳
安	命	甲	午

初	十	二	三	四	五	六	七
八	八	八	八	八	八	八	八
壬	辛	庚	己	戊	丁	丙	乙
辰	卯	寅	丑	子	亥	戌	酉

己屬土。爲萬物之母。此常論也。其實土所生者。以木質占多數。未有其土不生草木。而能生萬物者。是故欲驗土質之肥瘠。先觀草木之榮枯。欲知土命之何如。先審木之缺否。今觀八字。木付闕如。其爲瘠土可知。或曰、時逢己巳。納音屬木。豈得謂爲缺乎。殊不知巳爲己酉旬之空亡。其力綿薄。難生效力。況巳酉丑又化合爲金乎。所幸提綱巳火。堪以生土。土氣不致告竭。雖幼年

多災。尚可成立。但不能爭利爭名也。八歲內。祇有癸卯年受驚。九歲初交壬運。病生肝肺。務宜預防。十歲後接辰辛二運、崎嶇蜀道。殊不易行。迨至二十四歲交卯運。始可步入康莊。脫離煩惱。接後庚寅己三運。隨遇而安。誠爲至樂。四十三歲交丑運。加意衛生。以期益壽。妻尅子無。

爲某先生推

甲寅	安	初五	丙子		十五	丁丑				
乙亥	命	二五	戊寅		三五	己卯				
己亥	丙	四五	庚辰		五五	辛巳				
丁卯	寅	六五	壬午		七五	癸未				

己如田園之土。能生萬物。喜陽火鼓盪。忌寒水冰凝。何則。火能生土。土暖則氣升。而萬物育焉。水能潤土。水寒則氣降。而戕害隨之。今八字亥水重逢。冰

凝可慮。甲乙交見尅削堪虞。幸得丁火資生。春回寒谷。雖根本無依。梓鄉少蔭。亦可單騎特立。游歷於天涯。奮志興家。超羣於人上。且合官留殺。濁而轉淸。把穩耐勞。固是英雄本色。剛强不屈。尤爲君子貞心。惟五行缺金。雖外不矜張。而內多纏繞。然補苴未嘗無術。性天加厚。是非自消弭於無形。太上曰、積善餘慶。其斯之謂歟。推己往之運。寅卯最困。刻行庚運。舒暢多矣。五十一歲交辰運。合木局傷日元。二豎爲災。殊屬可慮。越此、到五十六歲辛運後。十載康强。猶有樂趣。妻先尅子一枝。

爲某和尚推

甲申　安

辛未　命

己未　甲

甲子　戌

初十壬申　二十癸酉

三十甲戌　四十乙亥

五十丙子　六十丁丑

七十戊寅　八十己卯

己與甲合不特正五行屬土卽化氣五行亦屬土此化土於小暑後一日於帝正司權。土王未用事。格局雖佳。精神不足。再逢申枝藏庚。暗地化金以洩土氣。更難以名公鉅卿言也。所幸時帶空亡。而會天乙。秉性聰明。致使寄身淨土。機緣湊合。尤應得志沙門。若再具有克治之功夫。非惟免塵俗紛爭之擾累。且可獲如來上乘之眞詮。豈不妙哉。二十歲前。運途多舛。困難屢遭。自二十一歲交癸運。春風乍暖。柳眼初舒矣。二十六歲交酉運。外圓內缺。人豈知之。三十歲與太歲尅衝。芝蘭化爲荊棘。惜哉。三十一歲七月十六日交甲運。拂開天上雲千里。捧出波心月一輪。三十六歲交戌運。除三十七歲之災驚外。其餘四年。登極樂國。四十一交乙運。去彼貪嗔。保我定慧。愼之。四十六歲交亥運。接丙運子運十五年。幸福無量。六十一歲交丁運。與化土之格極形反對。此倦飛知還時也。請留意焉。法子一二枝。壽元六旬外。

爲某先生推

庚午 安 初十 二二 戊子 己丑
丁亥 命 二三 二二 庚寅 辛卯
庚午 戊 四五 二二 壬辰 癸巳
辛巳 子 六七 二二 甲午 乙未

庚金日元。生於小雪節後。非惟性質堅剛。且具沈寒之氣。而況年幹庚金。時幹辛金。及時枝藏金。又助其勢耶。夫金多若是。其質必愈剛。其性必愈寒。若僅恃單獨之火。斷不足以煉金驅寒。幸也亥居提綱。中藏甲木。藉木生火。卽所以益火之燄。益火之燄。卽所以煉金驅寒。惟嫌木質無多。火勢不大。雖有煆煉之功。未成鐘鼎之器。欲求名騰桂杏。富蔭椿萱。斷不可得。惟有專心致志於實利。以期揚眉吐氣於商場。若能勞瘁不辭。爭雄特立。尤應施爲合法。作主宜賓。但一生得意於東南。貴乎務本。萬不能驟往西北。競尚新奇。至於

比劫交加處世當有權變若親其疏而疏其親則劫耗紛多而扶持卒鮮必須親者親之。疏者愈親之。始可內患消弭。外交發達。書云滿招損謙受益。即此義也。若夫日枝遙刑。妻應中尅。倘能配合木命而年紀較小者。庶可和偕。時爲子宮。七殺帶長生。當卜緜緜瓜瓞。詎料巳亥又遙相衝擊。正氣受傷。反主多生少獲。然得一二男以娛歡。亦至樂也。以上統言大概。未詳已往。茲特略補敘之。二十八歲前。如子運之相衝。丑運之入墓。庚運之犯比。此皆月缺不圓之候。安有奇光異彩。自二十九歲後。寅運忽起。辛運忽落。卯運又忽升騰。近行壬運。又忽耗洩。此猶花屆早春之候。枝葉雖敷榮。仍不免風雨飄搖之憾。若詢未來運途之何如。未來流年之得失。又非片言所能解決。故特備列下篇。俾知音者、暇時披覽。或可得芻蕘之益云爾。下略

爲吳君推

甲戌　安　初九丙子
　　　　　十九丁丑

乙亥　命
庚午　庚
丙子　午

二九戊寅
三九己卯
四九庚辰
五九辛巳
六九壬午
七九癸未

庚金日元生於孟冬。有謂金質沈寒。喜火煅煉者。有謂甲乙交加。恐木侮金者。其實皆非也。蓋庚與乙合。爲化氣之金。若僅就正五行片面之理。而謂金喜火煉。金恐木侮。豈得謂爲精確哉。況有化先論化。無化方取用。經有明文。今庚與乙合。既化爲金。此卽化金格也。既名化金。卽當棄正五行之生尅。而遵化氣五行之成規。辨其眞假。察其忌宜。判其榮枯。決其得失。始合先賢論命之旨。若夫化金於十月。其爲不及三秋純眞。固已彰明較著。再見丙字特立。尤犯化水盜金之忌。欲求身華名振。豈可得哉。所幸甲字明透於天幹。暗中引己。有化土生金之能力。椿庭雖背。萱室向榮。家計雖貧。雁行濟美。又幸

壬藏亥內化木爲財。入心熱而志趣宏。爲守優而自立。富再能不辭勞瘁。東奔西馳。利益豐盈。尤勝守株待兔多矣。日爲時衡。妻當早尅。續紘命硬者偕。殺露幹頭。子星頗顯。二三遲育者佳。下略

爲某女士推

丙申	安	初—辛卯	十—庚寅
壬辰	命	二—己丑	三—戊子
庚寅	丙	四—丁亥	五—丙戌
辛巳	申	六—乙酉	七—甲申

庚金以丙火爲夫星。壬水爲子星。今年幹值丙火。月幹逢壬水。似覺夫星發達。子星蕃昌。無如丙火爲壬水所傷。壬水爲辰土所制。曇花一現。終歸烏有。或曰、時枝之巳藏丙火。年枝之申藏壬水。足可補天幹丙壬之缺點。失之東

隅。未嘗不可收之桑榆。改調別彈。未嘗不可增長幸福。殊不知巳與寅刑。巳破矣。申與寅衝。申又破矣。巳申俱破。似有若無。似實若虛。豈能望夫賢子孝。齊眉繞膝哉。如是觀之。與其隨波逐流。自貶聲價。而無良好結果。何如超然獨立。講學專門。（如經史書畫之類、皆可閉門自修、無師自通、）以期媲美先賢。曹大家續成漢史。蔡文姬賸寫賜書。均皆名垂不朽。誰是靠丈夫兒子者。語云。彼亦人。吾亦人。有爲者亦若是。古人之言。豈欺我哉。至於妙手空空。更不成問題。課童蒙。鬻書畫。未嘗不可養親。疏食飲水。賢者宜然。但能立志持恆。何患不學優名振。而爲當代女宗耶。先哲謂貧不足憂。可憂是貧而無志。良有以也。三十歲前。譬如昨死。茲不贅言。三十一歲丑運尾。流年丙寅。風雨飄搖。把舵宜穩。一失足成千古恨。再回頭已百年身。斯言宜三復之。三十二歲交戊運。孳孳爲善。漸履康莊。除三十三歲戊辰。憂喪煩惱。外接至三十六歲。性靜情逸。優哉游哉。三十七歲交子運。第一年庚申。又防災生無妄。三十八歲丁運後。素位而行。從心所

欲較之前境判若天淵矣

爲某先生推

戊戌	丁巳	庚寅	戊寅
安	命	辛	酉

初三	十三	二三	三三	四三	五三	六三	七三
戊午	己未	庚申	辛酉	壬戌	癸亥	甲子	乙丑

道德經云。天之道。其猶張弓也歟。高者抑之。下者舉之。有餘者損之。不足者補之。此數語、固爲修己治人之要道。而尤爲談命學者。不可不研究也。謹推台造庚金日主。生居小滿節後。不及三秋當道。此不足也。丁火透於月幹。而又值赤帝司權之際。此有餘也。年支戌藏辛。月枝巳藏庚。連同日主之庚。不過三金。力量綿薄。屈而居下。勢也。年枝戌藏丁。月枝巳藏丙。日時二枝之寅。

又各藏丙運同月幹之丁。火計有五。炎炎有象。亢而居高。亦勢也。若無補偏救弊。酌盈劑虛之神。則屈者終屈。亢者終亢。陰陽不協。悔吝必多。其爲人也。非庸愚翦陋。卽桀傲不馴。安望其懷報國之心。具立功之志哉。恰好命宮辛酉。幹枝皆屬金。足爲日主庚金之臂助。大運申壬。泉源不息。堪制四柱烈火之炎威。正與老氏抑高舉下損有餘補不足之義。不謀而合。此誠莫大之造化也。因是人才軼衆。家學淵源。斷非隨波逐流。依草附木者所可望其項背。二十三歲前。戊午二運不佳。己未二運較勝。自二十四歲交庚運。喜託龍門。欣看豹變。廿九歲交申運。初步兩年、丙寅丁卯稍差。三十一歲戊辰至三十三歲庚午。一鳴驚人。一飛沖天。三十四歲交辛運接酉運、壬運、十五年。昌黎伯名重泰山。親傳正學。司馬公脚踏實地。不務虛聲。吾將於斯時卜之。四十九歲交戊運。急流勇退。庶免高危。五十四歲交癸運、接亥運、十年。老當益壯。毋灰白首之心。公爾忘私。必遂青雲之志。快哉快哉。六十四歲交甲運。息影

蓬廬。以樂晚景。妻防兩氏子蔭三槐

爲某女推

癸卯	安	
乙卯	命	
庚子	癸	
己卯	亥	

初八	十八	二八	三八	四八	五八	六八	七八
丙辰	丁巳	戊午	己未	庚申	辛酉	壬戌	癸亥

庚金日元。生於二月。幹無丁火。枝無正官。莫不曰夫星缺陷。女命大凶。其實看命之法。不止一端。劉伯溫云。局中官星明順。夫貴而吉。理固然矣。若官星太旺。以傷官爲夫。傷官旺而無財。官以印爲夫。今八字既無正官而傷官又旺。自應以時幹正印爲夫。恰巧月幹之乙、與庚聯合化而爲金。不致有妨己土夫星特達。於此可知。如果良人長配。而得土厚金剛之命。互相補助。琴瑟

調和。尤堪預卜。又何必泥夫星缺陷。而妄云大凶耶。至於子星。亦以庚金日元爲主宰。子平云。金能生水。水賴金生。故金爲水之母。水爲金之子。今八字壬水不逢。子嗣似少。然得癸水子水以代之。未嘗不可瓜瓞綿綿。而況滴天髓。又有傷官旺以印爲子之說。今大運印占多數。三槐成蔭。意計中事。若夫化金於仲春。格局雖佳。究嫌失令。人材雖美。難享大年。必須加意衞生。多方積德。始可上迓天庥。藉膺景福。東坡居士云。天定勝人。人定亦能勝天。惟必須出之至誠耳。下略

爲某先生推

甲戌　甲戌　辛亥　戊戌

安命　癸酉

初六 乙亥　十六 丙子　二六 丁丑　三六 戊寅　四六 己卯　五六 庚辰　六六 辛巳　七六 壬午

辛乃陰金非珠玉之謂也凡溫軟清潤者皆辛金也生於九月莫不曰秋金當道。其實節近霜降二日。黃帝司權。秋金已失令矣。再逢時幹戊土及年月時三枝戊土、以沈埋之。豈能適用。必也藉木尅土。藉水涵金。始可還我原質。仍爲百鍊。滴天髓云。辛金軟弱。溫潤而清。畏土之多。樂水之盈。誠哉斯言。今觀八字、土多爲患。毫無疑義。然年月二幹逢甲木。日枝見亥水。具有尅土涵金之功。用神不缺。人有作爲。雖不敢謂爲能扶社稷。能救生靈。（此亦滴天髓成語）要亦不失爲商界鉅子。梓鄉哲人。惟嫌秋木彫零。季水淺薄。用神雖備。力量太輕。必須幾經挫折。倍歷艱辛。始可大展鴻圖。振興駿業。昔人有詩云。不是一番寒徹骨。怎得梅花撲鼻香。我公閱世多年。飽嘗此中風味。當益信斯言不謬矣。羊刃疊見。妻當刑尅。子應稀疎。如配木强水盛之命。互相調劑。或可皓首同偕。而得兩男娛老。若論大運。如何丁運以前。坦坦蕩蕩。損益各半。丑運戊運。有喜有憂。大費氣力。自四十二歲交寅運。雲收電匿。風暖日高。接至四十

六歲。局面一新。家聲丕著矣。四十七歲交己運。兩年以來。頗爲煩惱。幸源流尚活潑耳。四十九歲仍在己運。接至五十一歲。逢凶化吉。履險如夷。努力進行。綽有餘裕。五十二歲交卯運。出於幽谷。遷於喬木。景象之佳。又勝前境多矣。五十七歲交庚運、本亂末治。殊非所宜。廣種福田。庶無大過。六十二歲交辰運。骨肉傷亡。諸惟留意。果能沖和恬淡。則壽至六旬有七。辛巳年頭也。

爲某先生推

癸未	安	初四	十四	二四	三四	四四	五四	六四	七四
甲寅	命	癸丑	壬子	辛亥	庚戌	己酉	戊申	丁未	丙午
辛卯	庚								
乙未	申								

辛金日元。生於正月。困不比三秋當令。再逢甲木、乙木、及寅木、卯木、與夫二

未藏木以欺侮之木强金折盡人皆知而況辛金孤立又無與援就表面觀之似可作棄命從財格論惟細按之寅藏戊土未藏己土雖辛金孤立得此二土生之精神忽振未嘗不可與强木抗衡欲使其附首降心一聽甲乙寅卯木等之欺侮吾知辛金雖愚亦不甘受而況棄命從財者憂喪必早雁侶必稀今竟棠棣聯輝承歡堂上豈可以棄命從財論哉夫既不以棄命從財論則用神還須取金不得謂爲見金大忌恰好命宮庚申幹枝皆屬金遙爲辛金日元之臂助人巧心慈家肥屋潤於此可卜若再寄跡於金融界中實事求是不憚煩勞既可信用遠孚更應聲名卓著較之乞憐權貴而得一官半職者其榮辱爲何如哉財星疊見妻當先尅續弦始可同偕七殺居時聯合得勢子嗣三兩尤貴早生三十四歲前癸丑壬子四運庇蔭無憂間有小疵不懼辛運較好亥運無味自三十五歲交庚運當發惟三十六歲戊午年不無顛倒四十歲交戌運仍貴保守四十五歲交己運接酉運、戊運十五年。

土金連環。此生衆用舒。體胖心廣之候。宜勉旃。六十歲交申運。恬然沖靜。頤養天和可也。

爲黃先生之子推

壬子	安	初二 甲寅
癸丑	命	十二 乙卯
辛亥	壬	二二 丙辰
辛卯	子	三二 丁巳
		四二 戊午
		五二 己未
		六二 庚申
		七二 辛酉

辛金兩見。提綱又藏金助之。金堅矣。壬癸水並列。亥子丑又合水助之。水旺矣。夫以堅金而得旺水。四柱中又不逢戊己。此誠金水相涵格也。應人穎悟沉毅。大有作爲。他日入校讀書。務先授以楊椒山先生男兒欲繪凌烟閣。第一功名不愛錢之句。使之先入爲主。以備效法忠良。贊襄家國。是爲至要。五

行缺火取名字宜補之若再過繼外父名尤與嚴親有益屬虎者佳小時關煞不妨。刻行甲運。清吉。六歲丁巳年磨折。十歲辛酉年災驚。十一歲後。智識日開。爲嚴慈者。果能加意栽培。接至四十二歲。望重勳殊。必非常人所可企及。四十三歲交戊運。內政外交諸務。未免棘手。然忘家爲國。古有明訓。可不勉乎。五十三歲交己運。此功成身退。豹隱鶴藏時也。當謹記之。妻宜遲配。子卜三枝。

爲吳先生推

丙寅　安
辛卯　命
辛卯　己
辛卯　亥

初六 壬辰
十六 癸巳
二十六 甲午
三十六 乙未
四十六 丙申
五十六 丁酉
六十六 戊戌
七十六 己亥

易云。乾為天屬陽坤為地屬陰。此陰陽之最大最著者也。至於動物之有陰陽。植物之有陰陽。礦物之有陰陽則為吾人習見而不察者也。夫人為動物之一種。有夫婦有弟妹。此陰陽也。稻為植物之一種。有雌蕊有雄蕊。此陰陽也。巖石為礦物之一種。有水成石有火成石。此亦陰陽也。推而至於命理中之五行。亦有陰陽寓焉。若不辨陰陽之何如。則生尅之眞相。無從探悉。將何以決休咎而定從違哉。今推　台造辛金日元。乃陰金也。與庚之陽金迥異。蓋陰金之質柔脆。陽金之質堅剛。書云。柔金忌火。剛金喜火。此言似以陰陽分喜忌矣。然猶不及沈孝瞻所云。柔金忌見陰火。剛金喜見陽火之為精當也。夫柔金即辛金。陰火即丁火。以陰金而見陰火。既無融洽之可言。即不免金火之戰尅。故以忌言。至於陽火乃丙火也。對於辛金。明雖金火相尅。實則陰陽聯合。經云。有因合而忘尅者。即此義也。細觀八字。辛金雖柔。丁火不見。毀傷之慮。於此可蠲。若夫年幹之丙火。與月幹之辛金。化而為水。氣質已變。

斷不仇金年枝所藏之丙火與所藏之戊土比鄰而居化尅爲生非惟無損。更有益焉。因是金質得以完全人才必當邁衆。惜正五行缺水。未能科第聯輝。然而銅符珍重墨綬寵榮。亦可於此卜矣。但一生得法之地點。或屬西北。或傍水涯。否則勞而無功。不可不加意焉。四柱純財而精華在印。今日權權暫操牛刀小試。他年盡心爲政。遺愛在民。必期無棠不蔭。有口皆碑。惟乘好而止。先賢垂訓。買山而隱。名士嘉言。又不得不屬望於君也。若夫日枝無傷。妻當賢淑。硬配必可同偕。時枝無衝。子應特達。一男足可繼美。以上先述大綱。後再詳推行運。中略四十七歲交丙運。人每以火烈金傷言之。孰知丙與辛合。別有感情在耶。詩有云。暄妍紅杏塢。明媚綠楊隄。差可彷彿斯運之美矣。第一年初交。猶形減色。至四十八歲癸丑年。四十九歲甲寅年。卽應興高采烈。五十歲乙卯年。得風轉帆。是在明哲。二四月煩勞。八十月障礙。餘月平正。五十一歲丙寅年。層樓更上。眼界彌高。五七兩月、毋怒毋貪。餘妙。五十二

歲交申運。與生年之寅相衝。似不安靜。殊不知申運中藏戊土。乃辛金最喜之神。請勿過慮。足可勇爲。劉禹錫有句云。美人首飾侯王印。盡是沙中浪底來。此言深有滋味。五十七歲交丁運。丁爲陰火。柔金最忌見之。幸初行之時。歲逢壬戌癸亥。尚可勉力維持。至五十九歲。卽宜早息仔肩。預圖退步。六十二歲交酉運。第一年歲逢丁卯。多方珍重。六十三歲後。接戊運九年。別有洞天。快哉快哉。

爲李先生推

壬戌
癸卯
壬戌
辛亥

安命癸卯

初九甲辰
十九乙巳
二九丙午
三九丁未
四九戊申
五九己酉
六九庚戌
七九辛亥

經云壬水通河、週流不滯通根透癸衝天奔地今壬水兩排水勢已大月幹再逢癸水。其爲通根無疑。夫水既通根。其勢必衝天奔地。況時幹辛金又從而生之。時枝亥水。又從而助之耶。於此而不急固隄防。其爲害當何如哉。欲固隄防。舍土莫屬。故戌中戊土。堪爲八字確當之用神。或曰。提綱值卯木。時枝藏甲木。木能尅土。土畏木尅。土亦豈能爲我用哉。殊不知卯與戌年合而爲火。己失木之效力。日枝之戌。位居亥甲之先。而又有金火同宮。爲之屏障。更不畏木侵凌。或曰、前行丙午丁運。各事如意。近行戊運。反多顚倒。其爲用神喜火忌土明矣。曰。丙午丁屬火。火能生土。乃間接之用神。而所經過之流年。自辛卯迄乙巳。從無幹枝皆逢金水者。故佳。然猶經綸未展。若土運而遇斯年。其特達有不倍蓰者耶。戊運屬土。乃直接之用神。較火爲優。無如經過之流年。辛亥壬子、癸丑、幹枝皆逢金水。設非戊土運以禦之。橫流氾濫。有不可收拾之勢矣。遑論其他哉。書云。命佳不如運佳。運佳不如流年佳。非無因

也。或曰。如子之言後行申運屬金。不更危乎。曰。行申運之流年。適逢丙辰、丁巳、戊午、己未、幹枝皆逢火土。補用神之不逮。制申金之有餘。行看變化飛騰。定不池中久困。惟歲逢庚申當防煩惱耳。至於運行己土。與戊土正表同情。除壬戌癸亥兩年災傷外。餘均左右逢源頭頭是道。一交酉運。卽宜空谷逍遙。以樂晚景。以上所陳。謹就五行生尅至理。詳細言之。非敢膠固也。然否尚乞高明正之。

爲前清常鎭道榮心莊觀察推

庚戌　安
己卯　命
壬申　丁
壬寅　亥

初五　庚辰
十五　辛巳
二五　壬午
三五　癸未
四五　甲申
五五　乙酉
六五　丙戌
七五　丁亥

壬水兩見申日又藏水助之水計有三以有餘論之未爲不可然生逢二月春木當令木能洩水之氣。非秋金生水可比。況天幹見己土。地枝又帶三位戊土。以四土三水相較。顯係土盛水衰。既不能取土爲隄岸。又不能取木以制土。惟有取年幹庚金及所藏辛金爲用神。使之直接生水。而後流通不息。萬物賴以灌溉也。惜戊貪卯合。功用嫌輕。科名雖早捷。究未桂杏聯輝。大運水金斷續不齊。官職雖超遷。究難富貴並美。加之金白水清。爲人慈祥廉潔。劫耗紛繁。皆由於此。申爲寅衝。妻當刑尅。而子息亦難早存。續絃納妾。既可偕老。尤應宜男。文昌合命宮。子雖一枝。必當跨竈。五十歲前所行之運。半否半泰。政聲卻好。其如清苦何。五十一歲、初行申運。申爲日幹壬水之長生。理作全吉論。無如寅申犯衝。必先蹈危機。後乃獲福。自五十二歲、至五十五歲。漸履通衢。五十六歲乙運。乙庚有化金之功。是以居榮泰之地。處崇高之位也。惟五十九歲戊申年。六十歲己酉年。歲幹尅日。歲枝逢衝。定見災耗。六十

一歲行西運。與日枝之申年枝之戌。三合而爲金局。雖提綱之卯衝酉。亦不爲害。書云、貪合忘衝。卽此義也。如是觀之。災去福來。翹足可待。又何必畏葸過慮哉。中下格

爲某和尚推

辛未	安	初十	一	丙申	乙未
丁酉	命	二三	一	甲午	癸巳
壬子	庚	四五	一	壬辰	辛卯
丙午	寅	六七	一	庚寅	己丑

壬水日元。生白露節後。人每以金旺水相言之。孰知其逢丁聯合。化而爲木。已失水之本眞。辨吉論凶。只可以化木解決。萬不能再泥正五行之水言也。此化木於秋月。金風乍起。落葉漸多。較之三春之條達者逈殊。經云。當王者

貴令失令若此非王也烏可以貴言哉所幸月帶孤虛而不犯衝擊爲人夙具善根。應卜早成法器。既去其繁華名利。必進於定慧圓通。再能寄跡水涯。藏身香國。尤當先知先覺。達彼上方。三十五歲前百般困頓。近來十年。苦少甘多。四十五歲壬運。末以運言之。氣求聲應。吉兆也。以乙卯流年論之。歲幹之乙化金。與化木反對。歲枝之卯刑子。會四仲爲衝。是年也。了了無遮。念空空不染心。二五八十一月。尤宜守口守身。四十六歲七月二十四日交辰運。第一年丙辰。歲運相刑。動象也。歲與年合時機也。因時機而動作。固是美事。然亦須先辭後受。否則毀傷甚大。可不懼哉。四十七歲丁巳。淸泰。四十八歲戊午。磨難。四十九歲己未。五十歲庚申。裕如。五十一歲交辛運。此五年。誠施法有爲之候。拈花自笑之時也。五十六歲交卯運。速傳法子。以迓天庥。是要。

爲某君推

丁未　安　初一　庚戌
　　　　　十一　己酉

辛亥　命
壬戌　戊
庚戌　申

二—戊申　三—丁未
四—丙午　五—乙巳
六—甲辰　七—癸卯

壬戌日元。正五行屬水。納音五行爲大海之水。生立冬節後。氣候當旺。盡人皆知。再逢月枝亥水助之庚辛金生水拱之蒼茫浩蕩。更屬顯然。此時若無厚土以隄防之。陽火以交濟之。橫流氾濫。有不災及萬物者乎。恰好命安申宮。幹遁戊土。生年逢未。幹見丁火。藉土制水。足可振河海而不洩。藉火濟水。亦可資調變於無形。用神完備。萬物繁生。因此、人材大雅。福澤有餘。立志堅剛。不隨流俗。若再不圖速達。發奮爲雄。棄固有之繁華。求高深之學識。他日火到功成。業精名振。未嘗不可發抒抱負。大展經綸。語云。吃苦三五載。立名百千年。又云。財產之代價有限。令人啓覬覦之心。學識之代價無窮。令人生

崇拜之心。古人之言。豈欺我哉。十一歲前庚運。間有災魔。戌運大致安穩。十二歲交己運。四年以來。知識漸開。十六歲仍在己運。流年壬戌。珍重爲宜。十七歲交酉運。從容進取。貴有主張。廢學早婚。必多流弊。戒之戒之。二十二歲交戌運。學識既優。時機亦至。凡爲黽勉。欣喜無窮。二十七歲交申運。奢則不遜。毀爲求全。偶見憂喪。無妨大體。到三十二歲交丁運。一登龍門。聲價十倍。向後除丙運。家遭多難。國有流言外。接至六十七歲甲運。德位祿名。不期而得。人生如是。亦足自豪矣。妻遲配。子三槐。

爲某君推

壬午　安
癸丑　命
癸亥　甲
壬子　辰

初五　甲寅
十五　乙卯
二五　丙辰
三五　丁巳
四五　戊午
五五　己未
六五　庚申
七五　辛酉

癸水兩排。壬水亦兩排。以形式整齊論之。可謂兩幹不雜格。古詩云。兩幹不雜須還貴。一世生成造化稀。癸日丑月、會亥、子、爲北方一氣。可謂潤下當權格。碧淵賦云。水歸亥子丑之源。榮華之客。就此觀之。似可名彪宇宙。位躋公卿。惟細按之。兩幹全水無火。失坎離調燮之功。不足云兩幹不雜格。癸水生於大寒前一日。土王用事。水爲土尅。雖枝會亥子丑一氣。不足云潤下當權格。格局既不成立。仍當以正五行爲主體。消息盈虛。判其得失。細推八字。水勢浩大。若非生年之午。藏土制之。藏火濟之。則氾濫横流。爲害不可勝言。今既得此爲用神。猶之久雨忽晴。陽光乍放。再能稍假人工。保其堤岸。疏其源流。仍可萬物資生。民歌大有。但必須先勞後獲。崇實棄虛。始可操權任重。致富興家。若再公而忘私。多行仁義。非惟得道多助。尤當名立千秋。先哲有云。不讓古人。是謂有志。不讓今人。是謂無量。願我公勉之。羊刃得勢。妻非一氏、所可同偕。如配火多命硬者。庶免斷絃納妾之煩。七殺藏而不透。子息貴乎

遲生。加意栽培。二三可卜。至於已往之運甲寅乙卯四運優游自得小惱何妨。丙運軒昂辰運挫折。丁運得中有失憂少喜多。若夫未來之運、巳運、則始否終泰。丁旺財增。戊運、則羽毛豐滿。一飛衝天。午運、骨肉傷殘。餘無他恙。己未二運。出類拔萃。激昂青雲時也。勉之勉之。庚運以後。辭尊居卑。不爲已甚。此亦理勢所當然也。

爲某先生推

甲子	丙寅	癸亥	丁巳							
安	命	癸	酉							
初二	十二	二二	三二	四二	五二	六二	七二			
丁卯	戊辰	己巳	庚午	辛未	壬申	癸酉	甲戌			

癸水如雨。有潤澤萬物之能力生於正月。古有春雨如膏之譽。其功用之大。

可勝言哉。惜丙丁並列。火勢蒸騰。巳亥相衝。金神失所。金既失所。焉能生水。水無金生。焉能濟火。水既不能濟火。火勢必爲火所灼。將失其潤澤萬物之能力矣。所幸生年甲子。海中金也。安命癸酉。劍鋒金也。得納音之金以生水。得子癸之水以助水。而日主癸水之能力。又可因茲恢復。萬物亦可賴以資生。爲人之品行淸高。爲守足備者。蓋由於此。惟必須運行水金之地。始可軼衆超羣。建功立業。細按之。金之生水。猶不若水之助水。較爲親近。故大運之美。亦莫水若也。至於土運尅水。火運灼水。則大忌。木運洩水亦差。然亦有土運而含水者。辰運是也。火運而含金者。巳運是也。此皆有損有益之運。不可概論。若夫庚運純金。辛運純金。此皆四十七歲前最吉之運也。孰知庚金爲丙火所傷。辛金爲丁火所制。特權雖有破綻。必多近來未運數年。水爲土尅。殊屬顚沛。設非操存有素。不免元氣大傷。五十一歲、仍行未運。流年甲寅。較癸丑年之歲運犯衝。略爲平正。然必須舍舊營新。棄東南而之西北。始可展布

長才春冬猶否夏秋始通五十二歲乙卯年仍行未運似盈實虛五十三歲交壬運。除申運、內庭事故外接至癸運、酉運。老當益壯。七十三歲交甲運。棲遲衡門可也。妻二氏。子一佳。

爲錢玉成先生推

丙戌　安　初十　二二　丙申　丁酉

乙未　命　二三　二二　戊戌　己亥

癸巳　丙　四五　二二　庚子　辛丑

癸丑　申　六七　二二　壬寅　癸卯

徐東齋云。癸日坐向巳宮。號曰財官雙美。此指日主强。堪勝財官者言。今台造癸水生於大暑後十日。季土固旺。夏火仍炎。雖疊降甘霖。猶虞不足。豈可再經巳藏丙火之消灼。戊土之尅制耶。故不以入格言。既不入格。卽當棄

財官而取印綬爲用。蓋印綬屬金。金能生水。補日主之不足、故也。惜巳內藏金。其力緜薄。難爲我用。以致讀書未上青雲。所幸命宮申金。遙遙相助。爲人聰明。立志高尙。如果不辭勞瘁。研究岐黃。他日運入金鄉。必可振作精神。療生民之疾苦。發抒抱負。揚醫學之光輝。若不此之圖。而欲舍本務末。作嫁依人。殊非善計。僕不願君爲也。二十二歲前損益互見。二十三歲交戊運。妒合化火。種種不佳。刻行戌運。三刑並會。風塵勞攘。尤屬非宜。三十一歲丙辰。三十二歲丁巳。只可小就。愼毋遠圖。三十三歲交己運。尅而後生。始否終泰。三十八歲交亥運。衝中有合。害少利多。能於操守。有方定卜聲名特達。四十三歲交庚運。接子運。辛運。手到春回。體胖心廣。斯時當益信僕言不謬也。五十八歲交丑運。靜觀自得。妻尅遲續。偕子晚。一二實。

爲某先生之子推

己亥　安　初三丁卯　十三丙寅

戊辰　命
癸丑　庚
己未　午

二三乙丑
三三甲子
四三癸亥
五三壬戌
六三辛酉
七三庚申

癸水春生。本不當令。再逢戊土己土、及辰丑未之土、以尅制之。土多水涸。顯而易知。就正五行之理推測。取木尅土。取金生水爲用神。誰曰不宜。然復陽子先生。有遁三則化之說。不可不細爲研究也。今月幹見戊。與癸聯合。以五虎法遁之。癸戊遁甲寅。遁三卽丙辰。丙屬火。故癸戊化火。既化爲火。卽當棄正五行之水。而專論化氣五行之火矣。惜化火於三月。不及盛夏之當道。格局雖佳。猶嫌失令。天資雖好。究屬性剛。如求政治之虛榮。必失迎合之效力。惟有使之由高等小學。而晉入中大之專門實業學校。如路鑛銀行農林之類。俾異日學富才高。實地辦事。若再步張季直先生之後塵。擴而充之。何難

建利國福民之功業耶。或曰。合官留殺之造。而又得冠帶以助其勢。規模宏大。格局整齊。子既不許其研究政治。曷不敎以講求武備。爲海陸軍之偉人耶。余曰否。蓋七殺之己能化土。冠帶之丑藏辛能化水。此皆化火之忌神也。豈可取哉。豈可恃哉。余謂其於專門實業。有所建設者。以實業爲有形之學術。具完全獨立之性質。苟假以人事之周密。未有不名振利優。爲國家社會所歡迎者。若政治。若武備。則非時勢湊合不爲功。語云時勢造英雄。良有以也。今八字化火猶未完全。而又明見己土。暗藏辛金。以破其氣。恐時勢有難以湊合之處。余故不敢勸其研究政治。講求武備。蓋欲其免向隅之歎。此乃一生之大計。知音者或不致河漢余言。至於提綱無破。棣華雖未早詠。椿萱應卜長靑。日時相衝。妻須二氏。屬猴者不合。子蔭三槐。遲育者乃存。先述情形。後推正運。十七歲前。運不如意。幸調護得宜。十八歲丙運末。流年丙辰。速定方鍼。以圖進取。然必須擇其性之所近者爲之。乃可收事半功倍之效。二

五七十月加意衛生切切十九歲八月初六日未時交入寅運年長身强此發奮向學時也。宜勉旃。至二十四歲交乙運。學術日精。名譽日隆。若不貪圖近利。定可蔚爲良材。二十九歲交丑運。應時出世。快哉快哉。惟內憂不可不愼。三十四歲交甲運。守謙免損。知足不辱。此二語宜謹記之。三十九歲交子運。蛟龍得雲雨。豈是池中物。四十四歲交癸運。到處盡逢歡洽事。相看總是太平人。四十九歲交亥運。縮小範圍。以競爭爲戒。以保守爲法。五十四歲交壬運。又可從容進取。五十九歲交戌運。預圖歸計可也。

賤造 附

辛巳	安	初十	——	丙申 乙未
丁酉	命	二三	——	甲午 癸巳
乙巳	甲	四五	——	壬辰 辛卯
戊寅	午	六七	——	庚寅 己丑

乙木秋生。凋零現象。幹枝金重。更屬摧殘。取幹火制幹金。枝火制枝金。四金適逢四火。似覺木不畏金。然若無命宮比刦長生之資助。木衰火盛。能無盜洩之患乎。如是觀之。用神似取月幹丁火。其實在命宮甲木午火也。惜八字缺水。科第難登。嘗聞　先父昌齡公云、汝未生時。月明星朗。將生時。密雲大雨。既生時雲雨忽散。星月猶存。而天方破曉。雖五行缺水。得天時之水以補之。究勝於無。因此、人雖愚魯。學可小成。名雖不揚。品尚無缺。果能讀書安命擇交治生。必不致墜家聲而爲餓莩。驗之已往。察之未來。益信先人之訓誡。確有至理存焉。六歲前。坦然。七歲申運。丁亥年。四孟齊逢。衝尅至。是年八月。先母田太夫人見背矣。二十歲前。乙未二運。競爭科名。研究醫學。不屑以小道自甘。然終不克如願。徒喚奈何。自二十一歲交甲運。比刦幫身。學術稍進。名譽漸佳。完姻之後。連舉二男。似可藉慰椿庭。詎料丙午年。年已限。丙辛化水不成。而已復會金尅木。　先君於是年四月。竟棄養矣。嗚呼痛哉。閏四月。

次子德明殤。命薄如斯。良可浩歎。自是年九月初五日交午運。日主得長生矣。丁火得臨官矣。雖經戊申年之三刑。亦不過一時災耗。餘均應接不暇。三十一歲交癸運。辛亥年甲子限。衝中逢合。尅處有生。只有家事紛勞。餘無他恙。壬子年。身衰遇印。九月生三男德謙矣。癸丑年。丁爲癸傷。妒合不能解圍。巳酉丑化金。秋木不勝其尅。七月長子得慶又殤矣。猶憶是年仲春。邀西賓酒敍。席散。余謂之曰。賓主共飮。兒對曰。師生論文。家弟桂生戲謂之曰。有德有壽。兒對曰。能武能文。而今思之。不禁淚涔涔下矣。自斯以後。萬念皆灰。甲寅春。懶於應酬。館事小住。焦山從事纂述。乙卯冬。探原脫稿。雖見聞不廣。言之無文。然私心自幸。以爲日元得祿之所致也。三十六歲交巳運。既有盜洩之虞。又有尅身之患。是以節衣縮食。敏事愼言。四十一歲交壬運。接辰運。木得水養。生趣盎然。差幸編輯家譜。建築宗祠。刋印　先君遺書。及其他新著。均能勉力告成。得免隕越。五十一歲交辛運。金剛木落。逋負纍纍。剜肉醫瘡。

苦難應付。五十六歲交卯運。衝酉破提。猝遭國難。風塵僕僕。力倦筋疲。六十一歲交庚運。金來肆虐。合乙無功。損傷疊見。憂惱頻來。雖欲杜門讀書。亦不可得。六十六歲交寅運。乃乙木帝旺之鄉。暮景桑榆。亟應珍惜。且兒輩業經成立。似可粗堪自給。而道兄馬君雲程。又復多方鼓勵。於是勉振精神。再爲馮婦。硯田筆耒。略有盈餘。始則創立伏羲聖廟。附祀自漢至宋之七賢。（司馬季主、嚴君平、管公明、郭景純、袁天罡、李淳風、謝疊山、）繼則開辦學校。培植孤寒之子弟。敢謂崇德報功。因材施敎。不過稍盡棉薄。藉免虛生。愼稱宗兄贈聯聽右有云。粤自洪濛開闢。始由一畫兩儀。四象八卦。發宇宙無量祕藏。先文武周孔而聖。化育生民。功垂萬古。惟茲庠序謹修。申以父慈子孝。兄友弟恭。養國家浩然元氣。張禮義廉恥之維。甄陶後進。德播鄉邦。識者謂斯聯大氣磅礴。立言工整。而余則滋愧萬分焉。至於歷代卜人傳四十卷。自上古義農至民國初先賢。凡三千八百餘人。乃余二十年目誦手揮。積銖累寸而成。雲程兄見而好之。慨然捐資刊行。

亦幸於庚運出版。挂一漏萬。固不免大雅識彈。然尙友闡幽。今竟獲良朋贊助。孔子曰。德不孤。必有鄰。誠哉斯言。七十一歲交己運。土又生金。木受打擊。翳雲蔽日。疾首痛心。姑且息影安貧。竚俟河清海晏。而況荆妻健在。蘭孫叢生。希望無窮。頗不寂寞。海內知音。幸垂教之。

(15) 星家十要

先君子課讀之暇。嘗以醫卜二學授珊曰。讀書而達。固可身列廟堂。爲蒼生造福。讀書而不達。亦可藉一藝以自立。昔賈誼有云。古之聖人。不居朝廷。必在卜醫之中。良以卜可決疑。醫可療疾。同爲民生日用所必需。珊資性椎魯。賦命亦薄。未能讀書上達。以慰 先人。尙幸於醫卜少役心力。每讀陳實功醫家十要。張路玉醫家十戒。不禁嘆其存心之厚。立論之高。誠爲醫家寶筏。爰不揣譾陋。特倣其例。著星家十要。其宗旨

不外司馬季主與臣言忠。與子言孝之意。至於學問敦品二條。尤爲扼要。質之同志。其不以余言爲河漢乎。乙卯十月初一日自記。

學問

長安趙展如中丞、序子平眞詮云。星命雖爲小道。而所係大焉。近世術士。爲餬口計。莫能深究其理。故學術多不精。學術不精。則信者寡。信者寡。則非分之營求愈熾。而安命者愈希。君子憂之。觀此可知學問之道。貴乎深究其理。然欲深究其理。宜多讀書。不僅宜多讀星命書。凡經史子集。有關於星命學者。亦宜選讀。既增學識。又益身心。用之行道。則吉凶瞭然。批談不俗。用之律己。則行藏合理。人格自高。有心斯道者。首當知此。

常變

趙展如中丞云。祿命之說。未必盡驗。然驗者常十之七八。其或因山川風土而小異。由門第世德而懸殊。又一行之善惡。一時之殃祥。忽焉轉移於不知。

此則常變之不同造化之不測也要其常理自不能廢而常人多不能逃觀此可知人之命運。間有不驗者。因常變不同也。常變之不同如此。若但以常法繩之。安得不毫釐千里哉。爲星家者。欲求事功圓滿。萬無一差。必須參以人情物理。詢其山川風土。門第世德。以及生時之風雨晦明。而尤須鑒別其心術之善惡。處世之殃祥。然後定其富貴貧賤。壽夭窮通。乃可合法。

言語

孔子曰。敏於事而愼於言。梭格拉底曰。天賦人以兩耳兩目一口。使人多聞多見而少言語。此皆寡言垂敎者也。雖然。雄辯亦學問最要之事。故敎育家之講授演說家之談論。皆非雄辯不爲功。否則言者諄諄。聽者欲睡。有何益哉。至星卜家之判斷。似不拘此。然亦須理明辭達。不激不隨。始可令人了解。大致宜忠實。忌阿諛。宜雅馴。忌卑陋。宜簡潔。忌瑣碎。再能輕重得當。巨微檢點。則更善矣。

敦品

孔子曰。非禮勿視。非禮勿聽。非禮勿言。非禮勿動。凡此四者。可以表示人之心術邪正。品行賢愚也。若不於此等處做工夫。而惟尚衣服之華美。陳設之精緻。終不免爲明達君子所輕視。故吾人欲知敦品。當以視聽言動爲本。衣服陳設爲末。苟能如是。則信用遠孚。聲名振大。有不期然而然者。此固盡人當知之理。爲星家者。尤宜注意。

勸勉

司馬季主曰。言忠臣以事其上。孝子以養其親。慈父以畜其子。又曰。其譽人也不望其報。惡人也不顧其怨。以便國家利衆爲務。故爲政客言。當勉以盡忠博愛。顯祖流芳。如楊椒山詩云。男兒欲繪凌烟閣。第一功名不愛錢之類。爲刑官言。當勉以虛心聽訟。勿逞意氣。如書云。罪疑惟輕。功疑惟重。與其殺不辜。寧失不經。歐陽修瀧岡阡表云。求其生而不得。則死者與我皆無恨也

之類。爲武員言當勉以身先士卒捍衛國家。如曾子云戰陣無勇非孝也。馬援云。效命疆場男兒幸事之類。爲有老親者言當勉以色養無違。如孟郊詩云。誰言寸草心報得三春暉。古詩云萬惡淫爲首百行孝爲先之類。爲有幼子者言當勸其教養兼施。如古人云子孫雖賢不宜溺愛。子孫雖愚亦貴讀書之類。至於爲富貴者宜勸其學寬。爲聰明者宜勸其學厚。爲士者宜勸其敦品勤學。爲農者宜勸其盡力田疇。爲工者宜勸其專心技藝。爲商者宜勸其誠信無欺。此皆星家應盡之天職。不可不知。

警勵

甯陵呂叔簡曰。奔走營運則生活。安逸惰慢則死亡。蓋生活爲萬事之根本。人無生活則不能仰事父母。俯畜妻子。而亦不能自保生命也。故凡爲失業之人推命。務勸其棄大就小。自營生活。尤須以先哲格言。求人不如求己。能屈始可能伸之義。反復開導之。萬不可使其因循坐誤。年復一年。致蹈閒居

喪家之覆轍。古云。當局者迷。旁觀者清。爲星家者。能不盡力以警勵之乎。

治生

孟子曰。有恆產者有恆心。無恆產者無恆心。苟無恆心。放僻邪侈。無不爲己。管子曰。倉廩實而知禮節。衣食足而知榮辱。如是觀之。財產之關係於人。不亦大乎。故凡爲人推命。當囑其於得意時。撙節用度。力戒奢侈。以有餘之資。多置恆產。免致失意時。一無憑藉。而貽悔無窮。至於爲紈袴子弟推命。又當勸其保守舊業。毋求急功。以免失敗。此爲星家必要之議論。不可不知。

濟貧

孔子曰。一言而興邦。一言而喪邦。言論之關係。不其大乎。故凡爲貧困難堪之人推命。雖一生眞無好運。亦不可直率說明。斷絕其希望。須婉言曰。大富由命。小康由勤。君能勤勉職業。節省消費。他日又得某運。以補助之。不難發達。此非虛僞阿諛。蓋不如是、不足以保其生命也。至於潤筆。務宜璧謝。爲星

家者不能以金錢濟貧已屬憾事又豈能吝此區區智識哉

節義

宋弘曰。貧賤之交不可忘。糟糠之妻不下堂。先哲云。富不易妻。今人往往稍一得意。輒有屏妻寵妾之行。爲不義孰甚焉。凡爲此等人推命。務以婉詞勸之。使其琴瑟調和。俾免家庭惡感。此星家應有之言論。亦大聖與人爲善之微意也。若爲育子而欲納妾者。又當勸其愼擇。至於孀婦改嫁。當察其貧富。及有無子息以爲斷。若家貧而無子息者。既無贍養。又無希望。不得已而再醮。姑置不論。若有子息。雖家貧、亦當勸其茹苦含辛。撫孤守節。若家道饒餘。卽無子息。亦當勸其早立承嗣。固守節操。且可以古之節婦而得青史流芳。彤管揚休者。爲之模範。使之堅定不移。而成美德。此爲星家應盡之天職。亦維持風化之一端也。

戒貪

扁鵲曰。病有六不治。驕恣不論於理。一不治也。輕身重財。二不治也。衣食不能適。三不治也。陰陽並藏。氣不定。四不治也。形羸不能服藥。五不治也。信巫不信醫。六不治也。余請引伸其說。星家亦有六不推。恃富貴。衰禮貌。一不推也。重財輕道。二不推也。謀爲不正當。三不推也。言語不誠。漫存嘗試。四不推也。信力不信命。五不推也。生時不准。六不推也。若不明此義。來者不拒。貪多務得。未有不受臨財苟得之誚者。孔子曰。可與言而不與之言。失人。不可與言而與之言。失言。此二語惟智者能辨之。

(16) 星命叢譚

顧亭林云。君子之爲學。以明道也。以救世也。珊徒以星命餬口。半解一知。誠雕蟲篆刻之不若。有何益哉。此篇僅就管見所及之書。採錄若干條。分議論、記事、兩篇。自知孤陋寡聞。致謂明道救世。不過欲使讀者不

可囿於星命一隅之見而亦知小道可觀不盡誣也樹珊記

議論

孔子集語云。孔子曰。古聖人君子博學深謀、不遇時者衆矣豈獨丘哉。賢不肖者才也。爲不爲者人也。遇不遇者時也。死生者命也。有其才不遇其時。雖才不用。苟遇其時。何難之有。

又云。魯哀公問於孔子曰。有智者壽乎。孔子對曰。然人有三死。而非其命也。人自取之。寢處不時。飲食不節。勞佚過度者。疾共殺之。居下位而好干上。嗜欲無厭。求索不止者。刑共殺之。少以犯衆。弱以侮强。忿不量力者。兵共殺之。此三死者。非其命也。人自取之。

列子力命篇云。力謂命曰。若之功奚若我哉。命曰。汝奚功於物。而欲比朕。力曰。壽夭窮達。貴賤貧富。我力之所能也。命曰。彭祖之智。不出堯舜之上。而壽八百。顏淵之才。不出衆人之下。而壽四八。仲尼之德。不出諸侯之下。而困陳

蔡。殷紂之行。不出三仁之上。而居君位。季札無爵於吳。田恆專有齊國。夷齊餓於首陽。季氏富於展禽。若是汝力之所能。奈何壽彼而夭此。窮聖而達逆。賤賢而貴愚。貧善而富惡邪。力曰。若如若言。我固無功於物。而物若此邪。此則若之所制邪。命曰。既謂之命。奈何有制之者邪。朕直而推之。曲而任之。自壽自夭、自窮自達、自貴自賤、自富自貧、朕豈能識之哉。朕豈能識之哉。

唐通事舍人盧重元解云。命者必定之分。非力不成。力者進取之力。非命不就。有其命者。必資其力。有其力者。或副其命。亦有力之不能致者。无命也。恃命而不力求者。候時也。信命不信力者。失之遠矣。信力不信命者。亦非當也。

申鑒云。或問仁者壽。何謂也。曰。仁者內不傷性。外不傷物。上不違天。下不違人。處正居中。形神以和。故咎徵不至。而休嘉集之。壽之術也。曰。顏冉何。曰。命也。麥不終夏。花不濟春。如和氣何。雖云其短。長亦在其中矣。

王充論衡云凡人遇偶及遭累害皆由命也有死生壽夭之命亦有貴賤貧富之命。自王公逮庶人聖賢及下愚凡有首目之類含血之屬莫不有命。命當貧賤雖富貴之猶涉禍患矣。命當富貴雖貧賤之猶逢福善矣。故命貴從賤地自達。命賤從富位自危。故夫富貴若有神助貧賤若有鬼禍。命貴之人。俱學獨達。並仕獨遷。命富之人。俱求獨得。並爲獨成。貧賤反此。難達難遷難成。獲過受罪。疾病亡遺。失其富貴貧賤矣。

王充論衡云。宋衛陳鄭同日並災。四國之民。必有祿盛未當衰之人。然而俱災。國禍陵之也。故國命勝人命。壽命勝祿命。

揚子法言云。或問命。曰。命者天之命也。非人爲也。人爲不爲命。請問人爲。曰。可以存亡。可以死生。非命也。命不可避也。或曰、顏氏之子冉氏之孫。曰以其無避也。若立巖牆之下。動而徵病。行而招死。命乎命乎。吉人凶其吉。凶人吉其凶。長乎辰。曷來之遲。去之速也。君子競諸。

漢藝文志云。探知五星日月之會。凶阨之患。吉隆之善。其術皆出焉。此聖人知命之術也。

晉書戴洋傳云。太公陰謀曰。六庚爲白獸。在上爲客星。在下爲害氣。年與命幷必凶。當忌。

李蕭遠運命論云。夫以仲尼之才也。而器不周於魯衛。以仲尼之辯也。而言不行於定哀。以仲尼之謙也。而見忌於子西。以仲尼之仁也。而取讎於桓魋。以仲尼之智也。而屈厄於陳蔡。以仲尼之行也。而招毀於叔孫。夫道足以濟天下。而不得貴於人。言足以經萬世。而不見信於時。行足以應神明。而不能彌綸於俗。應聘七十國。而不一獲其主。驅驟於蠻夏之域。屈辱於公卿之門。其不遇也如此。及其孫子思。希聖備體。而未之至。封己養高。勢動人主。其所遊歷諸侯。莫不結駟而造門。猶有不得賓者焉。其徒子夏。升堂而未入於室者也。退老於家。魏文侯師之。西河之人。肅然歸德。比之於夫子。而莫敢間其

言故曰治亂運也窮達命也貴賤時也而後之君子區區於一主歎息於朝。屈原以之沈湘。賈誼以之發憤。不亦過乎。然則聖人所以爲聖者。蓋在乎樂天知命矣。

劉䚟新論云。命者。生之本也。相者。助命而成者也。命則有命。不形於形。相則有相。而形於形。有命必有相。有相必有命。同稟於天。相須而成也。人之命相。賢愚貴賤。修短吉凶。制氣結胎受生之時。其眞妙者。或感五帝三光。或應龍跡氣夢。降及凡庶。亦稟天命。皆屬星辰。其値吉宿則吉。値凶宿則凶。受氣之始。相命既定。則鬼神不能改移。而聖智不能回也。

韓昌黎答侯繼書云。僕少好學問。自六經之外。百氏之書。未有聞而不求。求得而不觀者也。然其所志。惟在意義所歸。至於禮樂之名數。陰陽土地星辰方藥之書。未嘗一得其門戶。雖今之仕進。不要此道。然古之人、未有不通此。而爲大賢君子者也。

朱文公贈徐端叔命序云。世以人生年月日時。所値枝幹納音。推知其人吉凶壽夭窮達者。其術雖若淺近。然學之者。亦往往不能造其精微。蓋天地所以生物之機。不越乎陰陽五行而已。其屈伸消息。錯綜變化。固已不可勝窮。而物之所賦。賢愚貴賤之不同。特昏明厚薄、毫釐之差耳。而可易知其說哉。徐君嘗爲儒。則嘗知是說矣。其用志之密微。而言之多中也。固宜。世之君子。倘一過而問焉。豈惟足以信徐君之術而振業之。亦足以知夫得於有生之初者。其賦予分量。固已如是。富貴榮顯。固非貪慕所得致。而貧賤禍患。固非巧力所可辭也。直道而行。致命遂志。一變末俗。以復古人忠厚廉恥之餘風。則或徐君之助也。雖然。與人子言依於孝。與人臣言依於忠。夭壽固不貳矣。必修身以俟之。乃可以立命。徐君其亦謹其所以言者哉。

宋景濂祿命辯云。三命之說。古有之乎。曰。無有也。曰。世之相傳。有黃帝風后三命諸家。而河上翁實能言之。信乎。曰。吾聞黃帝探五行之精。占斗罡所建。

命大撓作甲子矣所以定歲月推時候以示民用也他未之前聞也曰然則假以占命果起於何時乎曰詩云我辰安在。鄭氏謂六物之吉凶。王充論衡云。見骨體而知命祿。觀命祿而知骨體。皆是物也。況小運之法。本許慎說文巳字之訓。空亡之說。原司馬遷史記孤虛之術。蓋以五行甲子。推人休咎。其術之行已久矣。非如呂才所稱。起於司馬季主也。沿及後世。臨孝恭有祿命書。陶宏景有三命鈔略。唐人習者頗衆。而僧一行、桑道茂、李虛中咸精其書。虛中之後。惟徐子平尤造其閫奧也。

許魯齋云。凡事物之際有兩件。有由自己的。有不由自己的。由自己的有義在。不由自己的有命在。歸於義命而已。

郁離子云。天地之呼吸。吾于潮汐見之。禍福之素定。吾於夢寐之先兆見之。同聲之相應。吾于琴之絃見之。同氣之相求。吾于鐵與磁石見之。鬼神之變化。吾于雷電見之。陰陽五行之消息。人命繫其吉凶。吾于介鱗之於月見之。

祭祀之非虛文。吾於豺獺見之。天樞之中。吾於子午之針見之。巫祝之理不無。吾於吹蠱見之。三辰六氣之變。有占而必驗。吾於人之脈色見之。觀其著以知微。察其顯而見隱。此格物致知之要道也。不研其情。不索其故。梏於耳目而止。非知天人者矣。

王文祿云。天皇、地皇、人皇。暨羲皇。罔不合道器理數。盡洩天地人之祕云。自秦焚滅矣。秦以前因史記知有鄒衍。秦以後因經世知有邵雍。若楊雄、洛下閎、僧一行、李淳風、袁天綱、耶律楚材、廖應淮、皆能之。使孔門無中庸。曷能闡三才蘊奧也。故曰、通天地人曰儒。海圻子曰、漢制射策。尤崇博極羣書。以故有通三才之學者。唐詩賦則淺。宋經義則拘。噫。戴天履地。同人冠世。烏可不知。何以爲天。何以爲地。何以爲人。

畜德錄云。朱子强曰。命能使人窮。不能使窮者不奮志。能使人賤。不能使賤者不砥行。卽能使人富矣。不能貸之修德。能使人貴矣。不能勉之愼操。豈非

人不聽汚隆於命命實受益損於人

又云。王耐軒曰。貴人之前莫言窮。彼將謂我求其薦矣。富人之前莫言貧。彼將謂我求其福矣。是以羣居之中。淡然漠然。付之謹默可也。貧也、窮也、皆命也。非告人可脫。

通會云。自天地開闢。而幹枝之名卽立。相傳出自天皇地皇。而錯綜爲六十甲子。則自伏羲造甲曆始也。既名甲曆。則年月日時。皆以六十甲子紀之。而天地之始終。日月之運行。四時之寒暑。陰陽之變化。皆不能易三元以定。自黃帝以六十甲子納音取象。於是五行各有所屬。而金木水火土之性情形質。功用變化。悉盡其蘊。而易自在其中矣。故以此而測兩儀。則天地不能逃。以此而推三光。則日月星辰不能變。以此而察四時。則寒暑不能易。以此而占人事。則吉凶禍福壽夭窮通。舉不能外。而造化無遁情矣。今之儒者。但知八卦畫自伏羲。文王重之爲六十四。周公作爻辭。孔子作繫辭。以易更四聖

而後成。謂之經。目五行家爲九流。其亦不思甚矣。豈以五行家專論生旺。而昧正理。委天命而棄人事。與易道不合耶。嗚呼。幹枝出自上古。甲子本之羲皇。音象傳自黃帝。是數聖人也。豈在文王周公孔子後耶。若天地開闢。而幹枝之名不立。則不能錯綜爲甲子。無六十甲子。則不能錯綜五行。何以紀歷成歲。而一年有三百六十日。歲有十二月。月有三十日。日有十二時。孰從而明之。孰從而知之。而舉世渾渾沌沌。如在洪濛之中。何以立兩間、參三才、而成世界也耶。所以百性日用而不知。終身由之而不察者。是矣。易道雖微。不過因天地定位。山澤通氣。雷風相薄。水火不相射。取象以畫八卦。其理由不出幹枝甲子之外。而別有所創置也。嗚呼。幹枝錯綜。而爲六十。八卦錯綜。而爲六十四。甲子以數納音。以理取象。乃五行之正也。而八卦之體已備。八卦仰觀俯察。遠取諸物。近取諸身。爲六十四卦。三百六十四爻。亦一年之數也。而幹枝之用以行。幹枝本天地以爲經。八卦道陰陽以爲緯。經緯錯綜。往來

變化。而天地之蘊奧。鬼神之情狀。人事之吉凶。盡在其中。而其義微矣。世之儒者。又烏可鄙五行爲九流哉。

儀封張孝先廣近思錄云。薛敬軒曰。人之子孫富貴貧賤。莫不各有一定之命。世之人不明諸此。往往於仕宦中冒昧禮法。取不義之財。欲爲子孫計。殊不知子孫誠有富貴之命。今雖無立錐之地以遺之。他日之富貴將自至。使其無富貴之命。雖積金如山。亦將蕩然不能保矣。況不義而入者。又有悖出之禍乎。如宋之呂文穆、范文正諸公。咸以寒微致位將相。富貴兩極。曷嘗有賴於先世之遺財乎。然則取不義之財。欲爲子孫計者。惑之甚矣。

桐城張文端公聰訓齋語云。不知命無以爲君子。考亭註。不知命則見利必趨。見害必避。而無以爲君子。予少奉教於姚端恪公。服膺斯語。每遇疑難躊躇之事。輒依據此言。稍有把握。古人言居易以俟命。又言行法以俟命。人生禍福榮辱得喪。自有一定命數。確不可移。審此則利可趨。而有不必趨之利。

害宜避而有不能避之害。利害之見旣除。而爲君子之道始出。此爲字甚有力。旣知利害有一定。則落得做好人也。權勢之人。豈必與之相抗以取害。到難於相從處。亦要內不失已。果謙和以謝之。宛轉以避之。彼亦未必決能禍我。此亦命數宜然。又安知委曲從彼之禍。不更烈於此也。使我爲州縣官。決不用官銀媚上官。安知用官銀之禍。不甚於上官之失懽也。昔者米脂令蕭君。掘李賊之祖墳。賊破京師後。獲蕭君。置軍中。欲甘心焉。挾至山西。以二十人守之。邊君夜遁。後復爲州守。自著虎吻餘生記其事。李賊殺人數十萬。究不能殺一蕭君。生死有命。寧不信然耶。予官京師日久。每見人之數應爲此官。而其時本無此一缺。有人焉竭力經營。幹辦停當。而此人無端値之。或反爲此人之所不欲。且滋詬詈。如此者不一而足。此舉世之人共知之。而當局則往往迷而不悟。其中之求速反遲。求得反失。彼人爲此人而謀。此事因彼事而壞。顚倒錯亂。不可究詰。人能將耳目聞見之事。平心體察。亦可消許多

妄念也按，米脂令乃邊君。非蕭君也。

漢川秦鳳門自勉編云。人當命運亨通時。福至心靈。所如皆合。往無不利。然恐即於此時興致通順。偶失檢點。每見人運蹇時所得咎戾。多由運亨時所釀事端。人必時時謹慎。而運亨尤加倍謹慎。爲要且能謹慎。運蹇時亦必平安。老子所謂愼勝禍也。

張文和公澄懷園語云。昔我　文端公。時時以知命之學訓子孫。宴閒之時。則誦論語曰。不知命、無以爲君子也。蓋窮通得失。天命既定。人豈能違。彼營營擾擾。趨利避害者。徒勞心力。壞品行耳。究何能增減毫末哉。先兄宮詹公。習聞庭訓。是以主試山左。即以不知命一節爲題。惜乎能覺悟之人少也。

又云。人生榮辱進退。皆有一定之數。宜以義命自安。余承乏綸扉。兼掌銓部。常見　上所欲用之人。及至將用時。或罹參罰。或病或故。竟不果用。又常見　上所不欲用之人。或因一言薦舉而用。或因一時乏材而用。其得失升沈。

雖君上且不能主。況其下焉者乎。乃知君相造命之說。大不其然。

袁子才太史、讀胡忠簡公傳云。余讀宋史至胡忠簡公請斬秦檜一疏。不覺再拜歎曰。有宋三百年。公其諫臣之第一乎。夫人臣報國。非必執干戈死戰陣也。以忠誠義憤。奮臂大呼。使敵國聞之。懍然變色。至以千金買其書。此何異秦軍聞魯仲連數言而卻軍五十里哉。使高宗能從其言斬此三人。整師而出。則朝廷之氣。早已吞河北而有餘。公此疏足抵精兵十萬矣。公雖遠貶十餘年。歷諸險惡地。檜死得歸。仍還原官。遷至龍圖學士。一息尚存。猶時時以恢復爲請。向之救公慕公者。轉零落殆盡。可見人、各、有、命。自貴自賤。自生自死。非姦臣之力所能貴賤生死之也。

曾文正公、求闕齋日記云。古來聖哲名儒之所以彪炳宇宙者。無非由於文學事功。然文學則資質居其七分。人力不過三分。事功、則、運、氣、居、其、七、分。人力、不、過、三、分。

又云。思人心所以擾擾不定者。只爲不知命。陶淵明白香山蘇子瞻所以受用者。只爲知命。吾涉世數十年。而有時猶起計較之心。若信命不及者。深可媿也。

長安趙展如中丞序子平眞詮云。人生少壯之年。意氣英發。不可一世。視天下事無不惟所欲爲。設有語之曰。是有命也。不可强也。鮮不掉頭疾走。嗤以爲迂。迨其旣衰。閱人事之迍邅。經世途之磨折。意氣頓消。頹然自廢。雖有義不容辭。情不能已之事。亦概諉之曰。是有命也。不可强也。嗚呼。皆不知命也。士君子苟知自安於命。爲所當爲。無爲其所不當爲。非亦世道人心之一轉移乎。

張崇蘭悔廬文鈔云。或問定命之說如何。曰。觀於古聖賢之窮夭貧賤。與愚不肖之富貴壽考者。而知之矣。設非定命。何不齊若是邪。曰。然則人之汲汲然畜其德。不惜其力者。又奚取邪。曰。此固所謂盡其道以俟命者爾。譬之飲

食以養生。雖知壽夭之有命。而不可廢也。然而壽夭之殊。不以飲食厚薄矣。故知命者、常不廢其所事。而聽乎富貴貧賤之適然。小人終日妄營恆思。取非其有。幸而得志。則矜其能而負其知。而不知其適與命會也。曰今有禦人而取財者。豈命當爲盜邪。曰爲盜非命也。其適得財則命也。凡可以自主者不係於命。爲盜亦何不可已者邪。且禦人不必皆得之也。而又何疑乎。草木之有花也。其發也有時。閉之溫室。闕地置炭。壅之土而庋其上。扇以微風。沃以肥水。則春花可使冬榮。秋花可使夏敷。至其時則不花矣。所爭者遲速之間耳。非能强不花者而使之花也。不傷其本斯幸矣。凡妄營者類如此耳。命不可預知。猶觀桃李於冬日。不知其花之盛衰也。盡其道以俟之。猶灌溉之不失時也。伐性而夭。廢業而貧。失學而賤。猶拔方生之木。而折將苞之蒂也。若此者謂之非命。

史念祖俞俞齋文稿云。陰陽五行向背生尅之說。君子不溺而信之。其理則

宜參也。自來詆其說者以宋仁宗東家之西卽西家之東二語稱極智實至愚之論耳。天地之大也。萬類處其中。方無定向。向各爲方。雖不南。磁石之鍼不東西。然而南行之人。雖不死。挾鍼而馳。東西鍼不變。朝於東牆而避日。問諸東鄰之西牆。有杲杲而已。苟必欲統大地遠近而合論之。則泰山未必東。太華未必西。祀事不必南郊。投畀亦無所謂有北也。國朝袁簡齋以幹枝無義理。無殊一二三四之代數。誠代數也。義卦亦代數。數成而義理見。義理見而吉凶生。禱子而得一三。求偶而遇二四。能謂其非徵乎。且夫五行之氣。母萬類。純雜厚薄。則變化而難窮矣。積油自然。積水自苔。積火自灰。水貯金則不涸。金入土則自行。五金蘊而高山童。草種落而堅城崩。濕蟲避燥。土木蟲僵西風。鷄以沖而鳴卯。鼠以合而動丑。再胎之豕食赤蛇。猰貐懼火。蛟螭之屬畏金。或强而懾弱。大而畏小。柔而破堅。大抵得氣純而厚者。其徵專。得氣雜而薄者。其徵錯。有難言之理。無無理之物。非博學不能知。徒博學不能盡

知。吾嘗瀏覽術數之書矣。未始不歎自古日星相卜堪輿奇遁諸家。其至神奇者。亦僅得陰陽五行之䖦涔。而更不能無欲無尤乎。蒯通、華陀、郭璞、郭馨、李虛中輩。往往以用非其道而禍身。苟有人焉。靜觀萬有由萬返一。超離乎吉凶禍福、而參陰陽五行自然之奥。則數不外道。固一格致天人之學也。君子惟當鑒其所得小。而所用不正。若以箏琵媚人。而疑五音之不能通神。文章欺世。而詆經傳之不足致治。不亦傎哉。

錢塘讀易老人云。星命之學。由來尚矣。觀於聖人不知命無以為君子之戒。卽知命學非始於唐人。不過唐人發明益多耳。或謂命不足憑。故聖人罕言之。殊不知利與仁聖人亦罕言之。何以又有生財有大道。及仁者不憂之說。今人讀書不求甚解。斷章取義。往往如斯。此皆坐不誠之病。

紀事

陶庵叢談云。孔子聖誕、相傳八月二十七日。忌辰、二月十一日。其枝幹鮮有

知者。按孔子八字爲庚戌、乙酉、庚子、甲申。周正十月也。

按通會載孔子八字爲戊子月。非乙酉月。大誤。

魏書、孫紹傳云。紹曾與百寮赴朝。東掖未開。守門候旦。紹於衆中。引吏部郎中辛雄於衆外。竊謂之曰。此中諸人。尋當死盡。唯吾與卿。猶享富貴。雄甚駭愕。不測所以。未幾有河陰之難。紹善推祿命。事驗甚多。知者異之。

韓昌黎文集云。殿中侍御史李君名虛中。字常容。其十一世祖沖。貴顯拓拔世。父惲。河南溫縣尉。娶陳留太守薛江童女。生六子。君最後生。愛於其父母。年少長。喜學。無所不通。最深於五行書。以人之始生年月日所直日辰。枝幹相生勝衰死相王斟酌。推人壽夭貴賤利不利。輒先起其年時。百不失一二。其說汪洋奧義。闢節開解。萬端千緒。參錯重出。學者就傳其法。初若可取。卒然失之。星官歷翁。莫能與之校得失。

魏泰、東軒筆錄云。章郇公慶歷中罷相。知陳州。艤舟蔡河上。張方平、宋子京、

倶爲學士同謁公。公曰。人生貴賤。莫不有命。但生年月日時胎有三處合者。不爲宰相。亦爲樞密副使。張宋退。召術者泛以朝士命推之。唯得梁適呂端弼二命。各有三處合。張宋歎息而已。是時梁呂皆爲小朝官。而皇祐中梁爲相。熙寧中呂爲樞密使。皆如郇公之言。（蟻、音蟻、紙韻、整舟向岸也、）

邵伯溫聞見前錄云。張衍年八十。以術遊士大夫間。紹聖初。余官長安。因問范忠宣公命。衍曰、范丞相命僅作參知政事耳。今朝廷貴人之命。皆不及所以作相。又曰、古有命格、今不可用。古者貴人少。福人多。今貴人多。福人少。余問其說。衍曰。昔之命出格者作宰執。次作兩制。又次官卿監。爲監司大郡。享安逸壽考之樂。任子孫。厚田宅。雖非兩制。福不在其下。故曰福人多。貴人少。今之士大夫。自朝官便作兩制。忽罷去。但朝官耳。不能任子孫。貧約如初。蓋其命發於刑殺。未久卽災至。故曰貴人多。福人少也。

東坡志林云。退之詩云。我生之辰。月宿直斗。乃知退之磨蝎爲身宮。而僕乃

以磨蝎爲命。平生多得謗譽。殆是同病也。　按丑宮爲磨蝎
岳珂桯史云。蜀有楊艮者。善議命。遊東南公卿間。瞽而多知。自云知數。言頗
不碌碌。其得失多以五行爲主。不深信珞琭諸書。嘉泰辛酉。來九江。太守易
文昌被留之。偏見郡官。余適在周夢與坐上。時韓平原得君權震天下。夢與
因扣以所至。艮屏人愀然曰。是不能令終。夫年壬申金也。申爲金位。有坤土
以厚之。故金之剛者。莫加焉。目曰劍鋒。從可知矣。是金不復畏它火。惟丙寅
能制之。蓋枝幹納音俱爲火。而履以木。木實生火。火且自生。生生不窮。雖使
百鍊、豈能勝天理之自然哉。凡人生時壬未。今乃遇之。兆已成矣。且其月辛
亥。其日己巳。四孟全備。二氣交戰。雖以致大受之福。亦以挺衝擊之災。今術
者亦頗知之。多疑其丙寅歲病死。以爲不可再值。其實不然。蓋火炎金液。外
强中乾。以剛遇烈。赫赫然天地一鑪。韝萬物一橐籥。孰可鄉邇。是年顧當兆
禍耳。未疾顛也。年連於卯。火爲沐浴。氣微而敗。灰燼鎔竭。不能支矣。然受物

也大非盡其用弗可一陽將萌亶其時乎夢與相顧動色謹志之册弗敢言及余官鎭江偶遇之適林總卿祖治來餉軍輿檄吳江袁丞韶入幕丞登科人有雋才余問其命曰辛巳丙申丁亥壬寅余謂亦俱在四孟而丁壬丙辛皆眞化且於格爲天地德合尤分明遂扣艮前說因以爲擬艮作而曰惟其大分明所以非韓比特二化氣皆生韓自此却不及之遂一笑舍去既而艮言皆大驗乃歎其神近歲以薦者改秩爲宰蓋方晉未艾也鞲，音鈎、鼓氣鑄鐵者

陶宗儀輟耕錄云術士俞竹心者居慶元嗜酒落魄與人寡合順其意者即與推算醉筆如飛略不搆思頃刻千餘言道已往之事極驗時皆以爲異人至元己卯間婁敬之爲本路治中嘗以休咎叩之答曰公他日直至一品便休婁深信其說棄職別進適値壬午更化俯就省掾陞除益都府判改換押字宛然眞書一品二字未幾卒於官所此偶然耶抑數使然耶

又云樵李郭宗夏嘗見建德路總管趙良臣言都下有李總管者官三品家

巨富。年逾五十而無子。聞樞密院東有術者設肆算命談人休咎多奇中。試
往叩焉。且語之曰。吾之祿壽已不必言。但推有子與否。術者笑曰。君有子矣。
何爲給我。李曰。吾實無子。豈給汝耶。術者怒曰。君年四十當有子。今年五十
六矣。非給我而何。同坐者皆軍官。見二人爭執。甚訝之。李沉吟良久曰。吾年
四十時。一婢有娠。吾以職事赴上都。比歸、則吾妻粥之矣。莫知所往。若有子
則此是也。術者曰。此子終當還君。相別而出。時坐中一千戶。邀李入茶坊。告
之曰。十五年前。吾亦無子。因到都。置一婢。則已有孕。到家時。適吾妻亦有孕。
前後一兩月間。各生一男。今皆十五六矣。豈君之子也。兩人各言婦人之容
貌歲齒相同。李歸語於妻。妻往日誠悍妬。至是見夫無嗣。心頗慚而憐之。翌
日。邀千戶至家。享以盛饌。與之刻期而別。千戶先歸南陽府。李以實告於所
管近侍大官。乞假前往。大官曰。此美事也。我當與汝奏聞。既而有旨。得給驛
以行。凡筵席之費。皆從官辦。李至。衆官郊迎。往千戶宅。設大宴。李所以餽獻

千戶幷其妻子僕妾之物甚侈。千戶命二子出拜。風度不殊。衣冠如一。莫知何者爲己子。致請於千戶。千戶曰。君自認之。李諦視良久。天性感通。前抱一人曰。此吾子也。千戶曰然。於是父子相持而哭。坐中皆爲墮淚。舉盃交賀。大醉而罷。明日千戶答禮。會客如昨。謂李曰。吾既與君子矣。豈可使母子分離。今幷其母以奉。李喜出望外。回都攜見大官。大官曰。佳兒也。引之入覲。通籍宿衞。後亦官至三品。大抵人之有子無子。數使之然。非人力所能也。而術士之業亦精矣。

吳處厚靑箱雜記云。張尙書方平李給事徽之。王秘監端。俱以丁未九月二十三日生。張酉時。李卯時。王戌時。迄今皆致政康疆。

馬永卿嬾眞子云。洛中士人張起宗。以敎小童爲生。居於會節園側。年四十餘。一日行於內。前見有西來行李甚盛。問之。曰。文樞密知成都回也。姬侍皆騎馬。錦繡蘭麝。溢人眼鼻。起宗自歎曰。我丙午生。相遠如此。傍有瞽卜輒曰。

秀才我與汝算命因與藉地卜者出算子約百餘布地上幾長丈餘凡閱兩時。曰。好笑。諸事不同。但三十年後。有某星臨某所。兩人皆同。當並案而食者九個月。起宗、後七十餘歲。時文公亦居於洛。起宗視其交游飲宴者。皆一時貴人。輒自疑。曰。余安得並案而食乎。一日。公獨游會節園。問其下。曰。吾適來聞園側教學者甚人。對曰。老張先生。曰。請來。及見大喜。問其甲子。文與之同。因呼爲會節先生。公每召客。必預召。赴人會。無先生則不往。公爲主人。則拶於左。公爲客。則拶於右。並案而食者。將及九月。公之子及甫。知河陽府。公往視之。公所居私第。地名東田。有小姬四人。謂之東田小籍。共升大車隨行。祖於城西。有伶人素不平之。因爲口號曰。東田小籍。已登油壁之車。會節先生。暫別玳筵之宴。坐客微笑。自此。潞公復歸洛。不復召之矣。瞽之言異哉。聞之於司馬文季。

福山王棫凝齋、秋燈叢話云。總鎮王某。山右人。乾隆初赴任河南。過洞庭。阻

風旬餘。鬱悶無聊。思覓居人有可與接談者。而附近並無村落。越日。有老叟來謁。容貌清奇。語言亦質朴可聽。詰其姓氏里居。第含糊應之。餉以餐。不拒。且豪於飲。至百觥不醉。王亦善飲。遂稱莫逆。日與盤桓。偶言及五行術。叟曰。此道頗有會悟。如不棄愚陋。願陳鄙見。王欣然出其命造。叟細爲推閱。凡休咎疾痛。以及起居諸瑣事。無不登以日月而詳記焉。至年五十八某日時云。有墜馬之厄。卽擱筆不復推。王曰。余祿位其終於此乎。叟曰。數也。修德可以禳之。然修德莫先於濟人。君其留意。語訖飄然而去。風亦頓利。乃解維前進。嗣後歷年所遭。悉與叟言無異。奉爲蓍蔡。寢食必偕。一日江上獲盜甚夥。細心訊鞫。得可矜者十餘人。盡釋之。自此精神腴悅。飲食倍常。而所推多不應驗。因亦漸置之。他日策馬山行。忽心血上衝。頭目森暈。若中惡者。乃扶下。移時始蘇。而馬則往來馳驟。長嘶數聲而斃。恍憶叟言。取向所評者視之。不爽晷刻也。後壽至七旬餘。

又云沈椒園先生未遇時有日者謂曰異哉推君星命應入詞垣官中外然科名無分求一第。不可得公以爲誕。日者自負精於數亦不解其故。公連困棘闈。乾隆丙辰應博學宏詞科。授館職歷官按察使。

紀文達公閱微草堂筆記云。董文恪公爲少司空時云昔在富陽村居。有村叟。坐鄰家聞讀書聲。曰貴人也。請相見諦觀再四。又問八字幹枝。沈思良久。曰君命相皆一品。當某年得知縣。某年署大縣。某年實授。某年遷知府。某年由知府遷布政。某年遷巡撫。某年遷總督。善自愛。他日知吾言不謬也。後不再見此叟。其言亦不驗。然細較生平。則所謂知縣。乃由拔貢得戶部七品官也。所謂調署大縣。乃庶吉士也。所謂實授。乃編修也。所謂運判。乃中允也。所謂知府。乃侍讀學士也。所謂布政使。乃內閣學士也。所謂巡撫。乃工部侍郎也。品秩皆符。其年亦皆符。特內外異途耳。是其言驗而不驗。不驗而驗。惟未知總督如何。後公以其年拜禮部尚書。品秩乃符。

又云景州高冠瀛。以夢高江村而生。故亦名士奇。篤學能文。小試必第一。而省闈輒北。竟坎壈以終身。二十餘時。日者推其命謂天官文昌魁星貴人皆集於一宮。於法當以鼎甲入翰林。而是歲祇得食餼。計其一生遭遇。亦無更得志於食餼者。蓋其賦命本薄。故雖極盛之運。所得不過如是也。田白岩曰。張文和公八字。術者以其一生仕履。較量星度。其開坊僅抵一衿耳。此與冠瀛之命。可以互勘。術家宜以此消息。不可徒據星度。遽斷休咎也。又常見一術士云。凡陣亡將士。推其死綏之歲月。運必極盛。蓋盡節一時。垂名千古。馨香百世。榮逮子孫。所得有在王侯將相之上者故也。立論極奇。而實有至理。此又法外之意。不在李虛中等格局中矣。

又云。制府李公衞。未達時。嘗同一道士渡江。適有與舟子爭詬者。道士太息曰。命在須臾。尚較計數文錢耶。俄其人爲帆脚所掃。墮江死。李公心異之。中流風作。舟欲覆。道士禹步誦咒。風止得濟。李公再拜謝更生。道士曰。適墮江

者命也吾不能救公貴人也遇阨得濟亦命也吾不能不救何謝焉李公又拜曰。領師此訓。吾終身安命矣。道士曰。是不盡然。一身之窮達當安命。不安命。則奔競排軋。無所不至。不知李林甫、秦檜、卽不傾陷善類。亦作宰相。徒自增罪案耳。至國計民生之利害。則不可言命。天地之生才。朝廷之設官。所以補救氣數也。身握事權。束手而委命。天地何必生此才。朝廷何必設此官乎。晨門曰。是知其不可而爲之。諸葛武侯曰。鞠躬盡瘁。死而後已。成敗利鈍。非所逆睹。此聖賢立命之學。公其識之。李公謹受敎。拜問姓名。道士曰。言之恐公駭。下舟行數十步。翳然滅迹。

又云。有故家子。術者推其命大貴。相者亦云大貴。然垂老官僅至六品。一日扶乩問仕路崎嶇之故。仙判曰。術者不謬。相者亦不謬。以大夫人偏愛之故。削減官祿至此耳。拜問偏愛誠不免。然何至削減官祿。仙又判曰。禮云。繼母如母。則視前妻之子。當如子。庶子爲嫡母服三年。則視庶子亦當如子。而人

情險惡。自設町畦。所生與非所生。釐然如水火不相入。私心一起。機械萬端。小而飲食起居。大而貨財田宅。無一不所生居於厚。非所生者居於薄。斯已干造物之忌矣。甚或離間讒搆。密運陰謀。詬誶嚚陵。罔循禮法。使羅毒者吞聲。旁觀者切齒。猶嘵嘵稱所生者之受抑。鬼神怒視。祖考怨恫。不禍譴其子。何以見天道之公哉。且人之受享。祇有此數。此嬴彼縮。理之自然。旣於家庭之內。强有所增。自於仕宦之途。陰有所減。子獲利於兄弟多矣。物不兩大。亦何憾於坎坷乎。其人悚然而退。後親串中一婦聞之曰。悖哉此仙。前妻之子。恃其年長。無不吞噬其弟者。庶出之子。恃其母寵。無不淩轢其兄者。非有母爲之撑柱。不盡爲魚肉乎。姚安公曰。是雖妒口。然不可謂無此事也。世情萬變。治家者平心處之可矣。

又云。星士虞春潭。爲人推算多奇中。偶薄游襄漢。與一士人同舟。論頗款洽。久而怪其不眠不食。疑爲仙鬼。夜中密詰之。士人曰。我非仙非鬼。文昌司祿

之神也。有事詣南岳。與君有緣。故得數日周旋耳。虞因問之曰。吾於命理自謂頗深。嘗推某當大貴。而竟無驗。君司祿籍。當知其由、士人曰。是命本貴。以熱中削減十之七矣。虞曰。仕宦熱中。是亦常情。何冥譴若是之重。士人曰。仕宦熱中。其強悍者必怙權。怙權者必狠而愎。其孱弱者必固位。固位者必險而深。且怙權固位。是必躁競。躁競相軋。是必排擠。至於排擠。則不問人之賢否。而問黨之異同。不計事之可否。而計己之勝負。流弊不可勝言矣。是其惡在貪酷上。壽且削減。何止於祿乎。虞陰記其語。越兩歲餘。某果卒。

又云。楊主事璦。余甲辰典試所取士也。相法及推算八字五星。皆有驗。官刑部時。與阮吾山共事。忽語人曰。以吾法論。吾山半月內當爲刑部侍郎。不缺員。是何故耶。次日堂參後。私語同官曰。杜公缺也。既而杜凝臺果有伊犁之役。一日倉皇乞假歸。來辭余。問何匆遽乃爾。曰。家惟一子侍老父。今推子某月當死。恐老父過哀。故急歸耳。是時尚未至死期。後詢其鄉人。果如所說。尤

可異也。余嘗問以子平家謂命有定。堪輿家謂命可移。究誰爲是。曰。能得吉地。即是命。誤葬凶地。亦是命。其理一也。斯言可謂得其通矣。

宛涇胡承譜蟄夫、隻塵談云。東斗姪。名先春。爲先雲南藩司彬仲兄少子。孩年失怙。未嘗學問。既壯習帖括。每試輒冠其軍。姿穎且敏。鎖院中有餘閒。同舍生。或以文就正。援筆竄易。輒取高等。亦不暇問其爲何姓氏也。中丁酉副車。性喜博涉。於子平星數諸書。靡不綜覽。決人休咎。每多奇中。壬寅。蟄夫旋里。日特來告曰。肢末微疾。可無慮也。君造金白水清。戊土掩秀。所謂有病方爲貴也。丑運日主投庫。所謂金强則頑。質實而少靈變者。又爲戊土養地。己土助威。土凝水滯。爲血脈不流之象。此拘攣之疾所由作也。且由丑交甲。謂之轉角之接。帶疾生災。夫何疑焉。甲寅運來。尅土淨盡。令水通行、更生時上丙火。爲鍛鍊秋金之用。災退身强。乃必然之理也。木旺於春。起病准在二三月。且財旺生官。又建祿格所最喜者。振翅雲霄。其餘事耳。乙巳夏五。蟄夫復

犯血症幾危東斗造方山別墅占得困之二爻曰困於酒食有何大病必無害也。少頃、當有看病人來。病當立除。日未下午。告退。果有朱姓表親。來取藥方。兼看余病。此非朱紱方來之明驗與。一更後病果全安。此非征凶无咎之明驗與。

寄蝸殘贅云。餘姚顧鳳威。於市上買得抄本書一帙。乃算命訣也。後云萬歷六年。零陽道人手錄。得於嵩山僧者。顧朝夕推究。竟得不傳之秘。所談無不奇驗。曾云、人生富貴貧賤。悉由於命。卽身後榮辱。亦命中所註。世人羣尊關帝。設於在曹之日。或遇害或病歿。後人誰亮其心。烏知其忠肝義膽。冠絕古今哉。至秦檜之惡。萬世唾駡。然上書二帥千餘言、慷慨激烈。必欲立趙氏之後。卽令李若水輩執筆爲之。亦不過如此。設當時觸怒被殺。得不指爲宋室忠臣乎。關帝不死於曹以成其忠。秦檜不死於金以成其奸。命中早定。人自不知耳。其持論可謂奇闢。後至常州推劉文定命造。躊躇再四。似不能解。劉

詢其故。曰異哉子造也。當以翰林入仕。官至一品。然細較生平。竟無科第之分。殆不由舉人進士出身乎。後果以博學鴻詞授編修。官至大學士。其言始驗。顧歿後其書不傳。

又云。海鹽朱朵山殿撰。官戶部小京官時。纔年二十餘。自負才華。目空一世。遇術人林某。推其庚造。曰此鼎甲命也。朱曰是第一人否。若榜探則非所願也。林決爲大魁。但終身官階。祇五六品耳。朱曰莫非壽不永乎。林曰。壽可七十外。君記吾言。當戴白頂五回。朱意甚不然。後由小京官陞主事。第一回也。傳臚後。授職修撰。第二回也。因案革職。後捐復主事。第三回也。由給事中降授署正。第四回也。廢員開列。以主事用。第五回也。較其生平。與術者所言。眞絲毫不爽。後至七十餘而歿。錢塘許文恪亦由拔貢。官小京官。中丞楊某謂曰。君命相皆極貴。取號滇生。非生於雲南乎。甚可惜矣。若生原籍。狀元宰相也。今則榜眼尚書而已。是時文恪尚未鄉舉。聞言過望。後果以第二人及第。

三官尚書而卒。命運之說，竟有之乎。世之躁進妄求，日以心力相鬬者，當亦廢然返矣。

定遠方士淦《蔗餘偶筆》云：葦川六伯父精子平。鐵君弟鍇，誕於嘉慶癸亥。臨產之日，公謂得某時，翰林之造。卒符公言。

聶雲臺、耕心齋隨筆云：日昨與譚組盦先生談及業命之理。先生以爲星命之理，殊爲難解。謂爲渺茫，而有奇中。予問曰：聞文勤公有一命批，悉驗，有之乎。先生曰：然。先文勤公生甫三歲，先王父方授蒙館於外，歲俸所入，纔十餘千耳。適有友善星命，卽倩其爲文勤公批一命，此紙尚保存，距批時已百年矣。其言某年進學，中舉，中進士，皆驗。惟點翰林，則判爲得知縣，此其差誤。然同爲七品也。厥後某年當在浙，某年當在陝，亦奇驗。又言六十八歲當歸田，則又驗。言七十二歲當壽終，並批云：若有陰德，當延壽一紀。厥後七十二歲果大病，幾不起，旋愈，果以八十四歲終，又奇驗。以是知因果書所載陰德延

壽一紀之說。信有之。昔年聞陳散原先生言。夢其尊人右銘中丞告之云。馮煦當延壽一紀。時夢老七十三歲。正大病。果愈。距去歲歿時。恰十二年也。云云。予謂星命與代數同一理。彼以幹枝等字代數字。此以幹枝代人事。數字十而已。而自相乘除。至於無量無邊之變。數人事原本繁複。又復自相乘除。亦成為無量無邊之變相。亦不外消極生滅。而見為禍福吉凶。星家以幹枝各字分代妻財子官。又各代之一事。以五行互為生尅之理。得榮辱盛衰死生禍福之數。及至地方分野。亦在幹枝分配之中。循是以求。居然合節。然究以一字兼代數事。非若代數一字代一數之明白確定。且人事生尅消極繁複變幻。又遠甚於算術。故時不免於差誤。然在頭腦冷靜之星相家。竟能推算十得八九。蓋星學直同於科學。凡按其方法以布算者。其所得程式皆同。予有親友數人。皆精此道。言多奇中。皆自閱書而通其法。未嘗從師也。能循定法以得其數。非科學乎。予嘗撰業命說。言命定之有據。而心力改造命運

之亦有據及袁了凡立命說之確切精當如組盦先生所言陰德延壽一紀二事皆預言而悉驗者知古人筆記所言類此之事非誣益以證了凡改造命運之可信矣以是推之則四品變爲一品知縣變爲翰林安知非陰德改造命運乎予初不信星命之說凡常人致疑於星命者予悉同之後證以昔年先君八字之奇驗及奎樂峯制軍八字之奇驗及其他種種徵驗始知其眞確有據近研佛學而知業命之由於自造則唯向本源處努力可矣知命運之可以改造則存心制行益不敢苟且矣。

按、曩閱如皋冒氏族譜附載某某世祖八字命章乃明劉伯溫先生基原評所批事實奇驗異常至文章淵雅更不待言惜余匆匆讀過未及錄存。聶雲臺先生此篇謂譚文勤公命章距批時已有百年今尙保存證以冒氏族譜附載青田命章之事誠如出一轍也。

新命理探原終

小門生 江都包濟民 鎭江李茂如 同校

劉跋一

星命之學、通人未必習。習之者未必皆通人。以其書或有文無訣。或有訣無文。究其訣與文、又類失之鄙俚弇俗。績學之士、不得其訣、遂厭其文。游食者流、不講其文、專祕其訣。故學者難之。袁君是書、舉前人之訣、悉發其祕、窮源竟委、了無餘蘊。雖無師傳、可以執卷而求、不致惝恍迷離、如墮五里霧中。茫然不知崖岸。其嘉惠後學、豈淺鮮哉。至文章淵雅、議論明通、滌盡鄙俚弇俗之迹、俾俗士讀之、絕無扞格之弊、通人讀之、益相賞於牡牝驪黃之外者、又其餘事也已。丙辰八月蜀劉漢光緝熙甫謹跋。

劉跋二

余與樹珊先生、交有年矣。道同志合、深幸不孤。顧先生爲學、有獨至者。讀書

多而能提其要、求理切而能鈎其元、加以世有傳書、淵源家學、故能口講指畫、排難解紛、立說著書、批郤導窾也。予於茲道、亦嘗究心、今讀大著、雜說門中、多發前人所未發、如子時分別前後二日取用。合婚須培補男女用神等論。發明新理、信而有徵。與鄙見實不謀而合、足堅余志。又起例、論行運扣足年月日時、及六親總論、與評斷大運、須運、歲宮、限合斷吉凶諸說、皆古人不傳之祕、尤爲余所心折。其他精妙之處、讀者自明、無俟鄙人之饒舌矣。是書也、余敢謂其集命理之大成、且爲斯道開一新紀元也。學者手此篇而研究之、視讀他書所獲、不既多乎。胝沫之餘、特書數語、以爲讀是書者告。太歲在丙辰中秋日丹徒劉恆瑞吉人甫謹跋。

袁樹珊著命譜

總目編號（一〇五）

命譜自序

四庫全書總目子部譜錄類。所載之譜甚夥。不獨紙墨筆硯有譜。菊竹梅蘭有譜。卽微物如茗如菌。動物如蟹如蚳。亦各有譜。明顧容且著有冠譜。朱術珣且著有巾譜。雖曰鴻通博雅。細大不捐。然以明之劉念臺先生所著人譜例之。究有霄壤之判。蓋人譜一書。示人以超凡入聖之途。君子小人之別。其有裨於世道人心。非等閒也。樹珊不揣溝瞀。謹遵先聖君子居易俟命。小人行險徼幸之旨。曾著命譜八卷。上自東周。下逮清季。採錄百人命造。悉以所生時代分後先。不以名位高下別次序。其間有聖賢仙釋。帝后將相。亦有忠孝節義。書畫卜醫。不獨神奸巨憝。皆探原立論。卽乞兒寒畯。亦並蓄兼收。語有根據。旨在勸懲。敢謂詳究四柱五行。品評富貴貧賤也哉。其體例。一姓名。二略歷。三生卒。四命式。五論斷。六附錄嘉言懿行。及其所著詩文。俾讀者知所法戒。勉爲君子。毋爲小人，此則區區之愚忱也。詎意丁丑冬。猝遭國難。京江僑廬。書籍衣服。固蕩然無存。卽屋宇什物。亦付之㤹灰。近聞此稿。互相展轉。流至滬上。牟利之徒。擬更名印售。樹珊恐有失本眞。特將及門所錄副本。重加訂正。愼選六十四造。印行於世。俾與海內同好。共商搉之。署曰袁氏命譜。蓋本諸劉氏菊譜。史氏菊譜。略加識別。非好異鳴高也。或曰。命之一字。夫子罕言。子何嘵嘵爲哉。曰。罕言者。蓋深慮夫致遠恐泥。非竟不言也。觀於不知命無以爲君子一言。可以知聖人之微意。而況死生有命。富貴在天。子夏嘗聞諸夫子。豈虛言者哉。

命譜目錄

全書八卷　廿餘萬言　編次簡明

人人可閱　平裝四册　實價廿元

著者寓香港　軒鯉詩道三〇二號有恆銀號二樓　英皇道堡壘街二十七號二樓袁廬

中西相人探原

總目編號（一〇二）

袁樹珊新著

此爲知己知彼、
相人之書。
欲知一生榮枯、
目前吉凶、
及交友、聘師、
擇夫、選妻者、
須讀此書。

本書編次簡明、由一歲至百歲、所行部位、均皆分論、與普通相人書、連篇累牘、含糊不爽者迥異、讀者只須、按照自己實足年齡、隨意檢查、卽知富貴貧賤、壽夭窮通。

本書所載面部圖、一切部位、悉參「生理解剖新書」與尋常坊本不同。

本書特將、四庫全書所收、「人倫大統賦」、及古籍「冰鑑」、擇要淺註、旣易了解、尤便尋研。

本書兼採「西洋相術」、固爲溫故知新。末載「相徵叢譚」尤可擴充見聞。具見相人之學、與國家社會、確有相當裨益、不獨爲、知己知彼、保身保家者、所當習知也。

平裝一册　實價五元

發行所　潤德書局
香港堡壘街二十七號

總經理處　新光教育用品廠
香港軒鯉詩道三〇八號
電話三四六一九號

大六壬探原

總目編號（一〇六）

此爲卜課門徑之書。
欲求決萬事之疑、
及動靜從違、
成敗利鈍者、
須讀此書。

易云，君子以思患而豫防之。中庸云，凡事豫則立，不豫則廢。玉篇云，豫或作預。由是觀之，豫之時義，大矣哉。今人但知金錢出入，須有豫算。而不知是非成敗，禍福榮辱，尤當有豫算。否則患何以防，事何以立。然欲求防患未然，立事不廢，必須求豫知之法。欲求豫知之法，能不讀卜筮之書乎。顧卜筮之書，種類不一，惟壬課原本義爻，相傳尤古。其推演之法，由古時而月將，是無極生太極也。由月將而幹枝，是太極生兩儀也。由幹枝演四課，則太陽少陽，太陰少陰，四象生焉。由四課而發用，初傳法天，中傳法人，末傳法地，三才位焉。三才既具，五行備焉，神將定焉。神將既定，握其機樞，則天下萬事萬物，孰吉孰凶，孰悔孰吝，胥於此現象得之，豈獨是非成敗，禍福榮辱已哉。

鎮江袁樹珊先生，探討壬學，歷有四十餘年。爰將其平日經驗，及家藏古籍，提要鈎玄，撰述成書，釐爲三篇，曰演法，曰論斷，曰集說，命其名曰大六壬探原，蓋取其窮原探本之意。世之君子，若欲預知防患未然，及立事不廢之法者，不可不人手一編也。

平裝一冊 實價五元
香港堡壘街二十七號
發行所 潤德書局
香港軒鯉詩道三〇八號
總經理處 新光教育用品廠
電話三四六一九號

選吉探原

總目編號（一〇七）

此爲選吉門徑之書。
欲求選擇良辰、
舉行上任開市、
及嫁娶造葬者、
須讀此書。

選吉一道，古人最重，今人每以迷信忽之。是以民國元年一月一日，丙子值建。二年一月一日，壬午值破。按照選吉原理，皆爲諸事不宜。乃竟有於此兩凶日，舉行各種重大典禮者，卒至荊棘叢生，干戈迭起。殊不知外事用剛日，內事用柔日，載諸經典，百王不易。太歲可坐，三煞可向，五黃，戊己須避，證以博物志所云，鵲巢門戶，皆背太歲，抱朴子所云，鶴知半夜，燕知戊己，益信而有徵。豈可概以迷信而抹煞之耶。鎮江袁樹珊先生，所著選吉探原一書，對於選年選月選日選時，及朝野各界，選吉需要等法，孰吉孰凶，孰宜孰忌，莫不綱舉目張，詳細說明。凡欲從事斯道者，只須照表檢查，無異按圖索驥，順逆從違，立卽解決。以視其他選吉之書，千頭萬緒，拘牽攸謬者，誠不可同日而語也。

平裝一冊 實價五元

發行所 潤德書局 香港堡壘街二十七號

總經理處 新光教育用品廠 香港軒鯉詩道三〇八號 電話三四六一九號

中國歷代卜人傳 總目編號(一一〇)

袁樹珊編次

本書三十九卷、表一卷、索引一卷、自上古羲農、至民國初先賢、凡三千八百餘人、傳雖名曰卜人、實則舉孝友、廉吏、儒林、文苑、淸士、高士、貧士、逸民、與夫鄉賢耆舊、疇人、印人、及列女、方外等於一帙。其所以冠伏羲神農軒轅於卷首者、蓋謂其發宇宙無量祕藏、先文武周孔而聖也。他不具論、觀於伏羲之始畫八卦、定天地之位、分陰陽之數、法乾坤、別男女、正姓氏、制嫁娶、而民始不瀆。神農之因地相時、制畝淸畎、爲耒耜、教播穀、味草木、教醫藥、而農事興、夭札無。軒轅之作衣裳、制文字、作內經、制貨幣、作井田、制兵法、權輕重、定民業、非惟爲後世兵農之祖、實肇萬古文明之化矣。至於人心惟危、道心惟微、惟精惟一、允執厥中、此十六字、乃堯命舜、舜命禹、固爲傳心之要典。湯之禱雨、自責六事、曰政不節歟、民失職歟、宮室崇歟、女謁盛歟、苞苴行歟、讒夫昌歟、尤爲治國之箴言。而況周之丹書有曰、敬勝怠者吉、怠勝敬者滅、義勝欲者從、欲勝義者凶、凡事不強則枉、枉則滅毀、敬者萬世、此數語、乃卜世卜年之大法、彌覺可貴、凡欲齊家治國者、首當知此。若再證以陰陽奇耦之數、進退存亡之理、未嘗不可如子夏所云、雖小道必有可觀、然此惟善讀者、能得之耳。

每部六册 實價二十元

發行所 潤德書局 香港堡壘街二十七號

總經理處 新光教育用品廠 香港軒鯉詩道三〇八號 電話三四六一九號

述卜筮星相學

總目編號（一〇八）

袁樹珊著

是編計十餘萬言，釐爲八卷。以周易、太乙、遁甲、六壬、棋卜、字卜、選吉、龜卜筮，以推命、相人、相宅、相墓、屬星相，純粹以科學方法說明之，且引經據典，尋流溯源，提要鈎玄，語無泛設。至我國及東西各國卜筮星相學之書目，其世所罕見者，本書均一一備錄，非惟足供留心斯學者之參考，即研究天文、地質、生理、心理、論理、法律、政治、經濟、生物、化學、礦物、歷史、算術、醫學、哲學、等學者，亦所當知之也。

平裝一册　實價五元

發行所　潤德書局　香港堡壘街二十七號

總經理處　新光教育用品廠　香港軒鯉詩道三〇八號　電話三四六一九號

養生三要

總目編號（一〇九）

此爲習醫門徑之書。
欲求習醫方法、及却病延年。
多子多孫者、須讀此書。

袁昌齡先生遺著，原有醫門集要八卷，於脉理，藥性，內科，外科，及鍼灸科諸法，莫不綱舉目張，燦然大備。此編乃集要之首卷，書分三篇，曰衞生精義，曰病家須知，曰醫師箴言，皆裒集聖哲良規，名醫粹語，一可治未病，一可治已病，一可治醫病者之病，誠養生三要也。

平裝一册　實價四元

發行所　潤德書局　香港堡壘街二十七號

總經理處　新光教育用品廠　香港軒鯉詩道三〇八號　電話三四六一九號

瘰癧特效方論

總目編號(一〇四)

袁福儒新著

此爲專治瘰癧特效之方書。
不動刀針、不用注射、
只須內外兼治、
自可潛消默化、
解毒生肌而愈。

瘰癧一證、多因恚怒氣逆、憂思恐懼、氣血虧損、虛火內動而成、或因風熱痰氣、蘊積臟腑、搏於肝經、故隨肌肉虛處、停結成核、大都生於頸腋之間、初如豆粒、後若梅李、皮色不變、累累相連、大小無定、或痛或否、腫結日深、流注愈廣、經久不瘥、死亡堪虞、西醫不名瘰癧、而曰「淋巴腺結核」割治以後、仍然續生、惟用碘鈣劑及制菌注射、亦難必其收功、本書不用刀割、不用注射、惟採千金外臺、聖濟總錄、及金元明淸諸大家之名論方劑、抉髓掄精、首論病原證狀、次論診斷治法、略分初中末三期、以示處方大法、旨在潛消默化、解毒生肌、並將 先祖及福儒頻年施治經驗特效之單方祕方、一一公開、其應用方藥、氣味主治、均擇要詮釋、俾檢方治病者、明白底蘊、按證選用、既免不敢嘗試之惑、必收藥到病除之功、有志壽世者、不可不人手一編也、

平裝一冊 實價四元

發行所 潤德書局 香港堡壘街二十七號

總經理處 新光教育用品廠 香港軒鯉詩道三〇八號 電話三四六一九號

決疑綱要

（一）君如有一種事件、不知能達目的與否、及希望如何、儘可　垂詢。

（二）君如有兩種事件、或兩條路徑、究竟何去何從、儘可　垂詢。

（三）君如於本身職務、覺有種種不愜、以致煩悶疑慮、儘可　垂詢。

（四）君如以進退關係、或動靜順逆，種種問題、疑團莫釋、儘可　垂詢。

（五）君如以要事託人、賢愚莫辨、或婚姻問題、是否美滿、儘可　垂詢。

（六）君如以親老子幼、及本身職業方針、與壽夭窮通結果、儘可　垂詢。

以上數則、如蒙　垂詢、珊雖見聞膚淺、當按照潤例、就學言理、竭忱答覆、以副　雅意。

潤例（港幣計算）

命理詳批一年	分月加倍	五十元
命理行運略批		八十元
命理行運詳批		一百五十元
一生逐運詳批		二百元
一生逐年詳批		三百元
細論一生吉凶		五百元
十載流年詳批	分月加倍	三百元
乾坤二造合婚	詳批加倍	六十元
結婚選擇吉期		六十元
建築選擇吉期		一百元
開市選擇吉期		一百元
安葬選擇吉期		一百元
視察陽宅風水		五百元

凡蒙賜教　筆資先惠　外埠函託　約期覆件　空函垂詢　恕不裁答

收件處香港軒鯉詩道三〇二號有恆銀號二樓
英皇道堡壘街二十七號二樓袁廬

徵詩啓

客有問於余曰、人生榮萎得喪、萬有不齊、果關係命數否、余笑而不言、爰占七律一章答之、是否有當、錄呈　海內同志　粲正、

人生擾擾欲何之。水到渠成自有時。
落魄豈皆由濁世。揚眉未必値昌期。
安危順逆原前定。趨避從違貴預知。
莫道此中兼讖祕。羲爻撓甲是吾師。

如蒙　賜教乞寄香港堡壘街二十七號袁廬

袁樹珊拜稿

新命理探原（平裝一册）
實價港幣五元
外埠酌加郵費運費

編著者　鎮江袁樹珊
香港堡壘街二十七號

發行者　潤德書局
電報掛號一一二六三

承印者　商務印書館香港印刷廠
香港英皇道三九五號

總經理處　新光教育用品廠
香港軒鯉詩道三〇八號
電話 三四六一九　電報掛號 四七九四

心一堂術數古籍珍本叢刊　第一輯書目

堪輿類

章仲山挨星秘訣（全彩色）
臨穴指南
靈城精義箋（全彩色）
堪輿一覽
三元地理真傳（線裝）
姚氏地理辨正圖說
地理辨正補
欽天監風水正論（線裝）
蔣徒傳天玉經補註
三元天心正運（全彩色）
元空紫白陽宅秘旨（全彩色）
羅經舉要（全彩色）
漢鏡齋堪輿小識
陽宅覺元氏新書
地理辨正補註
許氏地理辨正釋義
三元地理正傳（全彩色）
地理辨正天玉經內傳要訣圖解（全彩色）
地理方外別傳
星卦奧義圖訣（全彩色）
地理秘珍
三元挨星秘訣仙傳（全彩色）
欽天監地理醒世切要辨論（全彩色）
地理辨正抉要
地理法門全書
地理辨正抉要
元空法鑑批點本，秘傳玄空三鑑奧義匯鈔合刊
元空法鑑心法
地經圖說
地理辨正自解

謝氏地理書
地理學新義
平洋地理入門、巒頭圖解合刊
平洋地理闡秘（全彩）
華氏天心正運
地學形勢摘要
司馬頭陀地鉗
鑒水極玄經　秘授水法　合刊
地理輯要
地理辨正揭隱　附連成派秘鈔訣要
地學鐵骨秘　附　吳師青藏命理大易數
趙連城秘傳楊公地理真訣
趙連城傳地理秘訣附雪庵和尚字字金
山洋指迷
三元挨星四十八局圖說
張氏地理錦囊
青囊一粟
堪輿秘訣彙釋
風水正原
風水一書
金光斗臨經
論山水元運易理斷驗、三元氣運說附紫白訣等五種合刊
《沈氏玄空吹虀室雜存》《玄空捷訣》合刊
《玄空古義四種通釋》《地理疑義答問》合刊
王元極三元陽宅萃篇
王元極增批地理冰海附　地理冰海（原本）
地理辨正求真
地理小補（全彩色）
辨正發秘初稿（全彩色）
地理辨正翼
天機心竅等地理秘書四種合刊
李文田注撼龍經
家傳地理陰陽二宅秘斷
地理前五十段、後五十段合刊
挨星考注
地理三會集
三元山水秘密真訣（全彩色）
諸家風水選擇秘訣匯鈔

命理類

命理大四字金前定數（全彩色）
韋氏命學講義
命理斷語義理源深
千里命稿
文武星案上下卷
精選命理約言
斗數宣微
斗數觀測錄
地星會源斗數綱要合刊（全彩色）
皇極數（1–4）
星命風水秘傳百日通
鐵板神數（清刻足本）——附秘鈔密碼表
邵夫子先天神數（1–2）
斗數演例（全彩色）
滴天髓闡微——附李雨田命理初學捷徑
算命一讀通——鴻福齊天
命學探驪集
命理用神精華（原本）
澹園命談
命理尋源
新命理探原
滴天髓微義
蠢子數纏度
先天蠢子神數
《斗數秘鈔》《紫微斗數之捷徑》合刊
命譜
徐樂吾滴天髓微義
徐樂吾命理尋原

占筮類

擲地金聲搜精秘訣
卜易拆字秘傳百日通
易占陽宅六十四卦秘斷

相法類

相法易知
相法秘傳百日通
新相人學講義

手相學淺說
神相全編正義
相門精義
大清相法

三式類

壬課總訣（全彩色）
六壬教科六壬鑰
壬學述古
奇門揭要（全彩色）
奇門大宗直旨（全彩色）
奇門三奇干支神應（全彩色）
奇門廬中闡秘（全彩色）
六壬秘笈——韋千里占卜講義
奇門行軍要略
大六壬類闡（全彩色）
大六壬尋源二種
秘鈔大六壬神課金口訣
秘傳六壬課法附金口訣
大六壬指南
甲遁真授秘集
大六壬尋源二種（上）（下）
奇門心法秘纂（全彩色）
奇門仙機（全彩色）
大六壬探源
太乙鑰
太乙統宗捷要
太乙會要

其他類

述卜筮星相學
中國歷代卜人傳